経済学教室 4

ゲーム理論の基礎

川又 邦雄 著

培風館

編　集

丸　山　徹

本書の無断複写は，著作権法上での例外を除き，禁じられています。
本書を複写される場合は，その都度当社の許諾を得てください。

はしがき

　消費者や企業等の意思決定者 (プレイヤー) の行動は，他の意思決定者の行動とその結果に影響を与える．その大きさは，とりわけプレイヤーの数が小さい場合には，無視できない場合が多い．ゲーム理論はジョン・フォン・ノイマンとオスカー・モルゲンシュテルンの著書『ゲーム理論と経済行動』(1944) を出発点としている．広い分野における基礎科学として発展した学問で，人間行動の社会的な相互依存関係を表現し，それぞれの意思にしたがって行動したときの結果 (ゲームの解) について分析することを目的とする．登場するプレイヤーは理性的で合理的な思考を行うものと想定される．このような基本モデルを用いて，室内ゲームや政治学，経済学，社会学，生物学，社会工学等におけるさまざまな問題を体系的に扱うことが可能になった．誕生後わずかの新しい科学ではあるが，近年の発展は著しく，輝かしい未来を約束された研究分野である．

　最近，さまざまな分野でゲーム理論に対する関心が高まり，研究者の数も増え，学生からの授業の要望も強くなってきた．とりわけ，経済学やビジネスに対するゲーム理論の影響は大きく，伝統的成果に新たな視点を加えつつある．また逆に経済学等がゲーム理論に新しい問題を提起してきた面もある．戦略的行動のインセンティブや情報の経済学，産業組織論等がその例である．それと並行して，ゲーム理論の構造や応用に興味を持つ理数系の学生も増えている．

　本書は，そのような背景のもと，筆者が慶應義塾大学，早稲田大学，立命館

アジア太平洋大学，帝京大学等の学部および大学院で行なってきた講義内容をまとめたものである．なるべく多くの分かりやすい例を交えながら，ゲーム理論の体系の概要を示すことが目的である．前述のように，ゲーム理論は今日急速に進化している分野である．そのすべてを扱うことは筆者の意図するところではない．本書で扱ったテーマは限定的なものであって，また入門書としての性格上，詳論は他の機会にゆだねている場合もある．

ゲーム理論自体に関するすべての命題には，自足的な証明を与えることを原則としている．理解のためには高等学校程度の数学を必要とするが，経済学に関する知識は前提としていない．ただし，基本になる概念と結果においては，自足的な説明を試みている．また，本書の理論面に興味をもつ読者のために，基礎となるより進んだ数学の多くは数学付録で解説してある．

章末の演習問題は，その章の理解の確認と内容の補足のためのものである．囲碁や将棋やカードのゲームを楽しんだり，幾何や代数の問題を解くのと同様の興味をもって，それらを解いてみる諸君の多いことを希望するものである．

本書を著した最大の動機は，簡潔なモデルで多様な現象を説明できるゲーム理論の魅力である．そして，1982年から83年にかけてプリンストン大学に滞在したとき巡り合った，多くの若き理論家と生活をともにした体験がある．モルゲンシュテルンは故人となっていたが，そこには，直接会う機会はなかったものの，ジョン・ナッシュやハロルド・クーンといったゲーム理論の基礎を築いた人々がいたはずである．

本書の執筆にあたっては，多くの方々に教示と助言を頂いた．とりわけ，慶應義塾大学大学院の研究会や合同セミナーで意見を交換した大山道広名誉教授と中山幹夫教授の両氏に負うところは大きい．丸山徹教授には，本書の執筆の機会と，編者の立場を超えたていねいなコメントを頂戴したことに感謝している．筆者の遅筆のため，氏を初めとして多くの方々に迷惑をおかけしたことをお詫びしたい．小宮英敏教授には理論上の適切なアドバイスを，また，馬場弓子教授(青山学院大学)には構成に関して，それぞれの専門家の立場から有意義なコメントを頂いた．ともあれ，ゲーム理論の内容を一冊の本にまとめることができたことは大きな喜びである．

はしがき

　石橋孝次 (慶應義塾大学)，玉田康成 (慶應義塾大学)，大松寛 (駿河台大学)，山方竜二 (東邦大学)，北條陽子 (千葉商科大学)，頼慶泰 (慶應義塾大学大学院) の各氏には，草稿に目を通して頂き有意義なコメントを頂戴した。原稿の一部は彼らとの共同作業の結果でもある。特に玉田氏には，10 章の作成と練習問題の整理において，また，山方氏には 6 章と 14 章の計算および 10 章の作成において，本質的な意味での貢献をして頂いた。しかし，ありうるべき残された誤りのすべての責任は筆者に帰するものである。

　また，培風館の松本和宣氏には筆者の無理な要求も受け入れて頂き，本書が上梓の運びとなったことに厚く御礼申し上げる。

　最後に，恩師福岡正夫先生には，永きにわたる学恩および理想的な研究環境と自由な時間を与えて頂いたことに深謝したい。先生の長寿を願いつつ，本書を捧げたい。

　　2012 年　早春

　　　　　　　　　　　　　　　　　　　　　　　　　　　　川　又　邦　雄

本書の構成と読み方

　本書は全14章と2つの付録A, Bよりなり，さまざまな読者を想定している。1章においても概要を説明しているが，読者の関心にしたがって，取捨選択して読むことも可能である (アステリスク "*" をつけた章や節では，発展的内容が示されている。その部分は分析が技術的なものもあり，後まわしにすることも可能である)。

　非協力ゲームの基礎と具体的事例について学びたい読者は，戦略形ゲームについては3章，4章および5章の一部，展開形ゲームについては7章を参照されたい。ナッシュ均衡の概念およびその具体例での求め方の説明がある。これらは本書のすべての分析の基礎にあるとみなされるべきものである。経済学の予備知識については付録Aを参照されたい。

　ゲーム理論の数学的構造に関しては，2章および6章で，線形代数の基礎に基づいて戦略的ゲーム理論の依拠する内容が自足的に示してある。とりわけ，2人ゼロ和ゲームの解の存在証明と線形計画法についての双対定理など，古典的ゲーム理論の数理についての議論が展開されている。

　協力ゲームについて学びたい読者には，12章，13章，14章の一部に基本的な説明と事例がある。シャープレイ値とコアの概念に関する説明と具体例での求め方および基本的な定理が示されている。

　経済学への応用に関しては，完全情報下の展開形ゲームの基礎は7章，そして繰り返しゲームや進化ゲーム等については8章，9章において議論されている。これらの章は数学的負担も少なく，独立して読むことができるだろ

う。10 章は不完備情報下の展開形ゲームについての概念と解の性質について説明している。これらは 20 世紀後半から大きな進展をみた分野である。

以下は初学者のために，本書をもとにゲーム理論のやさしいコースを作ってみたものである。あわせて内容を示唆する言葉も掲げておく。

I. 非協力ゲーム
 第 1 章 1.1～1.5 ゲーム理論の課題，3 つの標準形
 第 2 章 2.1～2.3 賭けについてのパラドックス，期待効用理論
 第 3 章 3.1～3.6 囚人のジレンマ，純戦略によるナッシュ均衡
 第 4 章 4.1～4.3 コイン合わせ，混合戦略によるナッシュ均衡
 第 5 章 5.1～5.6, 5.12 クールノー複占，シュタッケルベルク均衡
 第 6 章 6.1～6.3 2 人ゼロ和ゲーム，マクシ・ミン行動
 第 7 章 7.1～7.5 ゲームの木，部分ゲーム完全均衡
 第 8 章 8.1～8.5 チェーンストア・ゲーム，繰り返しゲーム
 第 9 章 9.1～9.2 進化ゲーム，進化的安定性
 第 10 章 10.1～10.5 ゲームの木と情報，完全記憶ゲーム

II. 協力ゲーム
 第 11 章 11.1～11.4 2 人交渉ゲーム，ナッシュ交渉解
 第 12 章 12.1～12.2 破産問題，n 人協力ゲームの特性関数
 第 13 章 13.1～13.6 具体例におけるコアの計算，ゴミ捨てゲーム
 第 14 章 14.1～14.3 シャープレイ値の計算例，多数決ゲーム

演習問題の中心は，本文の内容の理解と確認のためのものである。ただし，各章の問題の中には，発展的な応用問題も含まれている。

本書末にある**付録 A** は，本文で用いられる経済学の概念および考え方について自足的に説明したものである。また**付録 B** は，線形代数学や解析学の基礎の上に，本文で用いられる数学を解説したものである。ただし，本書で用いられる数学の大部分は標準的なものであるので，ここでの説明は凸集合と凸関数の概念と線形不等式に関する理論がその中心となっている。

記号表

$\mathbb{R}$	実数の全体
$\mathbb{R}^n$	n 次元実ユークリッド空間
$\forall_x$	任意 (any) の x に対して $\cdots$
$s \in S$	s は集合 S の要素である
$s \notin S$	$s \in S$ の否定
$\{i\}$	i だけを要素とする集合, たんに i と書くこともある
$X = \{x | A(x)\}$	X は条件 $A(x)$ を満たす x の集合である
$\prod_{i=1}^{n} x_i$	$x_1 \times x_2 \times \cdots \times x_n$ (n 個の数のかけ算)
$\prod_{s \in S} A_s$	$A_s(s \in S)$ を集合族とするときの直積
$A \subset B$	集合 A は集合 B の部分集合である
$A \cup B$	集合 A と B の合併 (和集合)
$A \cap B$	集合 A と B の共通部分
A^c	集合 A の (全体集合に対する) 補集合
$\emptyset$	空集合

n 次元のベクトル $x, y \in \mathbb{R}^n$ $(n \geq 2)$ について, それぞれ $x = (x_1, x_2, \cdots, x_n)$, $y = (y_1, y_2, \cdots, y_n)$ と成分を表記するとき,

$x > y$	任意の i について $x_i > y_i$
$x \geq y$	任意の i について $x_i \geq y_i$ かつ $x \neq y$
$x \geqq y$	任意の i について $x_i \geqq y_i$

目　次

はしがき　　　　　　　　　　　　　　　　　　　　　　　　　　i
本書の構成と読み方　　　　　　　　　　　　　　　　　　　　　v
記号表　　　　　　　　　　　　　　　　　　　　　　　　　　　vii

1　ゲーム理論の世界
1.1　ゲーム理論の成立 . . . . 　1
1.2　簡単なゲームの例と3つの標準形 . . . . 　2
1.3　戦略形ゲームの例 . . . . 　4
1.4　展開形ゲームの例 . . . . 　7
1.5　提携形ゲームの例 . . . . 　9

2　不確実性下の合理的選択と推論
2.1　リスクの状況の表現 . . . . 　12
2.2　セント・ペテルスブルグのパラドックス . . . . 　13
2.3　フォン・ノイマン-モルゲンシュテルンの効用理論 . . . 　14
2.4*　期待効用理論の仮定について . . . . 　16
2.5*　期待効用理論についての補足的コメント . . . . 　18
2.6*　危険回避の尺度 . . . . 　20
2.7*　共有知識と合理的推論 . . . . 　22

3 有限戦略形ゲーム1：純戦略
- 3.1 戦略形ゲームの枠組とナッシュ均衡の定義 27
- 3.2 2人戦略形ゲームの具体例とナッシュ均衡 29
- 3.3 利得関数の一般化 35
- 3.4 支配戦略と遂次的消去法 36
- 3.5 反応関数 40
- 3.6 まとめと一般化 41

4 有限戦略形ゲーム2：混合戦略
- 4.1 混合戦略 43
- 4.2 最適混合戦略の求め方の具体例 44
- 4.3 2人2戦略のケースについてのナッシュ均衡の存在 46
- 4.4** ナッシュ均衡の存在定理の証明 49
- 4.5* ブラウワーの不動点定理 50

5 クールノー形ゲームと純戦略均衡
- 5.1 クールノーの複占の理論 53
- 5.2 線形の需要関数と供給関数のケース 55
- 5.3 利潤関数と反応関数の形状について 57
- 5.4 クールノー均衡の図示 58
- 5.5* 反応曲線の付加的性質とクールノー均衡の存在と一意性 .. 59
- 5.6 先導者と追従者 60
- 5.7 寡占理論の諸問題 62
- 5.8 クールノー形寡占モデル 63
- 5.9 製品差別化と複占均衡 64
- 5.10 ホテリングの立地モデル 67
- 5.11 ナッシュ均衡の存在と意義 68
- 5.12 コモン・プールの問題 (共有地の悲劇) 69

6 2人ゼロ和ゲームとミニマックス定理
- 6.1 2人有限ゲームの標準形 72
- 6.2 混合戦略と均衡 74
- 6.3 2人ゼロ和ゲームの均衡 75
- 6.4* 線形不等式の基本定理 76
- 6.5 線形計画法 77
- 6.6* 2人ゼロ和ゲームの解の存在定理 86
- 6.7* プレイヤーの保証水準とマクシ・ミン原則 87
- 6.8* 混合戦略をもつ行列ゲームの性質 88
- 6.9* 2人ゼロ和の対称ゲーム 91

7 完全情報下の展開形ゲーム
- 7.1 ゲームの木と展開形ゲームの具体例 93
- 7.2 完全情報ゲーム 101
- 7.3 展開形ゲームにおける(純)戦略とナッシュ均衡 103
- 7.4 情報集合 104
- 7.5 行動戦略 105
- 7.6 部分ゲーム 106
- 7.7 ツェルメロの後戻り推論法 108
- 7.8 部分ゲーム完全均衡 109
- 7.9* 2段階ゲーム 111

8 繰り返しゲーム
- 8.1 有限繰り返しゲーム 115
- 8.2 チェインストア・ゲーム 116
- 8.3 繰り返しゲームの戦略と利得 118
- 8.4 プログラム間のコンテスト 119
- 8.5* 1期逸脱の原理 120
- 8.6* フォーク定理 121

9　進化ゲーム

9.1　進化的安定性 124
9.2　ESS の一般的な定義 125

10　不完全情報と不完備情報

10.1　ゲームの木とプレイヤーのもつ情報 129
10.2　不完全情報下の展開形ゲームの定義 131
10.3　完　全　記　憶 133
10.4　展開形ゲームにおける戦略 134
10.5　部分ゲーム完全均衡 139
10.6*　確率の公理とベイズの定理 139
10.7*　信念と逐次合理性 141
10.8*　整合的な信念と逐次均衡 146
10.9*　不完備情報ゲームとベイジアン・ナッシュ均衡 .. 148
10.10*　シグナリング・ゲーム 152

11　交渉ゲーム

11.1　非協力解と協力解 160
11.2　ナッシュ交渉解：公理的アプローチ 163
11.3　カライ-スモロディンスキーの解 168
11.4　ルービンシュタインの交渉解 169
11.5*　双方独占モデル 173
11.6*　変動基準点の下での交渉解 174

12　提携形ゲーム

12.1　n 人協力ゲームと特性関数 177
12.2　特性関数形ゲームの例 178
12.3　特性関数の性質 179
12.4　3 人以下のゲームの配分の図示 180

目　次　　　　　　　　　　　　　　　　　　　　xiii

　　12.5　破産問題と特性関数 182
　　12.6* 市場ゲーム 183

13　コ　ア

　　13.1　コアの定義 185
　　13.2　具体的なモデルにおけるコア 186
　　13.3　コアの別の定義 188
　　13.4　コアの存在条件 ($n=3$ の場合) 189
　　13.5　単純ゲームとコア 190
　　13.6* 平衡ゲームとコアの存在 191
　　13.7* 最小コアと仁 194
　　13.8　外部効果とコア 196
　　13.9* コアとワルラス均衡 198

14　シャープレイ値

　　14.1　シャープレイ値の定義 208
　　14.2　2人ゲームのシャープレイ値 210
　　14.3　3人ゲームのシャープレイ値とその一般化 212
　　14.4* n 人ゲームのシャープレイ値 218
　　14.5* 加重多数決ゲーム 219

付録 A　市場経済のモデル

　　A.1　経 済 環 境 223
　　A.2　消費者の特性 224
　　A.3　生産者の特性 225
　　A.4　競争市場の部分均衡モデル 226
　　A.5　2人・2生産物の純粋交換モデル 228
　　A.6　独占の経済モデル 232

付録 B　数学付録：凸集合，凸関数と線形不等式

- B.1　集　　合 236
- B.2　凸 集 合 237
- B.3　凸 関 数 237
- B.4　擬凹関数 237
- B.5　凸　　包 238
- B.6　クーン-フーリエの定理 238
- B.7*　定理 B.1 と B.2 の証明 239
- B.8*　定理 B.2 の証明 240
- B.9*　クーン-フーリエの定理の一般形 241

文献ノート　　243

参考文献　　245

演習問題解答　　251

索　　引　　263

1 ゲーム理論の世界

 日常生活において，ある個人の行動は他の個人の満足に影響を及ぼす。またある企業の行動は他の関連する企業の利潤の大きさを左右する。このような行動主体間の相互依存関係の例は枚挙にいとまがない。

 ゲーム理論 (theory of games) は，さまざまな利害関係にある個人や企業，政府などの意思決定の主体 (以下**プレイヤー** (player) ということが多い) の行動について考察し，それがどのような結果をもたらすかを体系的に分析する学問である。プレイヤーという言葉には，行動主体が理性をもった合理的人間，組織であるというニュアンスが含まれている。本章ではいくつかの具体的なゲームの例を示し，ゲームの3つの標準的表現方法について述べ，ゲーム理論とはどのようなものかについての簡単な紹介を行なおう。

1.1 ゲーム理論の成立

 経済社会における消費者や企業そして政府等の意思決定者 (プレイヤー) の行動は，他の意思決定者の行動の結果に影響を与える。囲碁や将棋，ブリッジやポーカー等の室内ゲームの多くでは，プレイヤーは対立関係にあり，一方の勝ちは他方の負けを意味する。また，労使交渉，国家間の貿易交渉，寡占市場における企業行動等でも，それぞれ目的をもった複数の主体の間の競争や協調等の関係やその結果が問題になる。さらに個人の保険への加入とモラルハザード等のような現象もゲームに関する問題である。このような人間行動の社会的な相互依存関係を**ゲーム的状況** (game situation) にあるという。

ゲーム理論はそこでのプレイヤーの行動について考察し，その帰結について分析することを目的とする学問であり，室内ゲームや政治学，経済学，生物学，社会工学等におけるさまざまな問題が，ゲーム理論を用いて体系的にかつ統一的に分析することが可能になった。

ジョン・フォン・ノイマンとオスカー・モルゲンシュテルンの著書『ゲーム理論と経済行動』(1944) を出発点として，広い分野における基礎科学として発展したゲーム理論は，誕生後わずかの新しい科学ではあるが，近年の発展は著しく，輝かしい未来を約束された研究分野である。その前史としては，オーギュスト・クールノーによる複占理論や，エルンスト・ツェルメロによるチェスの研究などが含まれるが，ゲーム理論の体系が確立されたのは，上掲の2人の著書によるものである。

ノイマン–モルゲンシュテルンの著書のもっとも注目すべき貢献の1つは，2人ゼロ和ゲームにおける均衡の存在を確立したミニ・マックス定理である。しかし，それはそのまま n 人非ゼロ和ゲームに拡張できるものではない。ジョン・ナッシュはそのような一般のゲームにおける均衡の概念を定式化するとともに，その存在を証明した。これによって，ゲーム理論の実践的価値は格段に上昇した。ナッシュの分析をさらに発展させたものにラインハルト・ゼルテンやジョン・ハルサニーの貢献がある。それらも，後の章で述べるように，ゲーム理論に多くの新たなページを付け加えることになった。

現実の経済でのゲーム理論の実践的役割は大きく，とりわけオークションの理論や不確実性の経済学は，以上のような貢献の上に構築されたものである。またゲーム理論の知識の浸透によって，日常の経済生活においても企業の戦略ということが意識して語られ，その選択がもたらす結果について論理的に思考するための枠組みが整えられることになった。

1.2　簡単なゲームの例と3つの標準形

ゲーム (game) を記述するためには，つぎのような条件が規定されなければならない。

1.2 簡単なゲームの例と3つの標準形

(1) 意思決定の主体,すなわち**プレイヤー** (player) は誰か。以下ではプレイヤーの集合を $N = \{1, 2, \cdots, n\}$ で示し,本章では主に 2 人ゲームすなわち $N = \{1, 2\}$ の場合について考察する。

(2) 各プレイヤーのとりうる行動,すなわち**戦略** (strategy) は何か。以下では,戦略の集合を S_1, S_2 等で示す。

(3) プレイヤーがどのような時間の流れ (タイミング) にしたがって行動するか,また,どのような**情報** (information) をもって行動するか。

(4) プレイヤーの行動のもたらす**結果** (outcome) および**利得** (payoff) がどのように定まるか。以下では,2 人の利得を π_1, π_2 等で示す。

さて,ゲームを表現する標準的方法にはつぎの 3 つがある。

- **展開形ゲーム**:これはゲームをその時間的進行,情報の開示にしたがって詳しく記述するのに用いられる。上の (1), (2), (3), (4) のすべてについて説明できる。
- **戦略形ゲーム**:このゲームでは,プレイヤーが選ぶ戦略によって利得がどのように定まるかが示されており,上の (1), (2), (4) について説明している。それによって均衡の戦略がどのように決定されるかを分析するのはゲーム理論のもっとも重要なテーマである。
- **結託 (提携) 形ゲーム**:このゲームでは (1), (4) について説明している。プレイヤーの協力の結果得られる成果が与えられているが,どのような方法でそれが得られるかは問わない。このような,プレイヤーの協力を許すゲームを**協力ゲーム** (cooperative game) という。それに対して,個々のプレイヤーが互いに協力することなく,自分の意思にしたがって戦略を選ぶ場合における成果の決定を分析する,展開形あるいは戦略形で表現されるゲームを**非協力ゲーム** (non-cooperative game) という。

1.3 戦略形ゲームの例

以下では2人戦略形ゲームを中心に，ゲーム理論についての簡単な紹介を行おう．

例 1.1 囚人のジレンマ (prisoners' dilemma)
2人の共犯の容疑者 (プレイヤー1とプレイヤー2) が別々の部屋に入れられ，検察官の質問を受けている．各プレイヤーの選びうる戦略は自白する (confess, C) と黙秘する (not confess, N) の2つである．プレイヤー1は表1.1の左はじに C あるいは N と書いた戦略の1つ (その意味で1行目か2行目か) を選び，プレイヤー2は表の上に C あるいは N と書いた戦略の1つ (その意味で1列目か2列目か) を選ぶ．

2人の選んだ戦略の組にたいして，2人の利得 (満足の高さ) が表1.1のように定まっている．たとえば2人戦略の組 (N, C) に対応する2人の利得は $(-9, -1)$ で，その絶対値は懲役年数を示すものと解釈される．2人の自白以外には十分な証拠がないので，2人共自白しなければ罪状が明らかにならず刑罰は比較的軽くてすむが，1人のみが自白した場合には，彼の刑罰は軽く，他のそれは重くなる．これを表示したものが表1.1である．

表 1.1 囚人のジレンマ

		プレイヤー 2	
		自白 C	黙秘 N
プレイヤー 1	自白 C	$-5, -5$	$-1, -9$
	黙秘 N	$-9, -1$	$-2, -2$

この例では2人の戦略の組は (C, C), (C, N), (N, C), (N, N) の4つである．そのうちどれが「均衡」であるかを調べてみよう．ここで均衡とはその状態から「どの1人も自分の戦略だけを変えることによって利得を増すことができない」という条件を満たす状態をいう．まずプレイヤー1が自白し，プレイヤー2が黙秘する戦略の組 (C, N) は均衡ではない．プレイヤー2はNをCに変えることによって，利得を -9 から -5 に増すことができるからである．同様の推論により (N, C) も均衡ではない．また (N, N) の状態も均衡ではない．プレイヤー1あるいはプレイヤー2がNをCに変えることに

1.3 戦略形ゲームの例

より利得を増すことができるからである。最後に (C, C) は均衡である。どの個人も自分の戦略だけを変えることにより彼の利得を増すことができないからである。

このゲームの均衡戦略 (C, C) がもたらす利得は，均衡でない戦略の組 (N, N) がもたらす利得よりも 2 人にとって劣っている (パレートの意味で劣位にある (付録 A を参照のこと))。しかし，自利を追求するプレイヤーの行動が，結果として自分にとっても相手にとっても好ましくないというのが囚人のジレンマの名の由来である。

このゲームと類似の構造をもったゲームは多数存在する。それが結果の意外性とともにこのゲームを有名にした理由である。これについては 3.1 節で詳しく説明することにしよう。

例 1.2 コイン合わせ (matching pennies)
2 人のプレイヤーがそれぞれコインの表 H (heads) あるいは裏 T (tails) を相手に知られないようにしてテーブルの上に置く。その結果が (H, H) あるいは (T, T) ならば，プレイヤー 1 が利得 1 をもらい，プレイヤー 2 は利得 1 を失う。(H, T) あるいは (T, H) のように 2 人のコインの表裏が異なる場合には利得の授受はその逆となる。このゲームにおける利得はつぎの表 1.2 のように表すことができる。

表 1.2 コイン合わせ

	表 H	裏 T
表 H	1, −1	−1, 1
裏 T	−1, 1	1, −1

このゲームには例 1.1 のゲームのような意味での均衡は存在しない。なぜなら，2 人が (T, T) のように同じ戦略を選んでいる場合には，プレイヤー 2 は自分の戦略を変えることによって利得を増すことができるし，2 人の戦略の組が (H, T) のように異なる場合にはプレイヤー 1 は自分の戦略を変えることによって利得を増すことができるからである。このようなケースでは H あるいは T を戦略とみなすならば均衡は存在しない。ゲーム理論では，各プレイヤーが H および T を一定の確率で選ぶことを考えることがある。H や T

をそれぞれどのくらいの確率で選ぶかをあらたな戦略と考えることとし、このような確率つきの戦略を**混合戦略** (mixed strategy) と呼ぶ。それに対してHとTは純戦略 (pure strategy) と称する。各プレイヤーが、そのような拡大された混合戦略を選択すると考えるならば、均衡が存在することが明らかにされている。

このゲームと類似の構造をもったゲームは多数存在する。それについても3.1節に詳しい説明がある。

例 1.3 純戦略による (一般化された) じゃんけん (rock-scissors-paper)
この2人ゲームの各人の戦略の集合はグー、チョキ、パーの3つの要素からなる。表1.3はそれぞれの戦略の組み合わせに対応するプレイヤーの利得を示したものである。その表で a, b, c は正の数で、それぞれグー、チョキ、パーで勝った場合の利得を示している。このゲームにも純戦略の均衡は存在しない。

表 1.3　じゃんけん

	グー	チョキ	パー
グー	0, 0	$a, -a$	$-b, b$
チョキ	$-a, a$	0, 0	$c, -c$
パー	$b, -b$	$-c, c$	0, 0

例1.2および例1.3のゲームのルールの下では、2人の戦略にかかわらず2人の利得の和はゼロである。このように、各人がどのような戦略を選ぶかにかかわらずプレイヤーの利得の和がゼロであるようなゲームを、一般に**ゼロ和ゲーム** (zero-sum game) という。2人ゼロ和ゲームについては、表1.4のように、プレイヤー1の利得のみを示すことがある。

表 1.4

	グー	チョキ	パー
グー	0	a	$-b$
チョキ	$-a$	0	c
パー	b	$-c$	0

1.4 展開形ゲームの例

ここでは，いくつかの展開形ゲームの例を用いて，プレイヤーが時間の経過とともにどのように行動するのかを説明しよう．議論の中心は，プレイヤーがもつ情報をどのように彼の行動に反映されるかを分析する方法を示すことである．

例 1.2 コイン合わせ (再)

2人のプレイヤーが1枚ずつコインを持っていて，まずプレイヤー1 (図1.1では①) が表あるいは裏のどちらかを上にして手で隠す．つぎに，プレイヤー2 (図では②) は，プレイヤー1と違う面であれば得点1が得られ，同じ面であれば1を失うので，表と思えばコインの裏を，裏と思えば表を出す．ただし，プレイヤー2はプレイヤー1の出したコインの面を知らないので予想が必ず当たるとはいえず，利得1が得られるとは限らない．

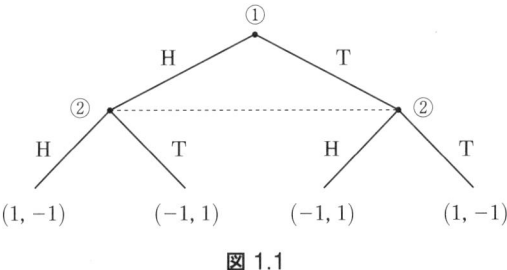

図 1.1

このゲームは，明らかに2人が同時に行動するゲームと実質上同一である．なお，黒丸"●"で示す2点が点線で結ばれているのは，プレイヤー2が自分がどちらにいるかを知りえないことを意味している．このようにプレイヤーの行動を選ぶさいに，何を知っているかを示したものをそのプレイヤーの**情報集合** (information set) という (詳しくは7章を参照)．

図1.2のゲームでは，②が点線で結ばれていない．これはプレイヤー2がプレイヤー1の行動の結果を知っていることを意味している．したがって，これはプレイヤー2に後出しを許すコイン合わせのゲームとなり，明らかに彼 (後手) にとって有利なゲームとなる．

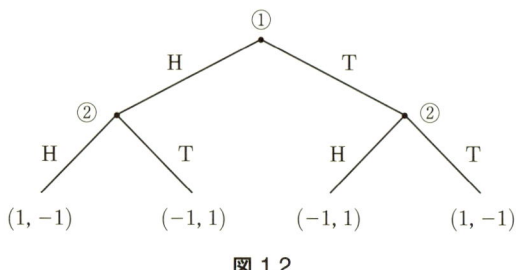

図 1.2

例 1.4　3 目並べ (tit-tac-toe)

これは，縦，横 3 路の碁盤を用いる 2 人ゲームである。白と黒の石を碁盤の交点に置く通常の 3 目並べと異なり，2 人のプレイヤーは，ます目の中に ✕ または ● を記して，縦，横，斜めに，3 つが並ぶようにするゲームを考える。この 2 つのゲームの内容は事実上同一である。どのようにゲームがプレイされるかを示すために，碁盤のます目に数字を書いていく。

表 1.5 の例では 7 手目で先手の勝ちになっている。また，表 1.6 のプレイでは引き分けになっている。これを展開形ゲームで表現すると，図 1.3 のようになる。このゲームは比較的単純で，先手必勝戦略や後手必勝戦略が存在しないことが容易に分かる。

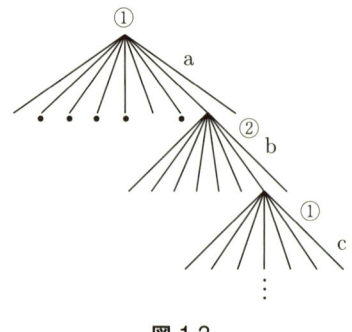

図 1.3

表 1.7 のように各ますに名をつけると，表 1.5, 表 1.6 のゲームのプレイの結果はそれぞれ abcgife, aecbhidgf と記すことができる。

1.5 提携形ゲームの例

表 1.5
プレイ 1		
1×	2●	3×
	7×	6●
4●		5×

表 1.6
プレイ 2		
1×	4●	3×
7×	2●	9●
8●	5×	6●

表 1.7
a	b	c
d	e	f
g	h	i

　このような簡単な室内ゲームでも，戦略の数が多くなり，省略なしに展開形あるいは戦略形で示すことは困難になる．通常の囲碁や将棋については戦略のすべてを表現することは不可能に近い．ポーカーやブリッジについても同様である．

　幸いなことに，経済学や社会学のゲームは戦略の数が少ないという意味で簡単なものが多くあり，それらの問題の本質は上の3つの標準形のどれかをもって表現することができる．

1.5　提携形ゲームの例

　以下では，プレイヤーの数は必ずしも2でないと考えることにしよう．ゲーム的状況では，一般に，プレイヤーは協力によって利得を増すことができる．いま $N = \{1, 2, \cdots, n\}$ をプレイヤーの集合とし，その部分集合 S を**結託**あるいは**提携** (coalition) ということにしよう．また．各 S について $v(S)$ はその提携がもたらす価値を表すものとする．このとき，協力によって利得を増すことができるとは，全員の結託のもたらす価値 $v(N)$ が個人のもたらす価値 $v(i)$ $(i \in N)$ の総和より大きいことを意味する．このとき，その成果をいかに分配すべきかは，重要な経済問題である．つぎのような問題を考えよう．

例 1.5
プレイヤー1だけでは2億円，プレイヤー2だけでは3億円の研究成果しか得られないが，2人のプレイヤーの協力により7億円の価値の成果が得られるとしよう．このとき，2億円の余剰，つまり $v(1,2) - \{v(1)+v(2)\} = 7-(2+3) = 2$ (億円) は2人のプレイヤーの間でいかに配分されるべきであろうか．この問題の本質は

$$v(1) = 2, \quad v(2) = 3, \quad v(1,2) = 7$$

という提携形ゲームとして定式化できる．この $v(\cdot)$ をゲームの**特性関数** (characteristic function) という．協力ゲームでは，いかにして協力が得られるかは問わず，特性関数を所与として分析を行う．

例 1.6 アルバイト・ゲーム

2人の未熟練労働者 (労働者 1, 2) と 1 人の熟練労働者 (労働者 3) がいて，後者を含む 2 人以上の協力によってはじめて家が建設され，1 億円の利潤を得ることができるとしよう．このとき，余剰をいかに配分すべきであろうか．この問題は

$$v(1) = v(2) = v(3) = 0,$$
$$v(1,2) = 0,$$
$$v(1,3) = v(2,3) = v(1,2,3) = 1$$

という，提携形ゲームとして定式化できる．

このゲームでは，プレイヤー 3 は，彼の協力なしには他のプレイヤーがどのように力を集結してもなにもできないこと，および彼と他のプレイヤーの 1 人でも協力すれば大きな成果が得られるという意味で，他のプレイヤーに比べて有利な立場にある．例えば，プレイヤー 1 が 9 千万円を得て，残りのプレイヤーが 500 万円ずつ受け取るにしても，2 人はそれを阻止することも改善することもできない．この場合の 3 人の取り分はどうなるか，あるいはどうすべきかは協力ゲームの重要な問題である．

演習問題

(1-1, 1-2 は，これらの問題に特に興味をもった読者のためのものである．)

1-1[*] 3 目ならべのゲームの例 1.4 で，2 手目以降，双方が最善を尽くすとどちらのプレイヤーも勝ちにはならないことを示しなさい．また，一般にこのゲームでは，どちらのプレイヤーにとっても必勝戦略が存在しないことを示しなさい．ここで**必勝戦略** (winning strategy) とは，相手のどのような戦略に対しても勝利する戦略をいう．(ヒント) 1 手目を真ん中 (2 行 2 列) に打つ場合，および辺 (たとえば 1 行 2 列) に打つ場合について調べなさい．

1-2[*] (三山くずし，game of Nim) 小さな石を 2 個ずつまとめて 3 つの山にしてある．プレイヤー 1 は 1 つの山からだけ，何個でも石を取り除くことができる．プレイヤー 2 は同様に，山の 1 つから何個でも石を取り除くことができる．ゲームは最後に石を取り除いたプレイヤーの勝ちとなる．このゲーム

演習問題

には先手にとって必勝戦略が存在する。また，ゲームのルールを変更して，最後に1個残したものを勝ちとすると後手必勝戦略が存在する。このことを証明しなさい。
(コメント) 一般に3つの山の石の数が (l, m, n) で与えられたとするとき，先手あるいは後手にとっての必勝戦略が存在することが知られている。たとえば，十進数の $(3, 4, 5)$ を二進数で $(011, 100, 101)$ と表したとき

$$（十進数）\quad 3 = 011 \quad （二進数）$$
$$4 = 100$$
$$5 = 101$$

と二進数で表した各桁の1の個数が奇数のものがあったとき，その数が偶数または0になるように石を取ることが必勝戦略である。偶数のケースでは，後手にとってそのように行動することが必勝戦略となる（証明については，Hardy-Wright (1979) 9章の Game of Nim を参照のこと。なお，一松 (1968) にはさまざまな石とりゲームの話がある）。

1-3 例1.5において，余剰 $v(1, 2) - v(1) - v(2)$ を2人に均等に分けることを考える。各プレイヤーが単独で達成可能な価値額 ($v(1)$ あるいは $v(2)$) を加えると，2人の配分は

$$x_1 = \frac{v(1, 2) + v(1) - v(2)}{2}, \quad x_2 = \frac{v(1, 2) + v(2) - v(1)}{2}$$

となることを示しなさい。
(コメント) この解は本書のさまざまな場面で登場する。たとえば2人ゲームにおけるナッシュ交渉解やシャープレイ値などがそれである。またこの考えを出発点として，契約のインセンティブに関するさまざまな分析を行うことができる（柳川 (2000)）。

1-4 例1.5を演習問題1-4の「公式」にしたがって解くと，2人のプレイヤーの配分はどのようになるかを示しなさい。

2
不確実性下の合理的選択と推論

　世の中で起こることは，多くの場合，正確には分からないが，個人はなんらかの合理的選択を行う必要に迫られる．また不確実な状況下でも交渉や取引は行われるし，市場が開かれることが多い．そうした場面での個人の合理的行動の原理を明らかにすることが，ここでの目的である．不確実性下の個人の行動は，ある種の公理の下では，期待効用の最大化として説明される．その場合の効用関数は個人のリスクに対する選好を反映するものである．

　ゲーム理論では，プレイヤーが何を知ってどのように推論するかが重要である．その場合の常套的仮定であるコモン・ノレッジ(共有知識)とはなにかについて，簡単な紹介を行おう．

2.1　リスクの状況の表現

　不確実性(uncertainty)という言葉はさまざまな意味に用いられる．そのうち，各事象の起こる確率が定義される場合を**リスク**(risk)のある状況といい，正確な情報に乏しく確率が定義できない場合を**狭義の不確実性**の状況という．さいころを100回振って1の目が10回以上でるか否かは，リスクのある状況である．またある国民が五十代で病死するという状況も，経験的な確率が知りうると考えてよかろう．さらにこれに準ずるものとして，競馬や競艇のように，主観的なものとはいえ，賞金獲得の確率を与えうる事例もある．これに対して，ある星に生物が存在するか否か，ガンの新薬が発見されるか等は確率を定義するための情報が不足しているので，狭義の不確実性の

状況である。

　一般に，経済主体の行動によって影響をうけない状況を**自然の状態** (state of nature) という．それについて客観的ないしは主観的確率が定義できる場合の経済主体の行動は，比較的分析しやすく，本書の分析の多くは，そのような状況を想定して行われている．

　いま自然の状態が有限であるとして，その添え字を示す集合を $S = \{1, 2, \cdots, s\}$ とおく．そのとき，それぞれの状態が起きる確率を

$$\pi = (\pi_1, \pi_2, \cdots, \pi_s)$$

とすれば，いうまでもなく各 k について，$\pi_k \geq 0$, $\sum_{k=1}^{s} \pi_k = 1$ が成立することになる．さて，各 k に対して状況 k が起きたときの賞金を x_k として，くじ (lottery) a を

$$a = (x\,;\,\pi) \tag{2.1}$$

で示す．ここで

$$x = (x_1, x_2, \cdots, x_s)$$

は，各状況における財 (あるいは賞金) のベクトルであり，$\pi = (\pi_1, \pi_2, \cdots, \pi_s)$ は，それらが起きる確率を示すベクトルである．

2.2　セント・ペテルスブルグのパラドックス

　表 (heads H) と**裏** (tails T) がでる確率が 1/2 ずつのコインを表が出るまで何度も投げる．たとえば T, T, H (1 回目，2 回目が裏，3 回目が表) となる確率は

$$\mathrm{Prob}(\mathrm{T, T, H}) = \left(\frac{1}{2}\right)^3$$

である．したがって，n 回目に初めて表が出たときの賞金を $x_n = 2^n$ とすると，そのくじの賞金の期待値は

$$(賞金の期待値) = \frac{1}{2} \times 2 + \frac{1}{4} \times 4 + \frac{1}{8} \times 8 + \cdots + \left(\frac{1}{2^n}\right)2^n + \cdots \to \infty$$

となる．この賭けに参加する人は無限大の支払いをするはずであるが，実際

にはそうする人はいないというのがパラドックスの内容である。

　これに対する**ダニエル・ベルヌイ**の解決法は，個人の選好が貨幣的価値そのものではなく，その効用 $u(x)$ によって表現できるという仮定に基づいている。例えば，$u(x) = \sqrt{x}$ とするならば，くじ L の効用の期待値は，

$$E(u(L)) = \frac{1}{2}u(2) + \left(\frac{1}{2}\right)^2 u(2^2) + \left(\frac{1}{2}\right)^3 u(2^3) + \cdots$$
$$= \left\{\left(\frac{1}{\sqrt{2}}\right) + \left(\frac{1}{\sqrt{2}}\right)^2 + \left(\frac{1}{\sqrt{2}}\right)^3 + \cdots\right\}$$
$$= 1 + \sqrt{2}$$

となり，約 2.41 と計算される。

　上の設定では，効用関数を外生的に与えたが，それが内生的に定まることを示したのがフォン・ノイマン–モルゲンシュテルンの効用理論である。なお，セント・ペテルスブルグのパラドックスに関しては，演習問題 2-4 および金子 (2003) を参照のこと。

2.3　フォン・ノイマン–モルゲンシュテルンの効用理論

　上記のように，自然の状態を $S = \{1, 2, \cdots, s\}$，賞金のベクトルを $x = (x_1, x_2, \cdots, x_s)$，それらが起きる確率を $\pi = (\pi_1, \pi_2, \cdots, \pi_s)$ とすると，くじ

$$a = (x\,;\pi) \tag{2.1}$$

は，各賞金がどのような確率で当たるかを示している (図 2.1)。

　それぞれの賞金 x_k がもたらす効用が $u(x_k)$ で与えられているとするとき，くじ a のもたらす**期待効用** (expected utility) を，賞金の効用に，それが得られる確率を掛けて加えた

$$U(a) = \pi_1 u(x_1) + \pi_2 u(x_2) + \cdots + \pi_s u(x_s) = \sum_{k=1}^{s} \pi_k u(x_k)$$

によって定義する。とくに，$s = 2$ で $a = (x_1, x_2\,;\pi_1, \pi_2)$ の場合には

$$U(a) = \pi_1 u(x_1) + \pi_2 u(x_2)$$

のように書ける。

2.3 フォン・ノイマン–モルゲンシュテルンの効用理論

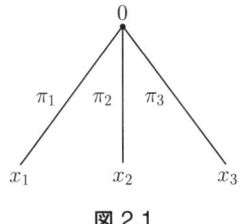

図 2.1

個人は (2.1) の形に書けるくじの集合 M の上に選好順序を示す2項関係 R を定めているとする。直観的には，$a, b \in M$ とするとき，aRb は a を b と同等以上に好ましいと解釈される。

このとき，つぎの定理はある種の合理性の仮定の下で，くじの間の選好関係 R が，期待効用の大小で表現できることを主張するものである。公理の具体的内容については，次節に示す。

定理 2.1
くじの集合 M の上に定義された選好順序 R が公理 2.2〜2.4 を満たすならば，各くじ $a = (x; \pi^a)$, $b = (x; \pi^b)$ に対して

$$aRb \quad \Leftrightarrow \quad \sum_{k=1}^{s} \pi_k^a u(x_k) \geq \sum_{k=1}^{s} \pi_k^b u(x_k) \tag{2.2}$$

を満たす非減少の効用関数 $u(\cdot)$ が存在する。しかもこの関数はアフィン変換の自由度を除けば一意に定まる。

なお上の $u(\cdot)$ は**フォン・ノイマン–モルゲンシュテルンの効用関数**と呼ばれることも多いが，ここではいくつかの文献にしたがって**ベルヌイの効用関数**と呼ぶことにし，くじ $a = (x; \pi^a)$ の期待効用

$$U(a) = \sum_{k=1}^{s} \pi_k^a u(x_k) \tag{2.3}$$

を**フォン・ノイマン–モルゲンシュテルンの期待効用関数**と名付ける。

定理の最後の主張の意味は，u と w とが R を表現する任意のベルヌイの効用関数であるとすれば，それらの間には

$$w = \alpha u + \beta \quad (\alpha > 0) \tag{2.4}$$

という関係が存在するということである。

摂氏の温度を C, 華氏の温度を F とおくと, $F = 1.8C + 32$ という関係がある。これと同様に, 同一の選好順序を表現する任意のふたつの効用関数の間には, (2.3) のような一次式の関係が成り立つ。このことを指して, 選好は温度と同様に**可測** (measurable) であるという。

2.4* 期待効用理論の仮定について

定理の証明には, つぎのような仮定が用いられる。

公理 2.2 合理性
個人はくじの集合 M の上につぎの条件を満たす 2 項関係 (**選好順序**)R を定めているとする。

(1) 「任意の $a, b \in M$ に対して aRb あるいは bRa となる」(連結律)
(2) 「aRb かつ bRc となる任意の $a, b, c \in M$ に対して, aRc となる」(推移律)

これらの条件を満たす R を**弱順序** (weak order) という。また任意の選好順序 R に対して強い選好関係 P を,
$$aPb \Leftrightarrow (aRb \text{ and not } bRa)$$
によって, また無差別な関係 I を,
$$aIb \Leftrightarrow (aRb \text{ and } bRa)$$
によって定義する。ここで, $a, b \in M$ と $0 < t < 1$ に対して,
$$ta + (1-t)b$$
を, a が t, b が $1-t$ の確率で与えられるくじとするとき, つぎの条件を仮定する。

公理 2.3 連続性 (continuity)
aRb, bRc となる任意の $a, b, c \in M$ について,
$$(ta + (1-t)c)Ib$$

2.4 期待効用理論の仮定について

となる t $(0 < t < 1)$ が存在する。

この公理の帰結は，a と c とが t と $1-t$ で当たるくじと，b が確実に当たるくじが無差別であるようにできることを意味している。

公理 2.4 独立性 (independence) と単調性 (monotonicity)
aPb となるすべての $a, b \in M$ とすべての $c \in M$ に対して
$$(ta + (1-t)c)P(tb + (1-t)c) \qquad (0 < t < 1)$$
となる。また aIb となるすべての $a, b \in M$ とすべての $c \in M$ に対して
$$(ta + (1-t)c)I(tb + (1-t)c) \qquad (0 < t < 1)$$
となる。

公理 2.4 の I についての条件は，a と b が無差別ならば，a と c が一定の確率で当たるくじと，b と c をその確率で与えるくじとが無差別であることを示している。

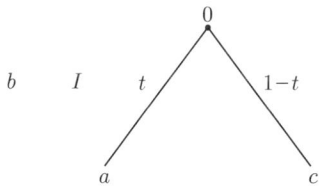

図 2.2 連続性

くじ $(x_1, x_2, x_3; \pi_1, \pi_2, \pi_3)$ は，図 2.1 のように図示することができる。この図を用いると，公理 2.3，公理 2.4 の内容は図 2.2，図 2.3 のように表記することができる。

以上の仮定の下で，つぎの結果を確立することが可能である (詳しくは Mas-Colell, Whinston, and J.R.Green. (1995) 等を参照のこと)。ここでは賞金の種類が有限の場合に関して，証明の 1 つの重要なステップである $u(\cdot)$ の構成方法について簡単な説明を行うにとどめよう。

いま確実に x_k が実現するくじ，つまり $\pi_k = 1$, $\pi_j = 0$ $(j \neq k)$ となるくじを，x_k と同一であるとする。そして $x_1 R x_2, \cdots, x_{s-1} R x_s$ であり，しか

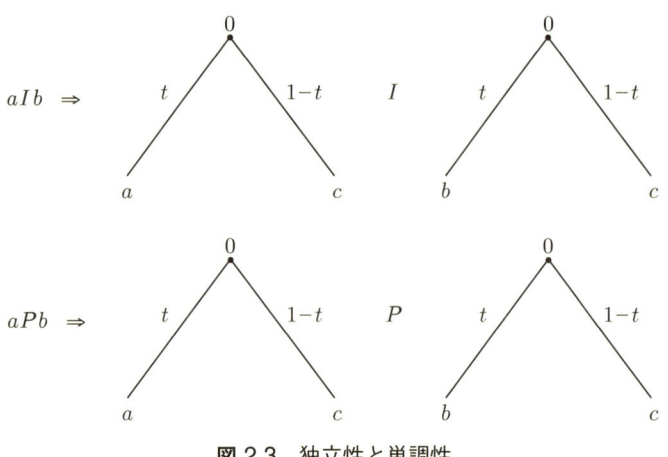

図 2.3 独立性と単調性

も，くじのすべては無差別でないと仮定して，$u(x_1) = 1$, $u(x_s) = 0$ とおこう。そこで x_k と $(tx_1 + (1-t)x_s)$ が無差別であれば，$u(x_k) = t$ と定めることによって関数 u が定義される。つまり上の効用の基準化の下では，もっとも望ましいくじが t, もっとも望ましくないくじが $1-t$ の確率で当たるくじと無差別である x_k は，t をその効用と定めるのである。

このとき，くじ $a = (x; \pi^a) \in M$ に対して，a の期待効用 $Eu(a) = U(a)$ を (2.3) によって定義すれば，選好順序 R が完全に表現できることを示すことが，定理の証明の重要なステップとなる。それを示すにあたっては，独立性の公理が本質的な役割を演じることになる。なお上の u の代わりに

$$w(x_k) = \alpha u(x_k) + \beta \qquad (\alpha > 0, \ k = 1, 2, \cdots, s) \qquad (2.5)$$

で $w(x_s) = \beta$ とおけば，u とは別の効用指標が定義されることになり，それらの間には (2.4) が成立することになる。

2.5* 期待効用理論についての補足的コメント

客観的確率が知られているリスクのある状況での経済行動の多くの分析は，上で定義されたような期待効用関数を用いて行われる。ゲーム理論において，いくつかの行動を一定の確率で選ぶ**戦略** (混合戦略) の**期待利得** (期待効用)

2.5 期待効用理論についての補足的コメント

も同様の公式で計算される。その場合の合理的行動とは，期待利得を最大にする戦略を選ぶことである。

期待効用理論に反する実験結果はいくつか知られている。これは仮定のあるもの，とりわけ独立性の公理が満足されない状況があることを示している。

2.5.1 アレーのパラドックス

つぎのような4つのくじを考えよう。

$$a = (6\text{億円},\ 5\text{億円},\ 0\text{円};\ 0,\ 1,\ 0)$$
$$a' = (6\text{億円},\ 5\text{億円},\ 0\text{円};\ 0.1,\ 0.89,\ 0.01)$$
$$b = (6\text{億円},\ 5\text{億円},\ 0\text{円};\ 0,\ 0.11,\ 0.89)$$
$$b' = (6\text{億円},\ 5\text{億円},\ 0\text{円};\ 0.1,\ 0,\ 0.90)$$

くじ a を a' より好む (確実に5億円をもらう方がわずかな確率でも無一文になるより良い) が，くじ b' を b より好む (6億円もらえる確率がある程度高くなるなら，無一文になる確率が多少高くなっても良いと思う) 個人は，ここでの数値例では期待効用を最大にしていない (演習問題を参照のこと)。

2.5.2 エルスベルクのパラドックス

箱の中にある90個の球のうち30個が赤，60個は黒または白である。このとき，赤い球が出る確率を $1/3$，黒い球が出る確率を p，白い球が出る確率を q とする。ここで $p+q=2/3$ である。いまつぎのようなくじを考えよう。

$$a = \left(1\text{億円},\ 0\text{円},\ 0\text{円};\ \frac{1}{3},\ p,\ q\right)$$
$$b = \left(0\text{円},\ 1\text{億円},\ 0\text{円};\ \frac{1}{3},\ p,\ q\right)$$
$$c = \left(1\text{億円},\ 0\text{円},\ 1\text{億円};\ \frac{1}{3},\ p,\ q\right)$$
$$d = \left(0\text{円},\ 1\text{億円},\ 1\text{億円};\ \frac{1}{3},\ p,\ q\right)$$

くじ a を b より好むが，くじ d を c より好む (1億円もらえる確率が知られていることを好む) 個人が多い。そのような個人はこの数値例では期待効用を

最大にしていない (演習問題を参照のこと)。

客観的確率が最初に定義されていなくとも，拡大された選好関係にある種の合理的公理を課すことによって「主観的確率」を付与することも可能である。詳しくは Anscombe and Aumann (1963) を参照のこと。

2.6* 危険回避の尺度

いま $a = (x;\pi)$ を前節の最初に説明したようなくじとし，くじの集合を M とする。本節では，個人は M の上にフォン・ノイマン–モルゲンシュテルンの期待効用関数 $U(a) = Eu(a)$ によって表現される選好順序を定めているとする。また説明の簡単化のために $s = 2$ の場合を考察しよう。この場合には，$a = (x_1, x_2; \pi_1, \pi_2)$ は x_1 が π_1，x_2 が $1-\pi_1$ の確率で当たるくじを示すことになる。また期待効用関数は，$0 \leq \pi_1 \leq 1$ として

$$U(a) = \pi_1 u(x_1) + (1-\pi_1)u(x_2) \tag{2.6}$$

と書ける。さらに π_1 が一定であるとして，期待効用関数 (2.6) を

$$U(x_1, x_2) = \pi_1 u(x_1) + (1-\pi_1)u(x_2) \tag{2.7}$$

と表現しよう。

2 つの状況に対応する財の数量 x_1, x_2 が任意の実数値をとりうるとして，その大きさを両軸に測り，同じ効用を与える点 (x_1, x_2) からなる曲線 (無差別曲線という) を効用水準を変えることで何本か描いてみよう。平面上の各点 $x = (x_1, x_2)$ は所与の π の下で 1 つのくじ $a = (x;\pi)$ を示し，とくに 45° 線上の点 (x_1, x_1) は，いずれの状況でも x_1 を獲得できるくじを示している。また点 (x_1, x_2) を通り，傾きが $-\pi_1/(1-\pi_1)$ の線分上の点は，a と同じ期待所得 $\bar{x} = \pi_1 x_1 + (1-\pi_1)x_2$ をもたらすくじを意味する。

このとき，無差別曲線の傾きで定義される財 1 の財 2 に対する**限界代替率** (marginal rate of substitution, MRS) は，

$$MRS_{12} = \frac{\pi_1}{1-\pi_1} \cdot \frac{u'(x_1)}{u'(x_2)} \tag{2.8}$$

となり，とくに $x_1 = x_2$ を満たす 45° 線上では，その値は $\pi_1/(1-\pi_1)$ と一定になる。このように無差別曲線の形状にきわだった制約が加わることを除

2.6 危険回避の尺度

けば，(2.7) の形の効用関数についても，確実な世界の効用関数と同様の性質をもった無差別曲線が描ける．なお，無差別曲線，限界代替率の一般論については，A.5, 注 A.1 を参照のこと．

さて (2.7) の効用関数をもつ個人 x_1, x_2 が π_1, $1-\pi_1$ の確率で当たるくじ a を得ることより，a と同じ期待所得 $\bar{x} = \pi_1 x_1 + (1-\pi_1)x_2$ を確実に得ることの方を好むならば，彼の選好は**危険回避的** (risk averse) であるという．たとえば 1/2 の確率で 100 万円を得，1/2 の確率で何も得ない状況より，確実に 50 万円を得ることを好む個人はそれにあたる．またその逆であれば，**危険愛好的** (risk taking) であるといい，両者が無差別であるならば**危険中立的** (risk neutral) であるという．

危険回避的な個人の場合，上のくじ a について
$$u(\pi_1 x_1 + (1-\pi_1)x_2) \geq \pi_1 u(x_1) + (1-\pi_1)u(x_2) \qquad (0 \leq \pi_1 \leq 1) \tag{2.9}$$
が成立する．この条件は $u(\cdot)$ が凹関数であることと同値である．危険愛好的であるとは上と逆向きの不等式が成立することであり，$u(\cdot)$ は凸関数となる．危険中立的な場合は，(2.9) 式は等号で成立するので $u(\cdot)$ は凸線形関数となる．

このように，不確実性下における各個人のリスクに対するタイプは，ベルヌイの効用関数 $u(\cdot)$ の形状によって典型的に 3 つのタイプに区別されることになる．$u(\cdot)$ が凹の場合は**危険回避者** (risk averter)，凸の場合は**危険愛好者** (risk lover)，そして $u(\cdot)$ が線形の場合は**危険中立者**である．もちろん $u(\cdot)$ の定義域のある x_1, x_2 については，上の一方の不等式が成立し，他の x_1, x_2 については逆の不等式が成立するような 3 つのどちらでもないケースも存在しうる．

以下では話を簡単にするために x_1, x_2 は所得を示す貨幣額であるとし，(2.9) が成立する危険回避者のケースを考えよう．この場合は，与えられた確率の下での収入の期待値を $\bar{x} = \pi_1 x_1 + (1-\pi_1)x_2$ とおくと，u の単調性により，ある非負の数 k について
$$u(\bar{x} - k) = \pi_1 u(x_1) + (1-\pi_1)u(x_2)$$

となる。この k をリスク・プレミアム (risk premium) という。

ここで $x_E = \bar{x} - k$ とおくと x_E は不確実な所得の期待効用に等しい効用を与える所得であり，不確実な所得の**確実性等価** (certainty equivalent) とよばれる。リスク・プレミアムは，不確実なケースの期待効用に等しい効用をもたらす確実な所得 x_E から平均所得 $\bar{x}$ を引くことによって求められる。

所得 x が 1 単位増えたとき，それがもたらす限界効用 $u'(x)$ の変化の程度は，効用関数の凹性の尺度である

$$R_a(x) = -\frac{u''(x)}{u'(x)}$$

によって示される。これをアロー・プラットの**絶対的危険回避度** (degree of absolute risk aversion) と呼ぶ。凹性の尺度という意味は次の事実による。

命題 A 2 つの単調増加凹関数を $u_1(x)$ および $u_2(x)$ とする。また，対応する絶対的危険回避度を $R_a^1(x), R_a^2(x)$ とする。このとき，すべての x に対して $R_a^1(x) > R_a^2(x)$ であることは，$u_1(x) = k(u_2(x))$ となるような単調増加凹関数 k が存在することと同値である。

なお，危険回避の尺度に関しては Pratt (1964) あるいは酒井 (1982) を参照のこと。また，所得 1% の変化による限界効用のパーセント変化

$$R_r(x) = -\frac{u''(x)x}{u'(x)}$$

を**相対的危険回避度** (degree of relative risk aversion) と呼ぶ。

また**確率プレミアム** (probability premium) とは，

$$\left(\frac{1}{2} + p\right) u(x+h) + \left(\frac{1}{2} - p\right) u(x-h) = u(x)$$

を満たす p をいう。

2.7* 共有知識と合理的推論

あることに関して，(a) それをすべての人が知っており，(b)「それをすべての人が知っている」ことをすべての人が知っており，さらに (c)「『それをすべての人が知っている』ことをすべての人が知っている」ことをすべての人が

2.7 共有知識と合理的推論

知っている，(d) ⋯ 等，のことが成立すれば，そのことは**共有知識** (common knowledge) であると呼ばれる。日常言葉で言う周知の事実というのがそれにあたる。

このような知識は，ゲーム理論での推論において重要な役割を演じる。たとえば，支配される戦略の消去に関して，3.4 節の例 3.13「決闘のゲーム」などを参照のこと。「彼は私の拳銃の腕前を知っているので，そのような行動はとらないだろう‥」等々。合理的プレイヤーは，そのような判断を一瞬のうちに行うことができると仮定されている。

例 2.1
- A，B および C の 3 人の淑女の顔がよごれている可能性があるが，自分のことは分からない。
- 顔がよごれていることを知った女性ははずかしくなり顔を赤らめる。
- ある信頼のおける人が，「あなた方の中に，口紅が顔についている人がいる。」といった。

以上のことから，すくなくとも一人は，自分の顔が汚れていることが分かる。したがって，他の 2 人の顔が汚れていても顔を赤らめていなければ，汚れているのは自分だと考えなければならない (問題 2-8 あるいは 2.7.1 項を参照のこと)。

表 2.1

	A	B	C
ケース 1	○	○	○
ケース 2	○	○	●
ケース 3	○	●	○
ケース 4	●	○	○
ケース 5	○	●	●
ケース 6	●	○	●
ケース 7	●	●	○
ケース 8	●	●	●

例 2.2 抜き打ち試験のパラドックス
教師が学生に「残り 5 回の授業のうちに，1 回抜き打ちテストをします」と

いった．抜き打ちテストとは，いつ行われるかを推論できないテストという意味である．「後戻り推論法」を使うと，抜き打ちテストは不可能であるということが推論できる．じっさい，5回目の授業でのテストは抜き打ちにならないことは明らかである．そうなると，4回目までに抜き打ちテストをすることになるが，4回目の授業での抜き打ちテストができないことも明らかである．以下同様に，3回目，2回目の授業での抜き打ちテストも不可能となる．すなわち，抜き打ちテストは，実質的にないこととなる．これが，抜き打ち試験のパラドックスである．しかし，不意試験ができないことを確信するから，教師は好きな日に試験を行えば，不意打ち試験が行われたことになる．ナッシュは1つのゲームを繰り返した場合に，繰り返し回数がたとえば100回を超えた場合には，後戻り推論法を適用するのは推論できる限界を越えているという見解を示している．これは実験経済学の重要な話題を提供するものである．

2.7.1* 知識の構造 $K(E)$

ある事象を E とし，それを知ることを $K(E)$ で示す．そのとき $K(E)$ を知っていることは $K(K(E))$，あるいは $K^2(E)$ と示される．以下同様にして，各自然数 n について $K^n(E)$ が定義される．

いま A, B, C の3人の個人がいるとし，各個人が E を知っていることをそれぞれ $K_A(E)$, $K_B(E)$, $K_C(E)$, すべての個人が E を知っていることを $K(E)$ で示せば，

$$K(E) = K_A(E) \cap K_B(E) \cap K_C(E)$$

となる．したがって E が共有知識であることは，$K^n(E)$ がすべての n について成立することである．

例2-1 において，少なくとも1人の顔がよごれている状況 D は $\{2,3,4,5,6,7,8\}$ となる．ここでAが少なくとも1人の顔がよごれていることを知っている状況 $K_A(D)$ は $\{2,3,5,6,7,8\}$，同様にBについて $K_B(D)$ は $\{2,4,5,6,7,8\}$，Cについて $K_C(D)$ は $\{3,4,5,6,7,8\}$ となる．したがってすべての個人が D であることを知っている状況は，それらの共通部分として，$K(D) = \{5,6,7,8\}$ となる．

演習問題

ここで，たとえば $K(D)$ に属する事象5を考えてみよう。Bは事象5と2を区別できないから，Bは事象2が起きていると考えるかも知れない。事象2において2と1とが区別できないCは，全員の顔がよごれていない事象1が起こっていると考えるかも知れない。事象6, 7についても同様である。このように $K^2(D) = \{8\}$ となることがわかる。また，すべての n について $K^n(D) = \{8\}$ となることも他の事象がすべて不適であることより導かれる。

演習問題

2-1 ある企業の選びうる戦略が3つあり，商品に欠陥があるか否かに従ってコストが下の行列で与えられる。欠陥の確率を p とするとき，それぞれの戦略はどの範囲の p に対してコストを最小化するか。

	テストをしない	部分テストをする	完全点検
欠陥がある	12	5	−9
欠陥がない	1	2	4

2-2 つぎのような3つの投資計画を考えよう。

計画1は常に25億円の収入がある。計画2は1/2の確率で49億円，1/2の確率で4億円が期待される。また，計画3は1/2の確率で81億円，1/2の確率で0円が期待される。

(1) 期待利得を最大にする計画はどれか。

(2) ベルヌイの効用関数を $\sqrt{x}$ で与えるとき，期待効用を最大にする計画はどれか。

2-3 ベルヌイの効用関数を $u(x) = \sqrt{x}$ とするとき，

(1) くじ $a = (x_1, x_2; p_1, p_2) = (9, 36; 2/3, 1/3)$ の期待効用を求めなさい。

(2) このくじと同じ効用をもたらす確実な所得 x を求めなさい。

2-4[*] (1) 2.2節の例で，ベルヌイの効用関数を $u(x) = \log x$ とおいた場合に，セント・ペテルスブルグのパラドックスが回避できることを示しなさい。

(2) $u(x) = \sqrt{x}$ としても，賞金の額をより急速に増やしていくことにより，期待効用は無限大になりうることを示しなさい。パラドックスが解消できるためには，効用関数が上に有界でなければならないことも示しなさい。

2-5 アレーのパラドックス

つぎのような4つのくじを考えよう。

$$a = (6\text{億円}, 5\text{億円}, 0\text{円}; 0, 1, 0)$$
$$a' = (6\text{億円}, 5\text{億円}, 0\text{円}; 0.1, 0.89, 0.01)$$

$$b = (6\text{億円}, 5\text{億円}, 0\text{円}; 0, 0.11, 0.89)$$
$$b' = (6\text{億円}, 5\text{億円}, 0\text{円}; 0.1, 0, 0.90)$$

(1) ベルヌイの効用関数を $u(x)$ として，4つのくじの期待効用を示しなさい。

(2) くじ a を a' より好み，くじ b' を b より好む個人が多い。そのような個人は期待効用を最大にしていないことを示しなさい。

2-6 エルスベルクのパラドックス

$$a = \left(1\text{億円}, 0\text{円}, 0\text{円}; \frac{1}{3}, p, q\right)$$
$$a' = \left(0\text{円}, 1\text{億円}, 0\text{円}; \frac{1}{3}, p, q\right)$$
$$b = \left(1\text{億円}, 0\text{円}, 1\text{億円}; \frac{1}{3}, p, q\right)$$
$$b' = \left(0\text{円}, 1\text{億円}, 1\text{億円}; \frac{1}{3}, p, q\right)$$

$(p+q = 2/3)$ とする。このとき

(1) ベルヌイの効用関数を $u(x)$ として，4つのくじの期待効用を示しなさい。

(2) くじ a を a' より好み，くじ b' を b より好む個人は，期待効用を最大にしていないことを示しなさい。

2-7 つぎのことを証明しなさい。

(1) ベルヌイの効用関数が $u(x) = 1 - e^{-ax}$ で与えられるとき，絶対的危険回避度は a で与えられる。

(2) ベルヌイの効用関数が $u(x) = \alpha x^{1-p} + \beta\ (\alpha > 0, p \neq 1)$ のとき，相対的危険回避度は p で与えられる。

(3) ベルヌイの効用関数が $u(x) = \alpha x + \beta\ (\beta > 0)$ のとき，相対的危険回避度は1となる。

2-8 2.6節の命題 A を証明しなさい。

2-9 2.7節の例 2.1 において，3人の個人 A，B，C のうち，少なくとも1人の顔が汚れているということが，共通知識であるとしよう。また，自分の顔が汚れていることを知っている個人は顔を赤らめるとしよう。目の前の2人の女性のうち1人だけが顔が汚れていることを見ている個人 A にとって，自分の顔が汚れていることがどのようにして分かるか。また，2人とも汚れている場合はどうか。

3
有限戦略形ゲーム 1：純戦略

　ゲームはそれに参加する主体と彼らがいつ何をなしうるか，またゲームを行った (プレイした) 結果として何を獲得するかを示す一組のルールによって特色づけられる．本章では，有限戦略形 (標準形) ゲームについていくつかの例を示しながら，その基本的枠組を説明しよう．

　各プレイヤーは与えられた状況の下で自分の利得 (効用，利潤等) を最大にするように行動する (戦略を選ぶ) と仮定する．ここでの分析の焦点は，この仮説にしたがってプレイヤーの最適行動について調べること，そしてある種のもっともらしい解ないしは均衡点を求めその性質を調べることである．そのさい，中心的役割を演じるのはナッシュ均衡の概念であり，それによって多くのゲーム的状況の帰結が解明されることになる．

3.1　戦略形ゲームの枠組とナッシュ均衡の定義

　ゲームに参加するプレイヤーは，さまざまな状況の下で行動しなければならない．この行動の計画を一般に**戦略** (strategy) という．すべてのプレイヤーの選んだ戦略の組に応じて**ゲームの結果** (outcome) が定まり，それは各プレイヤーの選好順序 (消費者の場合それは効用関数，企業の場合は利潤関数等) によって評価される．この評価に用いられる実数値関数を**利得関数** (payoff function) という．**戦略形ゲーム** (strategic form game) は，プレイヤーの戦略の集合と利得関数を用いて記述することができる．以上の内容をつぎのようにまとめておこう．

定義 3.1
有限の戦略をもつ**戦略形ゲーム**は，つぎの要素によって特色づけられる．

- プレイヤー (の添字) の集合：$N = \{1, 2, \cdots, n\}$，
- 各プレイヤーについて可能な戦略の集合：S_i $(i \in N)$,
- n 人が選ぶ戦略の組 $(s_1, s_2, \cdots, s_n)$ $(s_i \in S_i)$ に対して，各プレイヤー i の利得関数 $\pi_i(s_1, s_2, \cdots, s_n)$ $(i \in N)$．

上のゲームを簡潔に
$$G = (N, S, \pi)$$
と示すことがある．G はプレイヤー間の共有知識となっている．

各プレイヤーはゲームの構造 (可能な戦略の集合や個人の利得関数) については知っているが，相手の選ぶ戦略については知らない．プレイヤー i が S_i $(i \in N)$ の戦略を選ぶことで利得が決まり，1 回のゲームは終了する．

ゲームの具体例について説明する前に，本章の主題であるナッシュ均衡の概念に関して，とりあえず 2 人ゲームについて説明を与えてみよう．

定義 3.2
(2 人ゲームについて) プレイヤー 1 とプレイヤー 2 の戦略の組が**ナッシュ均衡** (Nash equilibrium, *NE*) であるとは，相手が戦略を変えない限り，自分の戦略の変更によって利得を増すことができない状態にあることをいう．より正式には S_1, S_2 をプレイヤー 1 とプレイヤー 2 にとっての戦略の集合とするとき，$s_1^* \in S_1$, $s_2^* \in S_2$ となる戦略の組 (s_1^*, s_2^*) がナッシュ均衡であるとは，任意の $s_1 \in S_1$ と $s_2 \in S_2$ に対して

$$\begin{aligned}\pi_1(s_1^*, s_2^*) &\geq \pi_1(s_1, s_2^*), \\ \pi_2(s_1^*, s_2^*) &\geq \pi_2(s_1^*, s_2)\end{aligned} \qquad (NE)$$

となることである．

注意 3.1
(*NE*) の最初の条件は，プレイヤー 2 の戦略 s_2^* を所与とするとき，プレイヤー 1 の利得 $\pi_1(s_1, s_2^*)$ が s_1^* において最大になっていることを示している．つまり自分の戦略だけを変更することで利得を増すことができないため，変更する誘因のないことを

意味している。第 2 の条件は、プレイヤー 2 にとっても同様に s_1^* を所与とするとき、単独でそこから逸脱する誘因がないことを意味している。

3.2　2 人戦略形ゲームの具体例とナッシュ均衡

ここではまず、有限戦略形ゲームについて S の元の一つだけを確実に選ぶという意味で**純戦略** (pure strategy) の範囲でのナッシュ均衡の求め方を説明しよう。つぎの例は 1 章ですでに説明済みのものであるが、上の定義との関係をみるために、もう一度説明を行う。

例 3.1　囚人のジレンマ (再)

このゲームでのプレイヤーは囚人 1 と囚人 2、戦略は自白する (confess, C) か黙秘する (not confess, N) かのいずれかである。そして、利得関数は懲役年数に負の値をつけたものである。つまり

(1) プレイヤーの集合：$N = \{$囚人 1, 囚人 2$\}$
(2) 戦略の集合：$S_1 = S_2 = \{$自白する C, 自白しない N$\}$
(3) 利得関数は表 3.1 のように示すことができる。たとえば $\pi_1(N, C) = -9$, $\pi_2(N, C) = -1$ である。

表 3.1

	自白 C	黙秘 N
自白 C	$\underline{-5}, \underline{-5}$	$\underline{-1}, -9$
黙秘 N	$-9, \underline{-1}$	$-2, -2$

利得関数に示された内容は、つぎのように説明できる。2 人の囚人が 1 人ずつ余罪について尋問をうけている。もし 2 人とも自白すればともに懲役 5 年の刑に、1 人だけが自白すればその個人は 1 年、他の個人は 9 年の刑に処せられる。また、2 人とも黙秘した場合は、2 年の刑に処される。**囚人のジレンマ** (prisoners' dilemma) という言葉は、このゲームではともに自白して 5 年の重い刑を受けるにいたるというもっともな理由があることに起因する。

行列で示された 2 つの実数の最初のものは、プレイヤー 1 の利得である。

プレイヤー 2 が自白 C を選ぶならば，プレイヤー 1 のそれに対する最適な行動つまり**最適反応** (best response) は自白 C を選ぶことである．同様にプレイヤー 2 が黙秘を選ぶ場合にも最適な反応は自白 C を選ぶことである．表 3.1 にはプレイヤー 1 の最適反応に対応した利得 (1 行 1 列と 1 行 2 列の左の数値) にアンダーラインが引いてある．つぎに，プレイヤー 2 の最適反応を調べてみると，プレイヤー 1 の戦略が C である場合には C，N である場合にも C である．これに対応したプレイヤー 2 の利得 (1 行 1 列と 2 行 1 列の右の数値) にアンダーラインを引く．したがって，相手の行動を所与としてみずからの最適戦略を選んでいる点は，アンダーラインが重なる戦略の組 (C, C) であり，これがナッシュ均衡である．

囚人のジレンマ型のゲームは多数存在する．本書の中でもしばしば言及することがあるが，以下にそのうちのいくつかを例示しよう．

例 3.2 利己的行為と利他的行為
このゲームの特性は以下のようである．

(1) プレイヤーの集合：$N = \{貪欲な男 1, 貪欲な男 2\}$
(2) 戦略の集合：$S_1 = S_2 = \{利己的行動 (取る), 利他的行動 (あげる)\}$
(3) 利得表の特徴は，相手に利益を与えることは容易であるが，自分に利益をもたらすことは難しいということである．

表 3.2

	1 万ドル取る	5 万ドルあげる
1 万ドル取る	<u>1</u>, <u>1</u>	<u>6</u>, 0
5 万ドルあげる	0, <u>6</u>	5, 5

この状況の説明にはつぎのようなものがある．

手に槍を縛られた 2 人の飢えた男の目の前に，大きな肉の塊がある．自分で取ることはできないが，もう 1 人の男に与えることは容易である．このゲームの利得表は囚人のジレンマのゲームの利得表と，大小の関係が一定に保たれているという意味で同型である．したがって，上の分析によって，ナッシュ均衡は (取る，取る) である．つまり，2 人の男は自分の利益を求めるあまり

無為な努力を続けることになる，ダンテの『神曲』の地獄編を垣間見るごとくである．

別の解釈として，このゲームのプレイヤーの集合は通常の人間であってもよい．そこでのナッシュ均衡は，宝の山を目の当たりにした時，自利を求める人間の愚かさを例示したものである．

例 3.3 **自由貿易** (free trade) と**保護貿易** (trade protection)
(1) プレイヤーの集合：$N = \{A国, B国\}$
(2) 戦略の集合：$S_1 = S_2 = \{$関税を課す，自由貿易$\}$
(3) 利得表に関して，自由貿易の下での2国の利得は $(6, 6)$ で，パレート最適 (2人の利得を同時に増すことができない状態) である．しかし，1国のみが関税を課すとその国の利得は9になり相手の利得は0になる．両国が関税をかけあうと利得は $(4, 4)$ となる．このゲームも囚人のジレンマと同型で，均衡は $(4, 4)$ となる．つまり，一国が関税をかけると他国が追従し，関税戦争が生じる．結果は自由貿易均衡 $(6, 6)$ よりどの個人にとっても好ましくない (パレート劣位にある) 状況 $(4, 4)$ が実現することになる．

表 3.3

	関税	自由貿易
関税	<u>4</u>, <u>4</u>	<u>9</u>, 0
自由貿易	0, <u>9</u>	6, 6

例 3.4 **国防のジレンマ** (dilemma of national defence)
(1) プレイヤーの集合：$N = \{A国, B国\}$
(2) 戦略の集合：$S_1 = S_2 = \{$軍備しない，軍備する$\}$
(3) 利得表のように両国にとって軍備しないほうが支出額は小さくてすむ．しかし，相手国が軍備をした場合には，自国も軍備したほうが有利にな

表 3.4

	軍備しない	軍備する
軍備しない	3, <u>3</u>	0, 2
軍備する	2, 0	<u>1</u>, <u>1</u>

る。アンダーラインで示した最適反応を調べると明らかなように，このゲームには，(軍備しない，軍備しない) というナッシュ均衡の他，(軍備する，軍備する) というパレート劣位の均衡が存在する。国防のジレンマといわれるゆえんである。

例 3.5 たか・はとゲーム (hawk-dove game)

(1) プレイヤーの集合：$N = \{$たか (夫)，はと (妻)$\}$
(2) 戦略の集合：$S_1 = S_2 = \{$リーダー (先導者) となる，フォロアー (追従者) となる$\}$
(3) 利得表のように，2人のプレイヤーがともにリーダー (たか) になろうとすると，2人の間の意見が衝突し利益は小さくなる。両者が追従的行動 (はと) をとる方が利益は大きくなる。しかし一方のみがリーダーになる場合のほうが，そのプレイヤーの利得が増える。したがって (はと，はと) はナッシュ均衡ではない。アンダーラインで示した最適反応を調べることにより，夫がリーダーになる (たか，はと) と妻がリーダーになる (はと，たか) という2つの均衡が存在することが分かる。

表 3.5

	たか	はと
たか	0, 0	<u>4</u>, <u>1</u>
はと	<u>1</u>, <u>4</u>	2, 2

例 3.6 弱虫ゲーム (chicken game)

(1) プレイヤーの集合：$N = \{$運転手1，運転手2$\}$
(2) 戦略の集合：$S_1 = S_2 = \{$直進する，避ける$\}$
(3) 利得表の説明は以下のとおりである。2人の運転手が狭い道路で出会った。一方が譲れば衝突は避けられるが，各プレイヤーは直進を選びた

表 3.6

	直進	避ける
直進	$-2, -2$	<u>1</u>, <u>-1</u>
避ける	<u>-1</u>, <u>1</u>	0, 0

3.2 2人戦略形ゲームの具体例とナッシュ均衡

い。ナッシュ均衡は (直進, 避ける), (避ける, 直進) の2つがある。

例 3.7 男女のいさかい (battle of the sexes)
(1) プレイヤーの集合：$N = \{$男, 女$\}$
(2) 戦略の集合：$S_1 = S_2 = \{$野球, コンサート$\}$
(3) 利得表のように，このゲームでは2人の男女が野球あるいはコンサートに行く．2人は一緒にいるほうがよいが，プレイヤー1は野球をコンサートより好み，プレイヤー2はその逆の好みを持っている．このゲームでは，2人が相談せずに野球あるいはコンサートを選ぶと想定される．アンダーラインした最適反応を調べることにより，このゲームには (野球, 野球), (コンサート, コンサート) の2つの純戦略によるナッシュ均衡があることが分かる．この形のゲームは**調整ゲーム** (coordination game) とよばれる．

表 3.7

	野球	コンサート
野球	<u>2</u>, <u>1</u>	−1, −1
コンサート	−1, −1	<u>1</u>, <u>2</u>

なお，このゲームで，プレイヤー2の戦略の左右を入れ替えると，つぎのたか・はとゲーム (と同型のゲーム) が得られる．

表 3.8

	好きな娯楽	嫌いな娯楽
好きな娯楽	−1, −1	<u>2</u>, <u>1</u>
嫌いな娯楽	<u>1</u>, <u>2</u>	−1, −1

以下の例では，これまでの例で見たような純戦略の範囲でのナッシュ均衡は存在しない．しかし次節以降で明らかにされるように，戦略の集合を確率的選択を許すように拡大するならばナッシュ均衡が存在することになる．

例 3.8 コイン合わせ (matching pennies)
(1) プレイヤーの集合：$N = \{$プレイヤー1, プレイヤー2$\}$
(2) 戦略の集合：$S_1 = S_2 = \{$コインの表 (H), コインの裏 (T)$\}$

(3) このゲームでは2人のプレイヤーがコインの表Hまたは裏Tを示す。利得表のように，もし2人の戦略の組が (H, H) あるいは (T, T) ならば，プレイヤー1が1の利得を得，プレイヤー2は1を失う。もし2人の戦略の組が (H, T) あるいは (T, H) ならば利得はその逆となる。利得表のアンダーラインを見ると明らかなように，このゲームには均衡が存在しない。

表 3.9

	表 H	裏 T
表 H	$\underline{1}$, -1	-1, $\underline{1}$
裏 T	-1, $\underline{1}$	$\underline{1}$, -1

なお，このゲームでは2人の利得の和はゼロであるので，ゼロ和ゲームとよばれる。この場合にはプレイヤー1の利得を与えればプレイヤー2の利得も決まるので，プレイヤー1の利得行列だけを示すことが多い (6章を参照)。

例 3.9 シャーロック・ホームズとモリアティ (ホームズ最後の事件)

(1) プレイヤーの集合：$N = \{$モリアティ，シャーロック・ホームズ$\}$
(2) 戦略の集合：$S_1 = S_2 = \{$ビクトリア駅まで直行，途中下車$\}$
(3) ホームズはモリアティに追われて，大陸に逃げようとしている。ビクトリア駅からドーバー行きの汽車に乗る。カンタベリー駅で途中下車することも可能である。2人が出会えばホームズの負け，出会わなければホームズの勝ち。戦略は「直行する」，「途中下車する」の2つである。

モリアティをプレイヤー1，ホームズをプレイヤー2としたときの利得行列は，コイン合わせ同様になるので，ナッシュ均衡は存在しない。

表 3.10

	直行	途中下車
直行	$\underline{1}$, -1	-1, $\underline{1}$
途中下車	-1, $\underline{1}$	$\underline{1}$, -1

例 3.10 投手と打者のかけひき

(1) プレイヤーの集合：$N = \{$打者，投手$\}$

(2) 戦略の集合：$S_1 = S_2 = \{右を選ぶ，左を選ぶ\}$
(3) 利得表では，プレイヤー 1 を打者，プレイヤー 2 を投手とする。戦略は打者についてインコース (右) を予想するかアウトコース (左) を予想するかの 2 つであり，投手については，インコースに投げるかアウトコースに投げるの 2 つである。ともに右あるいは左を選べば打者の勝ち，異なった戦略を選べば投手の勝ちとなる。同様の状況はサッカーのペナルティキック，テニスのサーヴィスにおいてもみられる。

表 3.11

	右	左
右	1, −1	−1, 1
左	−1, 1	1, −1

例 3.11 じゃんけん

(1) プレイヤーの集合：$N = \{$プレイヤー 1，プレイヤー 2$\}$
(2) 戦略の集合：$S_1 = S_2 = \{$グー，チョキ，パー$\}$
(3) プレイヤーが，グー，チョキ，パーのどれか 1 つを出すことのみを戦略とみなせば，じゃんけんには均衡はない。なぜなら，ある戦略，たとえば 2 人の戦略の組 (グー，パー) (あるいは (グー，グー)) が選ばれていたとすると，プラスの利得を得てないプレイヤーは，自分の戦略だけを変えることによって利得を増すことができるからである。$(a, b, c > 0)$

表 3.12

	グー	チョキ	パー
グー	0, 0	a, −a	−b, b
チョキ	−a, a	0, 0	c, −c
パー	b, −b	−c, c	0, 0

3.3 利得関数の一般化

上の例において，特定の数値例を選んで行った説明は，より一般的なケースに拡張できる。たとえば，例 3.1 の囚人のジレンマにおいて利得行列を表

表 3.13

	自白 C	黙秘 N
自白 C	a, a	b, c
黙秘 N	c, b	d, d

3.13 とするとき, $b > d > a > c$ であれば, ジレンマが生じる。$a > c$, $b > d$ であれば自白することが相手の戦略いかんにかかわらず最適な戦略 (次節の定義 3.3 の意味で支配戦略) となり, また $d > a$ のときは, 均衡はパレートの意味 (2 人の利得がともに低くなるという意味) で劣ったものとなる。

例 3.5 のたか・はとゲームの利得行列はつぎのように一般化される。2 人のプレイヤーは $v > 0$ をめぐって戦う (たか) か戦かわない (はと) かを選択し, $c > 0$ をたか同士が戦う場合のコストとするとき, 表 3.14 のように記すことができる。$v > c$ のときは, 囚人のジレンマのケースになる。典型的には $c > 0$ で $v < c$ となる場合が仮定される。

表 3.14

	たか	はと
たか	$\frac{v-c}{2}, \frac{v-c}{2}$	$v, 0$
はと	$0, v$	$\frac{v}{2}, \frac{v}{2}$

3.4 支配戦略と遂次的消去法

定義 3.3 支配戦略

s_1, s_1' をプレイヤー 1 にとって可能な 2 つの戦略とする。もしプレイヤー 2 の任意の戦略 s_2 に対して s_1' がもたらす利得の方が任意の s_1 のそれより大きければ, すなわち

$$\pi_1(s_1', s_2) > \pi_1(s_1, s_2)$$

となるならば, 戦略 s_1' は s_1 を**強く支配する** (s_1' strongly dominates s_1), あるいはたんに**支配する**という。プレイヤー 2 についても同様に, s_2, s_2' を可能な 2 つの戦略とするとき, 任意の s_1 に対して

3.4 支配戦略と遂次的消去法

$$\pi_2(s_1, s_2') > \pi_2(s_1, s_2)$$

となるならば，戦略 s_2' は s_2 を強く支配するという。なお上の定義式の厳密な不等号の一部を等号を許す不等号で置きかえた関係が成立するとき，s' は s を**弱く支配する** (s' weakly dominates s) という。

支配戦略の概念を n 人戦略ゲームに拡大して定義することは困難ではない。

自分の利得の最大化をめざすプレイヤーは，強く支配される戦略を用いることはない。したがってそのような戦略は，利用可能であっても消去することができる。この操作を行うことによって，見かけ上複雑なゲームもずっと簡単に解けることがある。またある種のゲームについては「均衡」を求めることができる。

例 3.12 支配される戦略の消去

表 3.15 のゲームのプレイヤー 2 の戦略の中で ($\binom{2}{1} > \binom{1}{0}$ なので)「右」は「中」によって支配される。支配される列を消去すると，2 番目の 2 行 2 列の行列が得られる。つぎに，プレイヤー 1 にとって「上」は「下」よりも好ましいので，支配される行を消去すれば 3 番目の行列が得られる。これよりナッシュ均衡は (左, 中) であることが知られる。

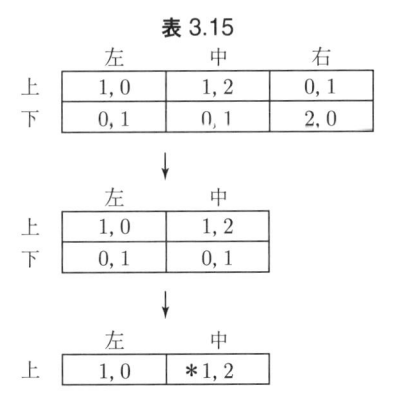

表 3.15

	左	中	右
上	1, 0	1, 2	0, 1
下	0, 1	0, 1	2, 0

↓

	左	中
上	1, 0	1, 2
下	0, 1	0, 1

↓

	左	中
上	1, 0	*1, 2

例 3.1 の囚人のジレンマのゲームにおいて，プレイヤーが自白した場合の利得のベクトル $(-5, -1)$ は，自白しない場合のベクトル $(-9, -2)$ より各対応する要素がすべて大きい。したがってプレイヤー 1 にとって自白すること

は支配戦略となる．同様にプレイヤー2にとっても自白することは支配戦略となる．この意味で2人が自白することは双方が支配戦略を選んだ場合の均衡である．

ゲームのナッシュ均衡を求めるにあたって，強い意味で支配される戦略は消去して考えてよい．しかし，弱い意味で支配される戦略を消去するにあたって，消去する順序によっては異なったナッシュ均衡が求まってしまう．

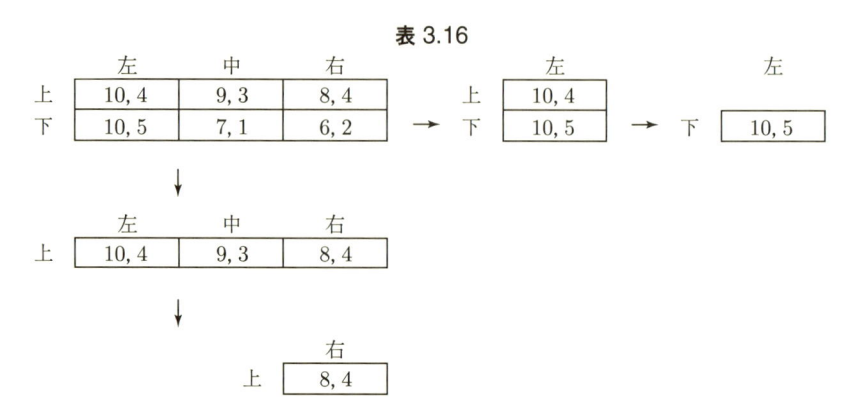

表 3.16

	左	中	右
上	10, 4	9, 3	8, 4
下	10, 5	7, 1	6, 2

→

	左
上	10, 4
下	10, 5

→

	左
下	10, 5

↓

	左	中	右
上	10, 4	9, 3	8, 4

↓

	右
上	8, 4

表 3.16 を見てみよう．プレイヤー 1 にとって，「下」は「上」によって弱支配されるので，それを消去すると2番目の1行3列の行列が残る．プレイヤー 2 にとって，「左」と「中」は「右」によって弱支配されるので，それらを消去すると3列目の行列が残りナッシュ均衡 (上, 右) に到達する．

もう 1 つの消去法として，つぎのようなものがある．プレイヤー 2 にとって，「左」は「中」と「右」を弱支配する．それらを消去すると，2番目に示した2行1列の行列が残る．そこで，プレイヤー 2 にとって「下」は「上」を支配するから最後にナッシュ均衡 (下, 左) が残る．

支配戦略が存在すれば，プレイヤーはそれを選ぶことが期待される．しかし 3.2 節の他の例では支配戦略は存在しないのでそれによって均衡を定めることはできない．つぎの例では支配戦略の存在とある種の強い合理性の仮定を用いて均衡を求めることができる．

例 3.13 決闘のゲーム (game of duel)
2 人の男が決闘することになった．1 個だけの銃弾を込めたピストルを持っ

3.4 支配戦略と遂次的消去法

て一定の距離の両端から歩みより適当な位置で発射する。プレイヤー 1 と 2 の戦略の集合 S_1 と S_2 は，いつ発射するかを示す戦略に用いて，

$$S_1 = \{d_8, d_6, d_4, d_2\},$$
$$S_2 = \{d_7, d_5, d_3, d_1\},$$

のように示されるものとしよう。ここで d_i は距離を示し，添字の大きいほど値は大きいものとする。

勝負は，各 $d_i \in S_1$, $d_j \in S_2$ について，(1) $d_i > d_j$ ならば $0 \leq i \leq 10$ についてプレイヤー 1 の勝つ確率は $1 - 0.1i$，プレイヤー 2 の勝つ確率は $0.1i$ となる。他方 (2) $d_j > d_i$ ならば $0 \leq j \leq 100/13$ について，プレイヤー 2 の勝つ確率は $1 - 0.13j$，プレイヤー 1 の勝つ確率は $0.13j$ となるものとする。プレイヤーの利得の大きさは勝つ確率の大小に比例するものとする。

表 3.17

	$d_7 = 7$	$d_5 = 5$	$d_3 = 3$	$d_1 = 1$
$d_8 = 8$	0.2, 0.8	0.2, 0.8	0.2, 0.8	0.2, 0.8
$d_6 = 6$	0.91, 0.09	0.4, 0.6	0.4, 0.6	0.4, 0.6
$d_4 = 4$	0.91, 0.09	0.65, 0.35	0.6, 0.4	0.6, 0.4
$d_2 = 2$	0.91, 0.09	0.65, 0.35	0.39, 0.61	0.8, 0.2

表 3.17 のようにプレイヤー 1 にとって，d_8 は d_6 によって強く支配される。もし S_1 より d_8 が消去されると，つぎにプレイヤー 2 にとって，d_7 は d_5 によって強く支配される。これを S_2 から消去すればプレイヤー 1 の戦略 d_6 は d_4 によって強く支配される。これをも S_1 から消去すれば，プレイヤー 1 の戦略は $\{d_4, d_2\}$ となり，その場合には d_5 は d_3 によって強く支配され，プレイヤー 2 の戦略は $\{d_3, d_1\}$ となる。このゲームでは，d_1 は d_3 によって弱く支配されるから，もし d_1 をも消去すればプレイヤー 2 の最適戦略は d_3 となり，その場合のプレイヤー 1 の最適戦略は d_4 になる。

このような方法で均衡を求めるにあたって，各プレイヤーの思考過程についての強い合理性が想定されている。すなわち (1) プレイヤー 1 が d_8 を用いないことをプレイヤー 2 が推論しうるから，プレイヤー 2 は d_7 を用いない。(2) 上の (1) を推論しうるからプレイヤー 1 は d_6 を用いない。さらに (3) 上

の (2) を推論しうるからプレイヤー 2 は d_5 を用いない。(4) 上のことを … 等々。上の例では 2 人の利得行列は 2.7 節の意味で**共有知識**となっている。

3.5 反応関数

本節ではプレイヤー 1 の戦略の集合を S_1，プレイヤー 2 のそれを S_2 で示す。そのときプレイヤー 2 の各戦略 $s_2 \in S_2$ に対しプレイヤー 1 の**最適戦略** (S_1 の中で利得を最大にする戦略)，すなわち任意の $s_1 \in S_1$ に対して

$$\pi_1(s_1^*, s_2) \geq \pi_1(s_1, s_2)$$

を満たす $s_1^* \in S_1$ を対応させる関数を，プレイヤー 1 の**反応関数** (reaction function) といい $BR_1(s_2)$ で表す。プレイヤー 2 についても同様に，$s_1 \in S_1$ に対する最適戦略として反応関数 $BR_2(s_1)$ が定義される。相手の戦略に対して自分の利得の最大値をもたらす戦略は複数個存在することがあるから，反応関数は一般には多価であるが，ここではそのことを注意した上で，通常の関数という言葉を用いることにする。また，関数の値は一般に集合であるが，集合を示す「かっこ」は省略してある。

例 3.14　例 3.5 (続き)

(1) コイン合わせのゲームにおいて，プレイヤー 1 の最適戦略は，プレイヤー 2 の戦略が H のときは H，プレイヤー 2 の戦略が T のときは T となる。したがって，T = BR_1(T) となる。プレイヤー 2 の反応関数は，同様に考えて T = BR_2(H)，H = BR_2(T) となる。

(2) じゃんけんのゲームにおいては，プレイヤー 1 の反応関数は，"グー" = BR_1 ("チョキ")，"パー" = BR_1 ("グー")，"チョキ" = BR_1 ("パー") のように定まる。プレイヤー 2 の反応関数も同様である。

(3) 例 3.1 の囚人のジレンマのゲームにおいては，プレイヤー 1 は相手がどのような戦略を選ぼうが自白 C を選ぶことが最適である。したがってその反応関数は C = BR_1 (C)，C = BR_1 (N) のように表現される。

プレイヤー 2 についても同様である。

いま 2 つの反応関数の交点，すなわち

$$s_1^* = BR_1(s_2^*), \qquad s_2^* = BR_2(s_1^*)$$

となる点が存在したとする。この第1式はプレイヤー2の戦略が s_2^* のとき，プレイヤー1にとって s_1^* が最適戦略であることを意味するから，ナッシュ均衡の定義式のプレイヤー1についての条件と同値である。また第2式はナッシュ均衡のプレイヤー2についての条件と同値である。

以上によって，ナッシュ均衡は反応関数の交点(の集合)として表現されることが判明した。

3.6 まとめと一般化

ナッシュ均衡の定義は n 人ゲームの場合にも容易に一般化される。いま各 i について $s_i \in S_i$ であるような戦略の組 $s = (s_1, s_2, \cdots, s_n)$ を全員にとって可能な戦略であるということにしよう。s から i 番目の戦略 s_i を除いたベクトルを s_{-i}，そのときのプレイヤー i の利得を $\pi_i(s_i, s_{-i})$ と記す。このとき全員にとって可能な戦略の組 $s^* = (s_1^*, s_2^*, \cdots, s_n^*)$ が**ナッシュ均衡**であるとは，各 $i \in N$ と任意の $s_i \in S_i$ について

$$\pi_i(s^*) \geq \pi_i(s_i, s_{-i}^*)$$

が成立することである。均衡では，各プレイヤー i の利得は，他のプレイヤーの戦略を一定とするとき，個人 i の選びうる戦略の中で最大になっている。

支配戦略の定義についても同様である。戦略 $s_i \in S_i$ が $s_i' \in S_i$ を**支配する**とは，任意の $s_{-i} \in S_{-i}$ (S_{-i} は i 以外のプレイヤーにとって可能な戦略の集合を示す) に対して

$$\pi_i(s_i) > \pi_i(s_i', s_{-i})$$

となることをいう。つまり，他のプレイヤーがいかなる戦略を選ぼうと，プレイヤー i にとって s_i を選ぶことは，s_i' を選ぶよりも大きな利得をもたらすのである。

なお本章の分析のように，純戦略に限った場合にはナッシュ均衡が存在しないケースや複数の均衡が存在するケースがある。前者の問題点は，次章のように混合戦略を考慮することで解消される。また後者のような場合には，

そのどれを選ぶかが問題になる。この点についても，展開形ゲームを考えることによりその一部を取り除くことができる。

演習問題

3-1 つぎのゲームの被支配戦略を消去することで，ナッシュ均衡を求めなさい。

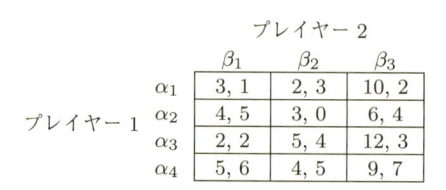

	プレイヤー 2		
	β_1	β_2	β_3
α_1	3, 1	2, 3	10, 2
α_2	4, 5	3, 0	6, 4
α_3	2, 2	5, 4	12, 3
α_4	5, 6	4, 5	9, 7

プレイヤー 1

3-2 下に示したゲームについて以下の問いに答えなさい (U は上，D は下，L は左，R は右，を意味する)。

(1) U がプレイヤー 1 の支配戦略となるような x を求めなさい。

(2) (U, R) がナッシュ均衡となるような y を求めなさい。

	L	R
U	3, 5	8, y
D	x, 4	6, 2

3-3 つぎの利得行列をもつ 2 人ゼロ和ゲームの純戦略による均衡解は存在するか，あればそれを求めなさい。

1	3	2	5
3	6	1	7
5	2	3	1

7	3	2	6
3	1	5	2
0	4	1	5

3-4 (1) 2 人 2 戦略 (2 × 2) のゲームで支配戦略均衡をもたないが，ナッシュ均衡をもつような例を示しなさい。

(2) 2 × 2 のゲームで，純戦略でのナッシュ均衡が複数存在する例を示しなさい。

4
有限戦略形ゲーム2：混合戦略

これまで見たように，コイン合わせやじゃんけんのようなゲームには，純戦略による均衡は存在しない．ここでは純戦略を確率的に選択する混合戦略を考え，拡大された意味でのナッシュ均衡が存在することを示そう．通常のじゃんけんでは「グー」，「チョキ」，「パー」をそれぞれ1/3ずつ出すのが最適な行動であることが予想されよう．また，コイン合わせのゲームでは表と裏を1/2ずつ出すのが最適である．これらは，混合戦略の空間でのナッシュ均衡になっていることが示される．

4.1 混 合 戦 略

3.1節で定義した2人戦略形ゲームを $G = (N; S, \pi)$ とし，簡略化のため2人の純戦略の集合を

$$S_1 = \{\alpha_1, \alpha_2\}, \qquad S_2 = \{\beta_1, \beta_2\}$$

とする．また，2人の利得関数を行列 A, B で表示する．つぎに S_1, S_2 上の**混合戦略** (mixed strategy) を，プレイヤー1は α_1 を p_1，α_2 を p_2 の確率で，プレイヤー2は β_1 を q_1，β_2 を q_2 の確率で選択するような戦略とする．ここで

$$p' = (p_1, p_2), \qquad q' = (q_1, q_2)$$

と記す (ここでベクトルはつねに列ベクトルとし，$'$ はその転置の意) ことにすると，2人のプレイヤーの混合戦略の集合は

$$\Delta(S_1) = \{p' = (p_1, p_2) \mid p \geq 0, \ p_1 + p_2 = 1\}$$
$$\Delta(S_2) = \{q' = (q_1, q_2) \mid q \geq 0, \ q_1 + q_2 = 1\}$$

のように表せる。これをゲームの混合拡大という。2人の利得行列 A と B を

$$A = \begin{pmatrix} a_{11} & a_{12} \\ a_{21} & a_{22} \end{pmatrix}, \qquad B = \begin{pmatrix} b_{11} & b_{12} \\ b_{21} & b_{22} \end{pmatrix}$$

と記すとき,各 $p \in \Delta(S_1)$, $q \in \Delta(S_2)$ に対して 2 人の利得は,$\pi_1(p, q) = p'Aq$, $\pi_2(p, q) = p'Bq$ のようになる。A および B が上の 2×2 の行列の場合には

$$\pi_1(p, q) = a_{11}p_1q_1 + a_{12}p_1q_2 + a_{21}p_2q_1 + a_{22}p_2q_2,$$
$$\pi_2(p, q) = b_{11}p_1q_1 + b_{12}p_1q_2 + b_{21}p_2q_1 + b_{22}p_2q_2$$

となる。

定義 4.1
$p* \in \Delta(S_1)$, $q* \in \Delta(S_2)$ とするとき,混合戦略の組 (p^*, q^*) が**ナッシュ均衡** (Nash equilibria) であるとは,任意の $p \in \Delta(S_1)$, $q \in \Delta(S_2)$ に対して

$$\pi_1(p^*, q^*) \geq \pi_1(p, q^*),$$
$$\pi_2(p^*, q^*) \geq \pi_2(p^*, q)$$

となることである。

この定義は,戦略の集合がことなるが,形式上は純戦略の場合と同様である。ここでのモデルのような 2 人 2 戦略の場合のナッシュ均衡については,4.3 節でとり扱われる。

なお,一般に有限戦略形ゲームには,混合戦略の範囲で少なくとも 1 つのナッシュ均衡が存在することが知られている (Nash (1950))。詳しくは 4.4 節を参照されたい。

4.2 最適混合戦略の求め方の具体例

ここでは 2 人ゲームのナッシュ均衡について調べてみよう。

例 4.1
男女のいさかいのゲーム (例 3.7) において,プレイヤー 1 が野球を選ぶ確率 (これまでの記号では p_1) を p, コンサートを選ぶ確率を $1 - p$ とする。また

4.2 最適混合戦略の求め方の具体例

プレイヤー 2 が野球を選ぶ確率を q (これまでの記号では q_1), コンサートを選ぶ確率を $1-q$ とする。これらはみな非負の値をとるものとする。プレイヤー 1 の利得の期待値は, さきの利得関数と同じ記号を用いると,

$$\pi_1(p,q) = 2pq + (1-p)(1-q)$$
$$= p(3q-1) + 1 - q$$

となる。したがってプレイヤー 1 の期待利得を最大にする反応関数 $p = r_1(q)$ は

$$p = \begin{cases} 0 & (0 \leq q \leq \frac{1}{3} \text{ のとき}), \\ [0,1] & (q = \frac{1}{3} \text{ のとき}), \\ 1 & (\frac{1}{3} \leq q \leq 1 \text{ のとき}) \end{cases}$$

となる。$q = 1/3$ のときの反応関数は, 閉区間 $[0, 1]$ のすべての値をとりうることを意味している。

同様にプレイヤー 2 の利得関数は

$$\pi_2(p,q) = q(3p-2) + 2 - 2p$$

となり, プレイヤー 2 の反応関数 $q = r_2(p)$ は

$$q = \begin{cases} 0 & (0 \leq p \leq \frac{2}{3} \text{ のとき}), \\ [0,1] & (p = \frac{2}{3} \text{ のとき}), \\ 1 & (\frac{2}{3} \leq p \leq 1 \text{ のとき}) \end{cases}$$

となる。この 2 つの反応関数の交点を求めると, 均衡として, $(1,1), (2/3, 1/3), (0,0)$ の 3 つが求まる。この均衡の第 1 のものは, 2 人が野球を選ぶというものであり, また第 3 のものは, 2 人がコンサートを選ぶというものである。第 2 の均衡は, 男性は 2/3, 女性は 1/3 の確率で「野球」を選ぶものである (図 4.1)。

なお一般に最適混合戦略を求めるにあたって, つぎの定理は有用である。

定理 4.1 (利得等価定理)
プレイヤー 2 (プレイヤー 1) にとって複数の純戦略を正の確率で用いること

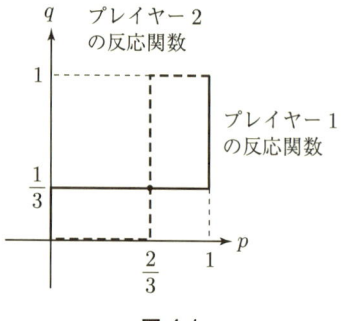

図 4.1

が最適ならば，プレイヤー 1（プレイヤー 2）の最適戦略は，それらの純戦略に対し等しい利得をもたらすものでなければならない．

証明 ここでは簡略化のために，4.1 節の 2 人ゲームで，それぞれのプレイヤーの戦略の数が 2 つの場合について説明を行う．

プレイヤー 1 の期待利得は
$$\pi_1(p,q) = a_{11}p_1q_1 + a_{12}p_1q_2 + a_{21}p_2q_1 + a_{22}p_2q_2$$
$$= (a_{11}p_1 + a_{21}p_2)q_1 + (a_{12}p_1 + a_{22}p_2)q_2$$

となる．したがって，プレイヤー 2 が正の混合戦略 q_1, q_2 を用いるならば，
$$a_{11}p_1 + a_{21}p_2 = a_{12}p_1 + a_{22}p_2$$

となる．じっさい，q_1, q_2 は 1 より小さい正の数であるから，もし上の左辺が右辺より大きければ，プレイヤー 2 は q_1 を増して q_2 を同じ量だけ減らすことが有利になる．逆の場合には，q_2 を増して q_1 を減らすことが有利になる．

4.3　2 人 2 戦略のケースについてのナッシュ均衡の存在

ナッシュ均衡の存在を一般の n 人ゲームについて証明することは，通常は不動点定理を用いて行われる．ここでは 2 人のプレイヤーが 2 つの純戦略をもつ場合について，初等的証明を与えておこう．2 人ゼロ和ゲームについては，戦略の数が有限の場合には代数的方法による証明が可能で，これらに関しては 6 章で詳しい説明が与えられる．

4.3 2人2戦略のケースについてのナッシュ均衡の存在

命題 4.2　2人2戦略ゲームにおけるナッシュ均衡の存在
2人2戦略の非ゼロ和ゲームは，少なくとも1つのナッシュ均衡をもつ．

証明　2人2戦略ゲームは一般につぎの表のように表すことができる．

表 4.1

	L	R
U	a, b	c, d
D	e, f	g, h

純戦略の均衡が存在する条件は以下のとおりである．

(1) $a \geq e$,　$b \geq d$　　((U,L) が均衡),
(2) $e \geq a$,　$f \geq h$　　((D,L) が均衡),
(3) $c \geq g$,　$d \geq b$　　((U,R) が均衡),
(4) $g \geq c$,　$h \geq f$　　((D,R) が均衡).

これらが満たされない場合は，以下の条件が成り立つ．

(1′) $a < e$　または　$b < d$,
(2′) $e < a$　または　$f < h$,
(3′) $c < g$　または　$d < b$,
(4′) $g < c$　または　$h < f$.

いま $s_1^* = (p^*, 1-p^*)$, $s_2^* = (q^*, 1-q^*)$ とおき，混合戦略における利得等価定理を用いると (以下に示すように，$c-g$ と $c-a$ は同符号になるので)，
$$\pi_1(U, s_2^*) = \pi_1(D, s_2^*)$$
$$\Leftrightarrow aq^* + c(1-q^*) = eq^* + g(1-q^*)$$
$$\Leftrightarrow q^* = \frac{c-g}{(c-g)+(e-a)}$$

となる．ここで q^* が0と1の間の値をとれば，確率の条件を満たすことになる．このためには，$c-g$ と $e-a$ が同符号であることを示せばよい．(i) $c > g$ のときは (3′) より $d < b$ となり，これに (1′) を用いると $a < e$ となる．(ii) $c < g$ のときは (4′) より $h < f$ となり，これに (2′) を用いると $e < a$ と

なる。

また，p^* については
$$\pi_2(s_1^*, L) = \pi_2(s_1^*, R)$$
$$\Leftrightarrow bp^* + f(1-p^*) = dp^* + h(1-p^*)$$
$$\Leftrightarrow p^* = \frac{f-h}{(f-h)+(d-b)}$$

となり，p^* が確率の条件を満たすことも，q^* のときと同様に確かめられる。

例 4.2

一般化されたじゃんけんのゲーム (例 3.11) では，プレイヤー 1 がグー，チョキ，パーのどれかを出さないことは，明らかに最適な戦略ではない。したがってプレイヤー 2 の最適戦略を $q = (q_1, q_2, q_3) \geq 0$, $q_1 + q_2 + q_3 = 1$ とおくと，それはプレイヤー 1 の 3 つの純戦略の各々に対して等しい利得をもたらさなければならない。このことから
$$aq_2 - bq_3 = -aq_1 + cq_3 = bq_1 - cq_2 = k$$
(k は一定) となる。

ところで，じゃんけんの行列を A とおけば，ゲームの対称性より $A' = -A$ である。したがって，プレイヤー 2 の任意の戦略 q に対して $q'Aq = 0$ である。つまりプレイヤー 1 はプレイヤー 2 と同じ戦略を選ぶことで，自身の利得を (少なくとも) 0 にすることができる。同様にして，プレイヤー 2 の最適利得も 0 以上である。以上のことから k は 0，すなわち
$$aq_2 = bq_3, \quad aq_1 = cq_3, \quad bq_1 = cq_2$$
となり，q が確率ベクトルであることを考慮すると，
$$q = \left(\frac{c}{a+b+c}, \frac{b}{a+b+c}, \frac{a}{a+b+c}\right)$$
が導かれる。同様にしてプレイヤー 1 の最適戦略 p も q と同じ値に求まる。

4.4** ナッシュ均衡の存在定理の証明

ここでは，ナッシュ均衡の存在に関してつぎの基本的結果を証明する。ただし，説明の複雑化を避けるために，$n=2$ の場合についての証明を行う。

定理 4.3
有限のプレイヤーと有限の戦略をもつ戦略形ゲームには，混合戦略の範囲でナッシュ均衡が存在する。

証明

(ステップ1)

いま，$(s_1,\cdots,s_m)$ をプレイヤー1の純戦略，$(t_1,\cdots,t_k)$ をプレイヤー2の純戦略とし，2人の混合戦略を示す確率ベクトルをそれぞれ $x\in\mathbb{R}_+^m$, $y\in\mathbb{R}_+^k$ で示す ($\mathbb{R}_+^m$ は m 次元ユークリッド空間の非負象限を示す)。それらの要素の和は1であり，その条件を満たすベクトルの全体(**閉有界**な**凸集合**となる)をそれぞれ S_1 および S_2 で示す。そして各 $i=1,2,\cdots,m$, $j=1,2,\cdots,k$ に対して

$$c_i(x,y) = \max\{\pi_1(s_i,y) - \pi_1(x,y), 0\},$$
$$d_j(x,y) = \max\{\pi_2(x,t_j) - \pi_2(x,y), 0\}$$

とおく，ここで π_1 および π_2 は期待利得関数を示すものとする。c_i は s_i (純戦略 s_i は，第 i 座標が1で他は0であるような確率ベクトルとみなす) が x よりよい戦略であればその期待利得の差に等しく，さもなければ0としたものであり，d_j についても同様である。

つぎに，2人の戦略の組 $(x,y)\in S_1\times S_2$ を $(x',y')\in S_1\times S_2$ に写す関数 T を，その各成分 i について，

$$x'_i = \frac{x_i + c_i(x,y)}{1 + \sum c_k(x,y)},$$
$$y'_j = \frac{y_j + d_j(x,y)}{1 + \sum d_k(x,y)}$$

と定義する。このとき x', y' は非負でその成分の和は1となることは明らかである。

(ステップ 2)

(x,y) が均衡戦略であるならば, $T(x,y) = (x,y)$ となることに注意しよう。じっさい (x,y) が均衡なら, すべての i, j について, $c_i(x,y) = 0, d_j(x,y) = 0$ となることから, このことは明らかである。

(ステップ 3)

この逆として, $T(x,y) = (x,y)$ であれば, (x,y) は均衡であることを示そう。このために, まず $x_i > 0$ で $c_i(x,y) = 0$ となる i が存在することを示そう。じっさい, $\pi_1(x,y) = \sum x_i \pi_1(s_i, y)$ であるから

$$\sum x_i c_i(x,y) \leq \sum x_i (\pi_1(s_i, y) - \pi_1(x,y))$$
$$= 0$$

となる。したがって, x が非ゼロのベクトルであることから上の主張が確かめられた。ここで $T(x,y) = (x,y)$ という条件を用いれば,

$$x_i = \frac{x_i}{1 + \sum c_k(x,y)}$$

となって, $\sum c_i(x,y) = 0$ となる。これよりすべての $c_i(x,y)$ が 0 であることが導かれる。よって $\pi_1(x,y) \geq \pi_1(s_i, y)$ がすべての i について成立する。このことは (x,y) がプレイヤー 1 についての均衡の条件を満たしていることを意味している。プレイヤー 2 についても同様である。

(ステップ 4)

$T(x,y) = (x,y)$ となる点 (x,y) の存在は以下に述べるブラウワー (Brouwer (1912)) の不動点定理による。これについては, 次節で説明する。

4.5* ブラウワーの不動点定理

定理 4.4 (ブラウワーの不動点定理)

C を $\mathbb{R}^n$ の非空で閉有界な凸集合とし, $f : C \to C$ を連続関数とするならば, $f(x) = x$ となる点 $x \in C$ が存在する。

注意 4.1

(1) 上の条件を満たす点を f の不動点 (fixed point) という。一般の場合の証明に

図 4.2

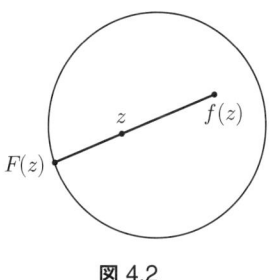

は多くの準備を要するのでここでは省略する．証明等に関しては，たとえば二階堂 (1961)，丸山 (2002)，Border(1985)，Guillemin-Pollack(1974) などを参照されたい．

(2) $n=1$ のとき，C を正の長さを持つ閉区間 $[0,1]$ とすれば，不動点定理は連続関数についての中間値の定理に帰着する．

(3) $n=2$ で C を半径 1 の円板，すなわち

$$C = \{(a,b) \mid a^2 + b^2 \leq 1,\ a,b は実数\}$$

とするとき，f の不動点が存在することはつぎのようにして推察される．いま仮に不動点が存在しないとすれば，各 $z \in C$ にたいして，$f(z) \neq z$ であるから，$f(z)$ から z の方向に延長した線分が円周と交わる点 $F(z)$ を一意に定めることができる．とくに，z が円周上にある場合には $F(z) = z$ とする．この F は連続である．しかもそれによってすべての円板上の点は円周上の点を不変に保ちつつ，円周上に写像されてしまう．これは，円の内部のどこかの点で F が不連続でなければ不可能と思えるであろう．円形の針金の内部にゴムで膜を張り，各点がどこに写されるかで F を定義すれば，膜は破れてしまう．不動点定理の一般の場合の証明の 1 つは，このような考えに基づいて行われる．

(4) これまでの分析では，有限個の純戦略の上の確率分布を考え，混合戦略に関する期待利得の最大化について考察した．そのさい，ブラウワーの不動点定理の前提は「自然」に満たされていた．次章で展開する複占，寡占のモデルで示したいのは，純戦略での均衡の存在であり，そのために用いられる最適反応関数は，一般に多価であり，凸写像でもない．そのために，一般的な不動点定理を適用することが難しい．ただし，多くの経済モデルでは均衡の存在を示すための具体的方法があるので，次章ではそのような場合を考察する．

演習問題

4-1 (1) 例 3.1 の囚人のジレンマのゲームにおける反応関数を求めなさい．

(2) 例 3.7 の男女のいさかいゲームにおける反応関数と純戦略によるナッシュ均衡を求めなさい．

4-2 (1) つぎの 2×2 ゲームに純戦略のナッシュ均衡があるか．あればそれを

求めなさい。

(2) 混合戦略を用いた場合のナッシュ均衡を求めなさい。

	L	R
U	−1, −1	3, 0
D	0, 3	1, 1

	L	M	R
U	5, 3	2, 1	3, 0
D	4, 6	6, 7	1, 10

4-3 (1) 上の表でLもRもMを厳密に支配するものではないが、それらの混合戦略はMを厳密に支配しうることを示しなさい。

(2) Mはそれ自身あるいは混合戦略として、ナッシュ均衡を構成するものではないことを示しなさい。

4-4 2つの利得表は政党の政策と支持率を示したものである。ゼロ和ゲームと同型なので、プレイヤー1の利得だけを示してある。

		プレイヤー2	
		支持	反対
プレイヤー1	議案を支持	70%	40%
	議案に反対	55%	50%

		プレイヤー2	
		支持	反対
プレイヤー1	議案を支持	70%	40%
	議案に反対	45%	80%

(1) 純戦略の均衡はあるか否か、あればそれを求めなさい。

(2) 混合戦略の均衡を求めなさい。

4-5 戦略型ゲームにおいて、各プレイヤー i の利得が a である場合に、それを $\kappa_i a + c_i$ に変更したゲームを考えたとき、2つのゲームは**戦略的に同等**であるという。戦略的に同等な2つのゲームのナッシュ均衡は等しいことを示さない。

4-6 $\mathbb{R}$ から $\mathbb{R}$ への関数で、定理の仮定が満たされないために不動点が存在しない例をあげなさい。

5
クールノー形ゲームと純戦略均衡

　前章までの分析では，各プレイヤーの選びうる純戦略の数は有限であり，その上の確率分布で与えられる混合戦略を考えることによってナッシュ均衡の存在を示した。しかし，すべてのゲームがそのような有限性の条件を満たすとはかぎらない。クールノーの複占モデルはその古典的な例である。

　本章では，1つの典型的な例として，複占および寡占市場における産出量および価格決定の問題を考察する。そこでは，企業の選びうる戦略 (産出量あるいは価格) は無限にあるが，自然な仮定の下で純戦略の均衡が存在することが示される。

　なお寡占市場における企業は，(他企業の行動とは独立の) 非協力的な行動とは別に，価格協定や，合併等の問題に直面する。これらは，協力ゲームのテーマであり，その問題の一部は後の章で分析される。

　本章で用いられる経済学および数学上の用語と基礎知識に関しては，付録A，Bを参照されたい。複占および寡占市場のモデルは経済分析上きわめて重要で，そのために，ここではかなり詳しく存在証明ないしは解の明示的な導出を行っている。一般的な証明は線形の需要関数と供給関数の場合には適用可能であるが，経済モデルではそれを満たさないものも多い。

5.1　クールノーの複占の理論

　産業内に同質の生産物を産出する2つの企業 (プレイヤー1とプレイヤー2) が存在する市場において，産出量と価格がどのように定まるかがここでの

関心となる。市場の需要関数および 2 つの企業の費用関数は所与として分析が行われる。

いま，価格を p，需要量を y として，市場における**逆需要関数** (inverse demand function) を

$$p = P(y), \qquad P'(y) < 0 \tag{5.1}$$

で与えよう。この y を p で解いたものが通常の**需要関数** (demand function) である。次節では具体例として

$$p = a - by, \quad a > 0, \quad b > 0 \tag{5.2}$$

のケースを考える。

産業内の 2 つの企業の生産量をそれぞれ y_1, y_2 とすれば，生産物に対する需要がバランスするためには，

$$y = y_1 + y_2 \tag{5.3}$$

が成立しなければならない。以下では，この条件が常に満たされるとし，y を総生産量と呼ぶこともある。

つぎに，企業 i $(i = 1, 2)$ の**費用関数** (cost function) を

$$C_i = C_i(y_i), \qquad C_i'(y_i) > 0 \tag{5.4}$$

で与えよう。具体的には

$$C_i(y_i) = \frac{1}{2} c_i y_i^2 + d_i y_i + e_i, \quad c_i \geq 0, \quad d_i \geq 0, \quad e_i \geq 0, \quad c_i + d_i > 0 \tag{5.5}$$

のようなケースを考える。このとき企業 i $(i = 1, 2)$ の利潤は，

$$\pi_i = P(y) y_i - C_i(y_i), \tag{5.6}$$

特に上の具体例では

$$\pi_i(y_1, y_2) = -\left(b + \frac{1}{2} c_i\right) y_i^2 - b y_1 y_2 + (a - d_i) y_i - e_i \tag{5.7}$$

と表現できる。このように複占企業の利潤は自身の産出量のみならず，相手企業の産出量によっても異なったものになる。

いま企業 i $(i = 1, 2)$ の**利潤関数** (profit function) を $\pi_i(y_1, y_2)$，企業 i にとって可能な産出量を S_i とすると，このゲームの均衡 (y_1^*, y_2^*) は，任意の

5.2 線形の需要関数と供給関数のケース

$y_1 \in S_1$, $y_2 \in S_2$ に対して，

$$\pi_1(y_1^*, y_2^*) \geq \pi_1(y_1, y_2^*),$$
$$\pi_2(y_1^*, y_2^*) \geq \pi_2(y_1^*, y_2) \quad (5.8)$$

という条件によって特色づけられる．この 2 つの条件が満たされている点 (y_1^*, y_2^*) では，どちらの企業も相手の産出量が与えられているならば自己の産出量を変えようとしないであろう．このような均衡をその提唱者の名にちなんで**クールノーの均衡** (Cournot equilibrium) と呼ぶ．これはナッシュ均衡を複占モデルに適用したものともなっているので，**クールノーーナッシュ均衡** (Cournot–Nash equilibrium) とも呼ばれる．

ここで企業 i の総収入 $P(y_1 + y_2)y_i$ は他の企業の生産量を固定するとき y_i について凹関数となるものとする．費用関数が y_i について凸関数であるとすれば (限界費用非減少の仮定)，利潤関数は y_i についての凹関数となる．それがなめらかで，ある正の産出量水準で最大値が達成されるとすれば，そのための一階の条件は

$$\frac{\partial \pi_i}{\partial y_i} = 0,$$

すなわち

$$P(y) + P'(y)y_i = C'(y_i) \qquad (i = 1, 2) \quad (5.9)$$

となる．具体的な逆需要関数と費用関数が与えられれば，(5.3) の関係を用いて上式から均衡の産出量を求めることができる．

5.2 線形の需要関数と供給関数のケース

以上の分析を理解しやすくするために 1 つの具体例を与えておこう．消費者の逆需要関数と各企業 i $(i = 1, 2)$ についての費用関数を

$$p = a - by, \quad a > 0, \quad b > 0, \quad (5.2)$$
$$C_i(y_i) = \frac{1}{2}c_i y_i^2 + d_i y_i + e_i,$$
$$c_i \geq 0, \quad d_i > 0, \quad e_i \geq 0, \quad c_i + d_i > 0 \quad (5.5)$$

で与えよう．(5.5) より，限界費用は

$$C'(y_i) = c_i y_i + d_i$$

となり，これが価格受容者としての企業 i の供給関数を与えるものである．費用関数が 2 次の場合には供給関数は線形になる．このとき，企業 i についての利潤は

$$\pi_i(y_1, y_2) = -\left(b + \frac{1}{2}c_i\right) y_i^2 - by_1 y_2 + (a - d_i) y_i - e_i \tag{5.7}$$

となる．したがって，企業 j の産出量 y_j を所与とするときの企業 i の利潤最大化の条件は

$$(2b + c_i) y_i + by_j = a - d_i$$

となる．ここで j は i と異なる企業の添字であるとする．

したがって，上式を y_i について解いて

$$y_i = \frac{a - d_i - by_j}{2b + c_i} \tag{5.10}$$

のように表現することができる．この式は，企業 j の各産出量に対して企業 i の最適生産量を与えるもので，企業 i の**反応関数** (reaction function) と呼ばれる．いまの場合，それは線形の関数で

$$y_i = r_i(y_j) \tag{5.11}$$

のように表すことができる．

図 5.1 の反応関数 r_1 は，上の意味で，企業 1 の最適生産量 y_1 を y_2 の関数として表現したものである．これは，3 章で反応関数と述べたものの，今の

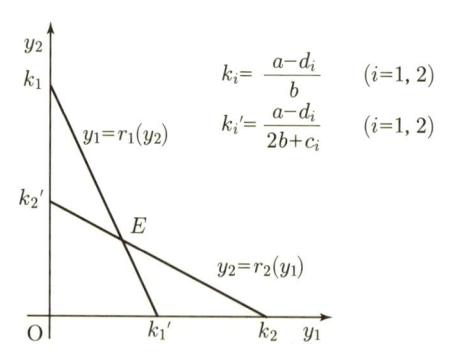

図 5.1 クールノーの均衡

5.3 利潤関数と反応関数の形状について

反応関数は利潤関数から導かれるので，両者の関係を理解することは前者の性質を知る上で有用である．いま，(5.6) の左辺の利潤の値を一定数 π としたときに定まる y_1 と y_2 の関係を図示したものを**等利潤曲線** (equi–profit curve) という．

等利潤曲線は，一定とした π の水準に応じて何本も描くことができる．5.2 節の例において企業 1 の利潤を π_1 に定めたときの等利潤曲線の方程式は，(5.7) より

$$by_2 = -\left(b + \frac{1}{2}c_1\right)y_1 + a - d_1 - \frac{e_1 + \pi_1}{y_1} \quad (5.12)$$

となる．このことから，高い π_1 に対応する等利潤曲線ほど図 5.2 で低い位置にあることがわかる．なおこの等利潤曲線は，直線と双曲線を合成して描くことができる．

一般には，逆需要関数 $P(y)$ が生産量についての減少関数であるとすれば，(5.6) より，企業 1 の利潤 $\pi_1(y_1, y_2)$ は，その企業の生産量 y_1 を一定とするとき，他の企業の生産量 y_2 の減少関数になる．したがって図 5.2 で低い位置にある等利潤曲線ほど高い利潤に対応するものであることがわかる．

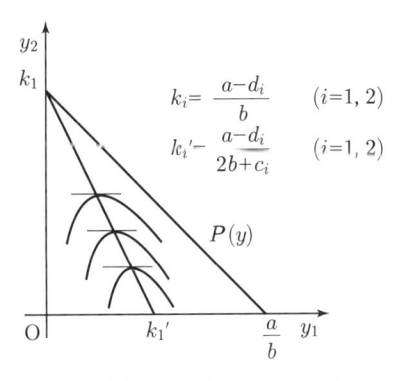

図 5.2 企業 1 の反応関数と等利潤線

つぎに，$\pi_1(y_1, y_2)$ が y_1 についての凹関数であるとすれば，ある等利潤曲線上の2点を結ぶ線分上の点は，それら2点より高い利潤を与えなければならない．したがって等利潤曲線は図5.2のように上に凸となる．

ここで企業1の等利潤曲線の傾きを調べるために (5.6) の左辺を一定数 π として y_1 で微分すると，

$$P'(y)y_l\left(1 + \frac{dy_2}{dy_1}\right) + P(y) - C_i'(y_l) = 0 \tag{5.13}$$

となる．したがって

$$\frac{dy_2}{dy_1} = \frac{C_i'(y_l) - P'(y)y_l - P(y)}{P'(y)y_l} \tag{5.14}$$

となり，この分子は (5.9) より，反応曲線上の点ではこの値はゼロとなる．また等利潤曲線が上に凸である場合には，反応曲線との交点の左側では右上がり，右側では右下がりになることが知られる．

5.4 クールノー均衡の図示

図5.3における2つの反応曲線の交点 E が存在するとして，その座標を (y_1^*, y_2^*) としてみよう．点 E は反応曲線1の上にあることから，企業2が y_2^* を選んでいるなら，企業1の利潤は y_1^* において最大になっている．つまり，企業1にとって可能な産出量の集合を S_1 とするとき，任意の $y_1 \in S_1$ に対

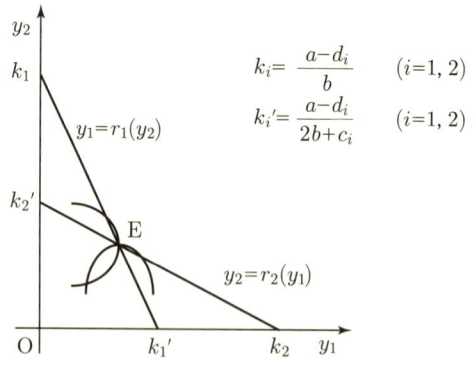

$$k_i = \frac{a - d_i}{b} \quad (i=1, 2)$$

$$k_i' = \frac{a - d_i}{2b + c_i} \quad (i=1, 2)$$

図 5.3 クールノー均衡と等利潤線

して
$$\pi_1(y_1^*, y_2^*) \geq \pi_1(y_1, y_2^*) \qquad (NE\ a)$$
となっている。企業 2 にとっても同様に y_1^* が与えられたときの利潤が y_2^* において最大になっている。つまり，任意の $y_2 \in S_2$ に対して
$$\pi_2(y_1^*, y_2^*) \geq \pi_2(y_1^*, y_2) \qquad (NE\ b)$$
が成立している。この 2 つの条件が満たされているような点 (y_1^*, y_2^*) では，どちらの企業も相手の産出量が与えられているならば自己の産出量を変えようとしないであろう。これが**クールノーの均衡**である。後に見るようにこの均衡の概念は，一般の寡占市場や利害を異にする経済主体の行動を扱う場合についても拡張される。

5.5* 反応曲線の付加的性質とクールノー均衡の存在と一意性

利潤最大化条件を示す式 (5.9) で，$i = 1$ とし，とくに $y_2 = 0$ となる y_1 を y_1^m とおくと，
$$P'(y_1^m) y_1^m + P(y_1^m) = C_1'(y_1^m)$$
が満たされる。この y_1^m は，企業 1 が独占者として行動したときの最適生産量を表している。これを当該企業の**独占解** (monopolistic solution) とよぼう。また (5.9) 式で企業 1 が生産を停止するような ($y_1 = 0$ となるような) y_2 を y_2^c とおけば，$P'(0)$ が有限である場合には，
$$P(y_2^c) = C_1'(0)$$
が満たされることになる。これは企業 1 が競争的に (価格を所与として) 行動するとすれば生産を断念するような価格に対応する企業 2 の産出水準を意味するものである。これを当該企業の**競争解** (competitive solution) と呼ぼう。
$$\begin{aligned} P(y_2^c) &= C_1'(0) \\ &\leq C_1'(y_1^m) \\ &= P'(y_1^m) y_1^m + P(y_1^m) \\ &< P(y_1^m) \end{aligned}$$

が成り立つから，$y_2^c > y_1^m$ となることがわかる．この結果は企業 1 の反応曲線が右下がりで傾きの絶対値が 1 より大きいという (より強い) 仮定からも導かれる．

つぎに，企業 2 の反応曲線についても同様に，その縦軸との交点 y_2^m および横軸との交点 y_1^c を定義することができる．ここでもし企業 2 が独占者として行動しているときの価格 $P(y_2^m)$ よりも低い限界費用で企業 1 が生産可能であるならば，

$$P(y_2^m) > C_1'(0)$$
$$= P(y_2^c)$$

となり，$y_2^m < y_2^c$ となることがわかる．$y_1^m < y_1^c$ も同じようにして導くことができる．

この場合図 5.3 の 2 本の反応曲線は交点 E をもつ．しかも今の場合反応曲線 1 の傾きの絶対値は 1 より大きく，反応曲線 2 のそれは 1 より小さいから，交点は 1 つだけ存在することがわかる．なお，一般の場合の存在証明に関しては，川又 (1991) を参照されたい．

5.6　先導者と追従者

クールノーの理論では複占者はいずれも相手の生産量を所与として自己の利潤を最大にするように行動するものと想定されていた．ここでは**シュタッケルベルク** (Heinrich von Stackelberg) の考えにしたがって，一方の企業 (企業 2) はそのように行動するが，他の企業 (企業 1) は相手のそのような行動を知っていて利己の利潤を最大にするものと想定してみよう．この分析においては企業の行動は非対称的であり，企業 1 は相手の行動を見越して行動する**先導者** (leader)，企業 2 はそれに従う**追従者** (follower) である．

企業 2 の行動についての仮定から，反応曲線は (5.9) の場合と同様に

$$P(y_1 + y_2) + P'(y_1 + y_2)y_2 = C_2'(y_2) \tag{5.15}$$

によって与えられる．他方，企業 1 は企業 2 がつねに上の関係を満たすことを考慮しつつ

5.6 先導者と追従者

$$\pi_1(y_1, y_2) = P(y_1 + y_2)y_1 - C_1(y_1) \tag{5.16}$$

を最大にするものと想定される。

5.2 節の線形の需要関数と供給関数の例で，企業 1 が先導者，企業 2 が追従者として行動するものとしよう。企業 2 の反応関数は，(5.10) より

$$y_2 = \frac{a - d_2 - by_1}{2b + c_2}$$

となり，これを企業 1 の利潤関数に代入すると，A, B, C をパラメーターとして

$$\pi_1 = Ay_1^2 + By_1 + C$$

のように y_1 に関する 2 次式として表現される。これを最大にする y_1 を求めるとリーダーの産出量 y_1^S が求められる。さらにその値を企業 2 の反応関数に代入すると，追従者の産出量 y_2^S が求められる。これらがいまの場合の**シュタッケルベルク均衡**であり，図 5.4 のように図示される。

例 5.1
より具体的に，$p = a - y$, $C_i(y_i) = d_i y_i + e_i$ $(i = 1, 2)$ のケースを考えよう。この場合の企業 i の反応関数は $a - d_i = 2y_i + y_j$ $(i \neq j)$ となる。したがって，2 つの反応関数の交点としてクールノー均衡は，

$$y_1^C = (a + d_2 - 2d_1)/3, \quad y_2^C = (a + d_1 - 2d_2)/3$$

のように求められる。

つぎに，企業 2 の反応関数を企業 1 の利潤関数に代入すると，

$$\pi_1(y_1) = -\frac{1}{2}y_1^2 + \frac{1}{2}(a + d_2 - 2d_1)y_1 - e$$

となる。これを最大にする y_1 は $y_1^S = (a + d_2 - 2d_1)/2$ となり，それを企業 2 の反応関数に代入すると $y_2^S = (a + 2d_1 - 3d_2)/4$ を得る。これらがシュタッケルベルクの均衡を与える。

図 5.4 は，あるもっともらしい需要曲線および費用曲線の場合についてのこの複占均衡を図示したものである。

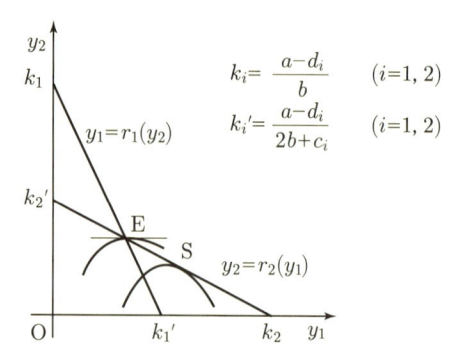

$$k_i = \frac{a-d_i}{b} \quad (i=1,2)$$

$$k_i' = \frac{a-d_i}{2b+c_i} \quad (i=1,2)$$

図 5.4 シュタッケルベルクの均衡

5.7 寡占理論の諸問題

ここでは生産物が1種類であるとし，寡占市場におけるいくつかの重要な問題について概観する。つづいて産業内に多数の企業が存在する場合のクールノー型寡占均衡の解の存在について考察する。

先進諸国の製造業の多くは寡占市場での競争を行っている。しかし，一口に寡占市場といっても，産業内の企業数や潜在的競争企業の有無，製品分化の程度の差等があって，その形態は多様であり，したがって説明すべき問題も多岐にわたっている。このような寡占市場の分析においても，その主要な目的が競争市場や独占市場の場合のように，産出量，価格や利潤等の均衡水準がどのように決定されるかを説明し，資源配分の効率性等の評価を行うことにあることには変わりない。ただし，それらを消費者の嗜好，生産者の技術資源の賦存量といった経済の基本的データから説明するに際して，いくつかの基本的な問題が存在することを指摘しておく必要がある。

まず第一に，仮に産業内に存在する企業が定まったとしても，そのうちのどの企業が結託し，どれが独立に行動するかという，競争と協力に関するさまざまな論理的可能性のどれが生ずるかが問題となる。また競合関係にある企業が相手の企業(集団)の行動をどう推測するか，先導者として行動するか追従者として行動するか等に関しても，きわめて多くの可能性がある。

これらの行動に関するさまざまな要因が，決定される均衡状態に重大な影響をもたらしうるかが，また，それらのどれが実現しやすいかに関して，理

論上の解明はいまだ十分なされているとは言い難い。本章においては，基本的には企業の結託と産出量決定の行動の様式は定まっているとして，それらに関する仮説のいくつかの組合せについて資源配分の決定に関する分析を行うにとどめる。結託の形成，産出量の戦略等に関する問題もそうした分析をもとに解明されなければならないであろう。

　寡占理論には，それ以外にも寡占市場に特有の経済現象を説明するという課題が存在する。生産物の種類が自由に選べるならどのような種類の財が生産されるか，また寡占価格が硬直的であるといわれるがその原因はどこにあるか，さらに潜在企業の参入を阻止することはどのような場合に可能であるか等がそれで，そうした問題についても回答の一部は次節で与えられる。

5.8　クールノー形寡占モデル

　5.2節のクールノー形のモデルの分析を，産業内に同一財を生産する企業が多数いる寡占市場の場合に一般化することはさほど困難ではない。いま，産業内に n 個の企業が存在するとして，企業 i の産出量を y_i $(i=1,2,\cdots,n)$，その費用関数を (5.4) のように記し，限界費用逓増等さきの場合と同様の条件が満たされているとする。また逆需要関数についても，5.2節の同様の条件が満たされるものとする。ただし，今の場合は，y を産業全体の総需要量とするときの生産物の需給均衡条件は，

$$y = y_1 + y_2 + \cdots + y_n \tag{5.17}$$

によって与えられることになる。以下ではとくに断わりなくこの条件が満たされていると想定するので，y を総生産量と呼ぶこともある。便宜上，i 以外のすべての企業の生産量の合計を y_{-i} と書くことにすると，上の需給均衡式は，

$$y = y_i + y_{-i} \quad (i=1,2,\cdots,n) \tag{5.18}$$

のように書くことができる。

　さて企業 i の利潤は，y_i と i 以外のすべての企業の産出量の合計 y_{-i} とによって，

$$\pi_i(y_i, y_{-i}) = P(y_i + y_{-i})y_i - C_i(y_i) \tag{5.19}$$

と書ける。この式は (5.6) で i と異なる企業の産出量を y_{-i} とおいたものに等しい。したがってクールノーの仮定と同様に，y_i の変化によって y_{-i} は変化しないとして y_i に関する最適条件を求めると，(5.9) 式を一般化した関係

$$P(y_i + y_{-i}) + P'(y_i + y_{-i})y_i - C'(y_i) = 0 \tag{5.20}$$

が導かれる。これより (5.10) 式を導いたのと同様にして企業 i の y_{-i} に対する反応関数

$$y_i = r_i(y_{-i}) \tag{5.21}$$

を定義し，5.3 節と同様の性質を満たすことを示すことができる。

5.9 製品差別化と複占均衡

ここでは**製品差別化**がある市場での複占均衡について検討する。本節の基本となる枠組みは単一生産物の場合とほぼ同様であるので，簡単な例について説明するにとどめる。

5.9.1 差別化市場における線型の需要関数の導出

財 1 と財 2 を消費財，財 3 を余暇として，それらの 3 つの財の消費量を y_1, y_2 および y_3 と記し，個人の効用関数を

$$u(y_1, y_2, y_3) = a_1 y_1 + a_2 y_2 + y_3 - \frac{b_{11}y_1^2 + 2b_{12}y_1 y_2 + b_{22}y_2^2}{2} \tag{5.22}$$

$$a_1,\ a_2 > 0, \quad b_{11},\ b_{22} > 0, \quad b_{11}b_{22} - b_{12}^2 > 0 \tag{5.23}$$

とする。(5.24), (5.25) に示す需要関数の形から，b_{12} が正のときは財 1 と財 2 は**代替財** (substitutes)，負のときは**補完財** (complements) といわれる。また最初の 2 つの財の価格を p_1, p_2 とおき，3 財の価格を 1 に定める。このとき個人の効用最大化の条件より，財 1 (財 2) の財 3 に対する限界代替率がそれぞれの価格に等しい。つまり，$MRS_{13} = p_1$, $MRS_{23} = p_2$ とおくと，

$$p_1 = a_1 - b_{11}y_1 - b_{12}y_2, \tag{5.24}$$

$$p_2 = a_2 - b_{12}y_1 - b_{22}y_2 \tag{5.25}$$

5.9 製品差別化と複占均衡

が導かれる。この個人の需要関数は上の方程式の解として求められる。それを

$$y_1 = k_1 + s_{11}p_1 + s_{12}p_2, \tag{5.26}$$

$$y_2 = k_2 + s_{21}p_1 + s_{22}p_2 \tag{5.27}$$

とおく。ここで,

$$s_{11} = -\frac{b_{22}}{\Delta}, \quad s_{12} = s_{21} = \frac{b_{12}}{\Delta}, \quad s_{22} = -\frac{b_{11}}{\Delta}, \quad \Delta = b_{11}b_{22} - b_{12}^2$$

で与えられるものとする。さきの仮定によって, $s_{11}, s_{22} < 0$ であり s_{12} が正のときは財 1 と財 2 は代替財, 負のときは補完財となる。以下では, 費用関数を与えて 2 種類の複占均衡を求めてみよう。

5.9.2 クールノー形の差別化複占

一般の場合の議論は複雑であるので, ここでは需要関数と費用関数が線型の場合について分析するにとどめる。

逆需要関数を (5.24), (5.25) で与え, 財 1 の生産者である企業 1 および財 2 の生産者である企業 2 の費用関数をそれぞれ $C_1(y_1) = d_1 y_1 + e_1$ および $C_2(y_2) = d_2 y_2 + e_2$ とする。ここでパラメターはすべてプラスの値をとるものとする。なおここでのモデルでは生産量と消費量は等しいので, 同じ記号で示してある。また意味のある解をもつことを保証するために, $a_1 > d_1$ かつ $a_2 > d_2$ であることを仮定する。

企業 1 の利潤は

$$\pi_1(y_1, y_2) = (a_1 - b_{11}y_1 - b_{12}y_2)y_1 - d_1 y_1 - e_1$$

となる。いまクールノーの仮定にしたがって, y_2 を所与とみなして y_1 についての利潤最大化の条件を求めると,

$$a_1 - d_1 - 2b_{11}y_1 - b_{12}y_2 = 0$$

となる。これが企業 1 の反応関数を定める。効用関数についての仮定から反応曲線は財 1 と財 2 が代替財 ($b_{12} > 0$) ならば右下がり, 補完財 ($b_{12} < 0$) ならば右上がりとなる。企業 2 についても同様に反応関数

$$a_2 - d_2 - 2b_{22}y_2 - b_{12}y_1 = 0$$

が求められ, これら 2 つの式を連立させることにより, 均衡産出量が導出さ

れる。じっさい計算をおこなうと，
$$y_1^* = \frac{2(a_1-d_1)b_{22} - (a_2-d_2)b_{12}}{A},$$
$$y_2^* = -\frac{(a_1-d_1)b_{12} + 2(a_2-d_2)b_{11}}{A},$$
ただし，$A = 4b_{11}b_{22} - b_{21}^2$ となる。

5.9.3　ベルトラン価格戦争

価格を戦略変数とする寡占企業間の競争を**ベルトラン競争** (Bertrand competition) という。ここでも線型の需要関数と費用関数の場合に議論を集中する。

上の需要関数，費用関数の下で，2 つの企業の利潤は価格の関数として
$$\pi_1 = (p_1 - d_1)(k_1 + s_{11}p_1 + s_{12}p_2) - e_1,$$
$$\pi_2 = (p_2 - d_2)(k_2 + s_{12}p_1 + s_{22}p_2) - e_2$$
のように書ける。ここで各企業が，自己の価格を戦略として動かし利潤の最大化を行うものとする。すると価格についての反応関数
$$k_1 + 2s_{11}p_1 + s_{12}p_2 - s_{11}d_1 = 0,$$
$$k_2 + s_{12}p_1 + 2s_{22}p_2 - s_{22}d_2 = 0$$
が導かれる。これを解くことによってベルトラン形複占モデルの均衡が
$$p_1^* = \frac{s_{12}k_2 + s_{22}(2s_{11}d_1 - s_{12}d_2 - 2k_1)}{B},$$
$$p_2^* = \frac{s_{12}k_1 + s_{11}(2s_{22}d_2 - s_{12}d_1 - 2k_2)}{B},$$
ただし，
$$B = 4s_{11}s_{22} - s_{12}^2$$
のように求められる。

5.10 ホテリングの立地モデル

生産物の差別化がある場合のモデルの分析の1つに,ホテリング (H. Hotelling) によるロケーションを考慮した例がある。ガソリン等の財では,物理的な特性は同じであるとしても,どこで売られているかで,消費者にとっての効用は異なったものになる。この点を考慮して,2つの企業の生産量がどのように決定されるかをいくつかの段階に分けて分析してみよう。

5.10.1 企業の位置が定まっている場合の消費者の行動

いま,1の長さの線分上に2つの企業があって,物理的に同質の財を販売しているとする。消費者はその線分上に一様に分布しており,総数を1とする。つぎに,各消費者は1単位の財を購入するものとする。生産物の価格を p,それを購入するまでの移動距離を d とする。そのとき,各消費者の効用 u は,

$$u = v - p - cd^2$$

となるとする。ここで,v は財の消費から得られる直接的効用,c は正の定数で $-cd^2$ は移動がもたらす負効用を表わすものである。いま企業1の出店場所を y_1,企業2の出店場所を y_2 とし,一般性を失うことなく,$y_1 \leq y_2$ と仮定する。

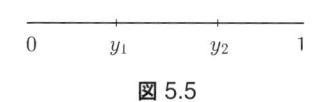

図 5.5

消費者は自分により近い企業から財を購入することになるから,企業の立地と需要の関係は以下のようになる。

- $y_1 = y_2$ のケース:各企業に対する需要量は $1/2$ となる。
- $y_1 < y_2$ のケース:y_1 と y_2 の中点を $\bar{y}$ とすると,$\bar{y} = (y_1 + y_2)/2$ であって,$\bar{y}$ の左側の消費者は企業1,右側の消費者は企業2から財を購入する。したがって,企業1に対する需要量は $\bar{y}$,企業2に対する需要量は $1 - \bar{y}$ となる。

5.10.2 企業の位置決定

- $y_1 < y_2$ のケース：企業 1 は y_1 を y_2 に近づけることにより，需要量を増やすことができるので，企業 2 に近づけるようにする．企業 2 も同様に y_1 を y_2 を近づけるようにするので，この場合は均衡にならない．
- $y_1 > y_2$ のケース：$y_1 < y_2$ の場合と同じ理由で，均衡にはならない．
- $y_1 = y_2$ のケース：この場合のみ，均衡になりうる．$y_1^* = y_2^* = 1/2$ のときのみ均衡になることを示そう．まず，企業 1 がそこより左に移動したとすると，需要量は $(y_1 + y_2^*)/2$ になり，$y_1 < 1/2$ ゆえ，さきの需要量 $1/2$ を下まわる．また，そこより右に移動した場合には，需要量は $(2 - y_1 - y_2^*)/2$ となり，$y_1 > 1/2$ ゆえ，やはり $1/2$ を下まわる．したがって，企業 1 は位置を変える誘因をもたない．企業 2 についても同様である．$y_1 = y_2 < 1/2$ の場合には，企業 1 は右 (たとえば $y_1 = 1/2$) に移動することにより需要量を $1/2$ 以上にすることができる．したがって，この状態は均衡ではない．$y_1 = y_2 > 1/2$ の場合が均衡にならないことも同様に分析ができる．

5.11 ナッシュ均衡の存在と意義

クールノーの複占モデルとそれを一般化した寡占モデルにおける均衡の概念を抽象化すると，ゲーム理論にいうナッシュの非協力解の概念が導かれる．定義 3.1 で述べたように，$N = \{1, 2, \cdots, n\}$ をプレイヤーの集合とする標準形 n 人ゲームは，戦略の集合 S_i $(i \in N)$ と利得関数 π_i $(i \in N)$ を用いて

$$G = (S_1, S_2, \cdots, S_n, \pi_1(\cdot), \pi_2(\cdot), \cdots, \pi_n(\cdot))$$

のように表現することができる．

クールノーの複占モデルは，企業 i $(i = 1, 2)$ をプレイヤーとする 2 人ゲームで，戦略の集合 S_i は企業 i が選びうる産出量の集合，利得関数 π_i は，2 つの企業の可能な産出量の組 $s = (s_1, s_2)$ (さきの記号では (y_1, y_2)) に企業 i の利潤を対応させる関数である．n 人のゲームのその他の具体例は後に述べる．

2 人ゲームにおいて可能な戦略の組 (s_1^*, s_2^*) がナッシュ均衡であるとは，

$$\pi_1(s_1^*, s_2^*) \geq \pi_1(s_1, s_2^*),$$
$$\pi_2(s_1^*, s_2^*) \geq \pi_2(s_1^*, s_2)$$

が成り立つことである。その点では各プレイヤーは自分 1 人の戦略を変えることによって自分の利得を増すことができない。より一般のゲームについても均衡の定義は同様である。いま簡単化のために，戦略の組 $s = (s_1, s_2, \cdots, s_n)$ の第 i 成分 s_i だけを s_i' でおきかえたベクトルを s/s_i' と記すことにしよう。このときゲーム G のナッシュ均衡を，条件

$$\pi_i(s^*) \geq \pi_i(s^*/s_i)$$

を満たす各プレイヤーにとって可能な戦略の組 $s^* = (s_1^*, \cdots, s_n^*)$ によって定義する。上の s^* を均衡戦略と呼ぶこともある。このように，ナッシュ均衡 s^* は，各プレイヤーにとって可能な戦略の組で，そこではどのプレイヤーも，自分だけの戦略を変えることによって利得を増すことができない状態にある。しかしこのことは，プレイヤーの何人かが協力すれば，あるプレイヤーの利得が増加する可能性を排除するものではない。次章の例 6.2 はそのようなケースを示してある。

5.12 コモン・プールの問題 (共有地の悲劇)

公共財が不足し，公的資源が使われすぎることを示す分析例を与えよう。ある村に n 人の農民がいて，農民 i の飼っている牛の数を x_i，村全体では

$$x = x_1 + x_2 + \cdots + x_n$$

頭の牛がいるとする。牛を飼育する費用は 1 頭あたり c で，飼う頭数とは独立であるとする。また，農民がうける利益は，牛 1 頭当たり

$$v(x) = a - bx \quad (a > c, b > 0)$$

とする。

各農民にとっての戦略は何頭の牛を飼うかであり，それは任意の実数をとりうるとする。農民 i が x_i 頭の牛を飼ったときに得る利得は，残りの農民の飼育する牛の数を $x_{-i} (= x - x_i)$ とすると，

$$\pi_i(x_i, x_{-i}) = x_i v(x) - c x_i$$

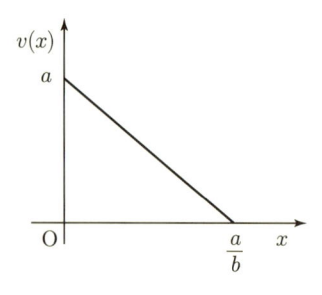

図 5.6

$$= x_i(a - bx_i - bx_{-i}) - cx_i$$

で表される。農民が自分の利得の最大化を行ったときの条件は

$$a - bx_i - bx_{-i} - bx_i - c = 0$$

となる。これより

$$a - bx - bx_i = c, \qquad x_i = \frac{x}{n}$$

が導かれる。この解を x^* とおくと次のようになる。

$$x^* = \frac{a - c}{b\left(1 + \dfrac{1}{n}\right)}$$

他方，社会的に望ましい牛の数は農民の利得の総和である厚生関数から

$$xv(x) - cx = x(a - bx) - cx$$

を最大にすることより，$a - 2bx = c$ の解として求まる。この解を x^{**} とすると

$$x^{**} = \frac{a - c}{2b} \qquad (a > c, b > 0)$$

となる。上で求めた解と比較することにより，$x^{**} < x^*$ となることがわかる。つまり競争的に定まる共有地の使用量は社会的最適な量に比べて過大になるのである。

演習問題

5-1 市場の逆需要関数 $p(y) = 20 - y$ と 2 つの企業の費用関数 $C_1(y_1) = 5y_1$, $C_2(y_2) = 3y_2 + 2$ が与えられるとき,

(1) 2 つの企業の利潤を産出量 y_1, y_2 の関数として表わしなさい。

(2) 2 つの企業の反応曲線を求めよ。

(3) クールノー–ナッシュ均衡を求めよ。

(4) 企業 1 が先導者,企業 2 が追従者として行動するときのシュタッケルベルク均衡を求めよ。

5-2 市場の逆需要関数が $p = 20 - y$ で与えられ,同一の費用関数 $C(y_i) = 3y_i^2 + k$ をもつ企業が n 個存在する。

(1) n 個の企業が独立に利潤を最大にするように行動するときの各企業の産出量と最大利潤を求めよ。

(2) 上のように協力しても産業内に 7 より多くの企業が存在しえないような固定費用の値 k を求めよ。

5-3 右下がりの (逆) 需要関数をもつ単一財複占 (寡占) モデルにおいて,ある企業の利潤は他の企業の生産量 (の合計) の減少関数であることを示せ。

5-4 (1) 独占の均衡における需要の弾力性は 1 以上であることを示せ。

(2) クールノー–ナッシュ均衡における企業 i の市場占拠率 $(= y_i/y)$ を s_i とおくと,需要の弾力性は s_i 以上であることを示せ。

5-5* 産業内のすべての企業の市場占拠率の平方の和,すなわち

$$H = \sum s_i^2 = s_1^2 + \cdots + s_n^2$$

をハーフィンダールの指標 (Herfindahl index) という。ここで n は企業数を示すものとする。いま,クールノーの均衡における需要の弾力性を ε,企業 i の価格費用マージン $(p - MC_1)/p$ を m_i とおくとき,

$$H = \varepsilon \sum s_i m_i$$

となることを示しなさい。

6

2人ゼロ和ゲームとミニマックス定理

2人ゼロ和ゲームは戦略的ゲームの特殊ケースである。したがってナッシュ均衡その他に関する3章での議論は，そのままいまのケースにも当てはまる。2人ゼロ和ゲームにおけるミニマックス定理は，このケースにおけるナッシュ均衡の存在定理にほかならない。ただし，2人ゼロ和ゲームはその特殊性により，一般のゲームにないきわだった性質をもっている。じっさいフォン・ノイマンがモルゲンシュテルンとの著書のなかでもっとも重要であると考えたのは，ミニマックス定理とそれに関する2人ゼロ和ゲームの性質であった。また線形計画法の双対定理等，それを契機として多くの新しい数学の発展が見られた。したがって，ゼロ和ゲームの理論はそのような歴史的事情の上からも，重要な意味をもってくる。本章では線形数学の標準的結果を用いて，それらに関する自足的解説を与えている。

6.1 2人有限ゲームの標準形

一般に2人のプレイヤーが有限の(純)戦略をもつ戦略形ゲームは，つぎのような要素によって特色づけられる。

(1) プレイヤー(の添え字)の集合：$N = \{1, 2\}$,
(2) 各 $i \in N$ について可能な(純)戦略の集合：S_1 と S_2,
(3) 2人が選ぶ戦略の組 (s_1, s_2) に依存するプレイヤー i の利得関数：$\pi_i(s_1, s_2)$ ($i \in N$).

6.1 2人有限ゲームの標準形

各プレイヤーは相手の利得関数については知っているが，選ぶ戦略については知らない．各プレイヤー i が $S_i (i \in N)$ の点を選ぶことで利得が決まり，一回のゲームは終了する．

2人のプレイヤーをプレイヤー1，2とよび，彼らの(純)戦略の集合を具体的に

$$S_1 = \{\alpha_1, \alpha_2, \cdots, \alpha_m\},$$
$$S_2 = \{\beta_1, \beta_2, \cdots, \beta_n\}$$

で示す．ここで m, n は有限の数とする．また(純戦略についての)利得関数を

$$\pi_1(\alpha_i, \beta_j) = a_{ij}, \quad (i = 1, 2, \cdots, m, \ j = 1, 2, \cdots, n)$$
$$\pi_2(\alpha_i, \beta_j) = b_{ij} \quad (i = 1, 2, \cdots, m, \ j = 1, 2, \cdots, n)$$

で与える．以下では，プレイヤー1，2の利得を次のように行列で表記し，それぞれ

$$A = \begin{pmatrix} a_{11}, & \cdots, & a_{1n} \\ \vdots & \ddots & \vdots \\ a_{m1}, & \cdots, & a_{mn} \end{pmatrix}, \tag{6.1}$$

$$B = \begin{pmatrix} b_{11}, & \cdots, & b_{1n} \\ \vdots & \ddots & \vdots \\ b_{m1}, & \cdots, & b_{mn} \end{pmatrix} \tag{6.2}$$

で示し，これを各プレイヤーの**利得行列** (expected payoff) と呼ぶ．

このように2人のプレイヤーの利得が表されるゲームを**双行列ゲーム** (bi-matrix game) という．その中で $A + B = 0$ が成り立つものを**ゼロ和ゲーム**，そうとは限らないものを**非ゼロ和ゲーム**という．2人ゼロ和ゲームの場合は，A だけ考えればよい ($B = -A$)．

双行列ゲームは，標準形とよばれるつぎの形 (表 6.1) で (ゼロ和の場合はプレイヤー1の利得のみを与えて) 表現することが多い．ここでは簡単化のため2人のプレイヤーの戦略の数が3つずつである場合を示してある．3章の例 3.1〜例 3.5 もこのような形に表示してあった．

表 6.1

		プレイヤー 2		
		戦略 1	戦略 2	戦略 3
	戦略 1	a_{11}, b_{11}	a_{12}, b_{12}	a_{13}, b_{13}
プレイヤー 1	戦略 2	a_{21}, b_{21}	a_{22}, b_{22}	a_{23}, b_{23}
	戦略 3	a_{31}, b_{31}	a_{32}, b_{32}	a_{33}, b_{33}

6.2 混合戦略と均衡

いま 2 人ゼロ和ゲームを考え，2 人の純戦略の集合を
$$S_1 = \{\alpha_1, \alpha_2, \cdots, \alpha_m\},$$
$$S_2 = \{\beta_1, \beta_2, \cdots, \beta_n\}$$
とする．プレイヤー 1 は α_1 を p_1, α_2 を p_2, $\cdots$, α_m を p_m の確率で選択し，プレイヤー 2 は β_1 を q_1, β_2 を $q_2, \cdots, \beta_n$ を q_n の確率で選択するような戦略を混合戦略と呼ぶのであった．ここで，
$$p = (p_1, p_2, \cdots, p_m)',$$
$$q = (q_1, q_2, \cdots, q_n)'$$
と記すことにすると，2 人のプレイヤーの混合戦略の集合は
$$\Delta(S_1) = \{p = (p_1, \cdots, p_m) \mid p \geq 0, \sum p_i = 1\},$$
$$\Delta(S_2) = \{q = (q_1, \cdots, q_n) \mid q \geq 0, \sum q_j = 1\}$$
のように記せる．2 人の利得行列 A, B が与えられたとき，各 $p \in \Delta(S_1)$, $q \in \Delta(S_2)$ に対して 2 人の期待利得は
$$\pi_1(p, q) = p'Aq = \sum_{i,j} a_{ij} p_i q_j,$$
$$\pi_2(p, q) = p'Bq = \sum_{i,j} b_{ij} p_i q_j$$
と定義される．たとえば，$m = n = 2$ のときは
$$\pi_1(p, q) = a_{11} p_1 q_1 + a_{12} p_1 q_2 + a_{21} p_2 q_1 + a_{22} p_2 q_2$$
となる．

$p^* \in \Delta(S_1), q^* \in \Delta(S_2)$ とするとき，混合戦略の組 (p^*, q^*) がナッシュ均衡であるとは，任意の $p \in \Delta(S_1), q \in \Delta(S_2)$ に対して

$$\pi_1(p^*, q^*) \geq \pi_1(p, q^*),$$
$$\pi_2(p^*, q^*) \geq \pi_2(p^*, q)$$

となることである．この定義でプレイヤー 1 の戦略の集合を S_1 に，またプレイヤー 2 の集合を S_2 に限定したものが，次項で考察する純戦略の均衡である．

6.3　2 人ゼロ和ゲームの均衡

2 人ゼロ和ゲームにおいては，プレイヤー 2 の利得はプレイヤー 1 の利得を -1 倍したものである．したがってプレイヤー 1 の利得行列を (6.1) の行列 A で与えると，プレイヤー 2 のそれは $-A$ となる．いまプレイヤー 1 が行の i 番目，プレイヤー 2 が列の j 番目の要素をえらんだときの戦略の組 $(\alpha_{i*}, \beta_{j*})$, $\alpha_{i*} \in S_1, \beta_{j*} \in S_2$ がナッシュ均衡であるとは，任意の $i \in \{1, 2, \cdots, m\}$ に対して

$$a_{i*j*} \geq a_{ij*}$$

かつ，任意の $j \in \{1, 2, \cdots, n\}$ に対して

$$-a_{i*j*} \geq -a_{i*j}$$

となることである．このことは

$$a_{ij*} \leq a_{i*j*} \leq a_{i*j}$$

つまり a_{i*j*} がその行の中で最大，列の中で最小となっていることと同値である．このような a_{i*j*} は存在するとはかぎらない．たとえば，コイン合わせのゲームやじゃんけんのゲームには純戦略での均衡は存在しない．例 6.1 のゲームには (α_2, β_1) という均衡がある．

例 6.1　表 6.2

P1 \ P2	β_1	β_2	β_3	行の最小値
α_1	2	7	1	1
α_2	4	5	5	4
α_3	3	2	6	2
列の最大値	4	7	6	

注意 6.1
一般に実数値関数 f が任意の $x \in X, y \in Y$ に対して
$$f(x, y^*) \leq f(x^*, y^*) \leq f(x^*, y)$$
となる $x^* \in X, y^* \in Y$ が存在するとき，(x^*, y^*) を f の鞍点 (saddle point) という。つまり (x^*, y^*) が鞍点であるとは，$f(x, y^*)$ を x の関数とみなしたときはそれを最大化し，$f(x^*, y)$ を y の関数とみなしたときはそれを最小化する点ということである。それはあたかも馬の背のくらを置く位置，あるいは山の峠のように，一方向からは最高，他方向からは最低になる点である。

6.4* 線形不等式の基本定理

本節では，いわゆる線形経済学の基本的成果である (1) 線形計画の双対定理，(2) 2 人ゼロ和ゲームにおける均衡戦略の存在定理を証明する。巻末の数学付録 B では，それらを証明するのに用いられる線形不等式の定理がどのように導かれるかを説明する。

以下では，A, B 等は行列を，a, b, p, x 等は列ベクトルを示し，それらの転置は A', a' 等によって表記する。行列とベクトルの次数は有限で，演算が可能なように定まっているものとする。また，行列 A やベクトル b は既知とし，解として求めるベクトルは x, p などと表記する。

本節で用いられる基本的結果は，互いに関連するつぎの 2 つの定理である。

定理 6.1 不等式系に関するクーン-フーリエの定理
$Ax \geq b$ が解をもつための必要十分条件は，(条件 1) $p'A = 0'$ となる任意の $p \geq 0$ に対して $p'b \leq 0$ となることである。

定理 6.2 線形方程式系に関するクーン-フーリエの定理
$Ax = b$ が解をもつための必要十分条件は，(条件 2) $p'A = 0'$ となる任意の p に対して $p'b = 0$ となることである。

注意 6.2
これら 2 つの定理はクーン-フーリエの定理の特別な場合である。詳しくは，数学付録 B.6 または J.Stoer & C.Witzgall (1970) Chap.1 を参照のこと。

系 6.3
$Ax \geq b$ が非負解 $x \geq 0$ をもつための必要十分条件は $p'A \leq 0'$ の任意の非負

解 $p \geq 0$ に対して $p'b \leq 0$ となることである.

証明 $Ax \geq b$ が非負解 $x \geq 0$ をもつことは,I を単位行列とするとき,
$$\begin{pmatrix} A \\ I \end{pmatrix} x \geq \begin{pmatrix} b \\ 0 \end{pmatrix}$$
が解をもつことと同値である.定理 6.1 によれば,そのための条件は,
$$p \geq 0,\ q \geq 0,\ p'A + q' = 0' \ \text{ならば}\ p'b \leq 0$$
となることと同値である (p の代わりに (p, q) とおいてみよ).この条件は,またつぎの条件と同値である.
$$p \geq 0,\ p'A \leq 0\ \text{ならば}\ p'b \leq 0.$$

系 6.4 ミンコフスキー–ファルカスの補題
$Ax = b$ が非負解 $x \geq 0$ をもつための必要十分条件は,$p'A \geq 0'$ の任意の解 p' に対して $p'b \geq 0$ が成立することである.

証明 I を単位行列とするとき,$Ax = b$ が非負解 $x \geq 0$ をもつことは
$$\begin{pmatrix} A \\ -A \end{pmatrix} x \geq \begin{pmatrix} b \\ -b \end{pmatrix}$$
が非負解をもつことと同値である.したがって,系 6.3 を適用すれば,そのための条件は $(p', q') \geq 0',\ p'A - q'A \geq 0'$ ならば $p'b - q'b \leq 0$ となることである.ここで,$p - q = -r$ とおけば
$$r'A \geq 0'\quad \text{ならば}\quad r'b \geq 0$$
となり,求める結果が得られた.

6.5 線形計画法

ここで考察するのは,**線形計画法** (linear programming) によって解かれる経済問題である.線形不等式の制約の下に,線形の目的関数を最大あるいは最小にする問題が取り扱われる.線形計画法では計算機による数値計算が可能となるようにモデルが表現されるので,具体的な経済計画や経営計画を

示しうる点で見逃せない有効性を具えている。さらに線形モデルによる定式化は，伝統的な経済学とは異なった視角から価格その他の経済現象を眺めることを可能にし，それらの理解を深めるのに寄与してきた点も指摘することができよう。

線形計画問題の解の存在と2人ゼロ和ゲームの解の存在定理との関係を解明することが，ここでの最終目的である。

6.5.1 線形計画の標準問題

($\mathscr{P}$)　　maximize　　$z = c_1 x_1 + \cdots + c_n x_n$
　　　　subject to

$$\begin{cases} a_{11}x_1 + a_{12}x_2 + \cdots + a_{1n}x_n \leq b_1 \\ \quad\quad\quad\quad\quad \vdots \\ a_{m1}x_1 + a_{m2}x_2 + \cdots + a_{mn}x_n \leq b_m \end{cases}$$

$$x_1 \geq 0, \cdots, x_n \geq 0$$

上のような連立不等式の条件の下で z を最大化する $x_1, \cdots, x_n$ の値および最大値 z を求める問題を，線形計画の**標準最大化問題** (standard maximization problem) という。

行列とベクトルを用いると，この問題は

　　maximize　　$z = c'x$
　　subject to　　$Ax \leq b, \quad x \geq 0,$

$$A = \begin{pmatrix} a_{11} \cdots a_{1n} \\ \vdots \ddots \vdots \\ a_{m1} \cdots a_{mn} \end{pmatrix}, \quad x = \begin{pmatrix} x_1 \\ \vdots \\ x_n \end{pmatrix}, \quad b = \begin{pmatrix} b_1 \\ \vdots \\ b_n \end{pmatrix}, \quad c = \begin{pmatrix} c_1 \\ \vdots \\ c_n \end{pmatrix},$$

と表わされる。また，

　　minimize　　$z = c'x$
　　subject to　　$Ax \geq b, \quad x \geq 0,$

すなわち，$Ax \geq b, x \geq 0$ の条件の下で，$z = c'x$ を最小化する x および最小値 z を求めることを**標準最小化問題** (standard minimization problem) とい

う。条件式をみたす $x_1, \cdots, x_n$ を**許容解** (**実現可能解** feasible solution) という。**最適解** (optimal solution) とは許容解の中で目的関数を z 最大 (最小) にする解である。

注意 6.3
許容解はあっても最適解がない問題がある。

$$\begin{array}{ll} \text{maximize} & x_1 + x_2 \\ \text{subject to} & \begin{cases} -2x_1 + 3x_2 \leq 1 \\ 4x_1 - 5x_2 \leq 2 \end{cases} \end{array}$$

この問題では，目的関数の値は任意に大きくすることができる。

6.5.2 線形計画問題の例

例 6.2 食餌問題
食餌に含まれる栄養の量，食餌の価格，栄養の最小標準量 (最小必要摂取量) は下の表のとおりとする。

栄養＼食餌	1	2	3	最小標準量
1	2	10	4	30
2	4	1	2	20
価格	2	4	2	
購入量	x_1	x_2	x_3	

このとき食餌問題は

$$\begin{array}{ll} \text{minimize} & 2x_1 + 4x_2 + 2x_3 \\ \text{subject to} & \begin{cases} 2x_1 + 10x_2 + 4x_3 \geq 30 \\ 4x_1 + x_2 + 2x_3 \geq 20 \\ x_1 \geq 0, \quad x_2 \geq 0, \quad x_3 \geq 0 \end{cases} \end{array}$$

と表わされる。すなわち，最小標準量の栄養を確保する食餌の組合せの中でもっとも安価なものを求める問題である。

例 6.3 与えられた資源からの所得の最大化
資源 1, 2 の存在量を b_1, b_2，単位生産プロセス i が資源 1, 2 を使用する量を a_{1i}, a_{2i}，生産プロセス i の活動水準を x_i，単位生産プロセス i が生み出す

所得を p_i とするとき，この問題は

$$\text{maximize} \quad p_1 x_1 + p_2 x_2 + p_3 x_3$$
$$\text{subject to} \quad \begin{cases} a_{11} x_1 + a_{12} x_2 + a_{13} x_3 \leq b_1, \\ a_{21} x_1 + a_{22} x_2 + a_{23} x_3 \leq b_2, \\ x_1 \geq 0, \quad x_2 \geq 0, \quad x_3 \geq 0 \end{cases}$$

と表わされる。

例 6.4　一定の需要を満たす生産の費用最小化

財 1 または財 2 の 1 単位を生産するプロセスを $a_i = (a_{1i}, a_{2i})'$ (a_{ki} は生産プロセス i が投入または産出する財 k の量)，財 i の需要量を d_i，生産プロセス i の操業に要する費用を c_i，生産プロセス i の操業水準を x_i とするとき，この問題は

$$\text{minimize} \quad c_1 x_1 + c_2 x_2 + c_3 x_3$$
$$\text{subject to} \quad \begin{cases} a_{11} x_1 + a_{12} x_2 + a_{13} x_3 \geq d_1 \\ a_{21} x_1 + a_{22} x_2 + a_{23} x_3 \geq d_2 \end{cases}$$
$$x_1 \geq 0, \quad x_2 \geq 0, \quad x_3 \geq 0$$

と表わされる。

6.5.3　双対問題

A を (m, n) 行列，b を m 行の列ベクトルとする。このときつぎの形の 2 つの関連する問題を考えよう。

原問題 (標準最大化問題)

$$(\mathscr{P}) \quad \begin{cases} \text{maximize} & c'x \\ \text{subject to} & Ax \leq b \\ & x \geq 0 \end{cases}$$

双対問題 (標準最小化問題)

$$(\mathscr{P}^*) \quad \begin{cases} \text{minimize} & b'u \\ \text{subject to} & u'A \geq c' \\ & u \geq 0 \end{cases}$$

これを原問題の**双対問題** (dual problem) という。これらの問題は行列 A とベクトル b, c という 3 種類のパラメーターによって規定される。2 つの問題を比較すると，制約条件の不等号の向きは逆になり，最大問題は最小問題になっている。さらに双対問題の条件にあらわれる $u'A \geq c'$ は $A'u \geq c$ と書いても同じことであるが，ここで行列 A が転置された形になっていることにも注意しよう。

注意 6.4
双対問題の双対問題は原問題である。これは演習問題とする。

6.5.4 双対問題の作り方と解釈

原問題は各例とも 6.5.2 項のとおりとする。

(a) 食餌問題

原問題

$$\text{minimize} \quad \begin{pmatrix} 2 & 4 & 2 \end{pmatrix} \begin{pmatrix} x_1 \\ x_2 \\ x_3 \end{pmatrix}$$

$$\text{subject to} \quad \begin{pmatrix} 2 & 10 & 4 \\ 4 & 1 & 2 \end{pmatrix} \begin{pmatrix} x_1 \\ x_2 \\ x_3 \end{pmatrix} \geq \begin{pmatrix} 30 \\ 20 \end{pmatrix},$$

$$(x_1, x_2, x_3) \geq 0$$

双対問題

$$\text{maximize} \quad \begin{pmatrix} 30 & 20 \end{pmatrix} \begin{pmatrix} p_1 \\ p_2 \end{pmatrix}$$

subject to $\begin{pmatrix} p_1 & p_2 \end{pmatrix} \begin{pmatrix} 2 & 10 & 4 \\ 4 & 1 & 2 \end{pmatrix} \leq \begin{pmatrix} 2 & 4 & 2 \end{pmatrix},$

$(p_1, p_2) \geq 0$

あるいは,

maximize $\quad 30p_1 + 20p_2$

subject to $\begin{cases} 2p_1 + 4p_2 \leq 2, \\ 10p_1 + p_2 \leq 4, \\ 4p_1 + 2p_2 \leq 2 \end{cases}$

$(p_1, p_2) \geq 0$

この問題は,栄養素 1, 2 に価格 p_1, p_2 を次の条件にしたがって与える問題と解釈される.

(1) 各食品の価格はそれに含まれる栄養の総価値額を下回ることはない.
(2) 栄養素の最小標準量の総価値額をできるだけ大きくする.

(b) 与えられた資源からの所得の最大化

原問題

maximize $\quad \displaystyle\sum_{j=1}^{3} p_j x_j$

subject to $\quad \displaystyle\sum_{j=1}^{3} a_{ij} x_j \leq b_i \quad (i = 1, 2)$

$x_1 \geq 0, \quad x_2 \geq 0, \quad x_3 \geq 0$

双対問題

minimize $\quad \displaystyle\sum_{i=1}^{2} b_i r_i$

subject to $\quad \displaystyle\sum_{i=1}^{2} a_{ij} r_i \geq p_j \quad (j = 1, 2, 3)$

$r_1 \geq 0, \quad r_2 \geq 0$

この問題は資源 1，2 に価格 r_1, r_2 を次の条件にしたがって与える問題と解釈される．

(1) 各生産プロセスが生み出す価格額は，そのプロセスが使用する資源の総価格額を上回ることはない．
(2) 存在資源の総価格額はできるだけ小さくする．

(c) 一定の需要をみたす生産の費用最小化

原問題

$$\text{minimize} \quad \sum_{j=1}^{3} c_j x_j$$

$$\text{subject to} \quad \sum_{j=1}^{3} a_{ij} x_j \geq d_i \quad (i=1,2)$$

$$x_1 \geq 0, \quad x_2 \geq 0, \quad x_3 \geq 0$$

双対問題

$$\text{maximize} \quad \sum_{i=1}^{2} d_i p_i$$

$$\text{subject to} \quad \sum_{i=1}^{2} a_{ij} p_i \leq c_j \quad (j=1,2,3)$$

$$p_1 \geq 0, \quad p_2 \geq 0$$

この問題は財 1，2 に価格 p_1, p_2 を次の条件にしたがって与える問題と解釈される．

(1) 生産プロセス i が生み出す所得はその費用を超過することがない．
(2) 需要量の総価値額をできるだけ大きくする．

次節で詳しく述べられるが，以上のように原問題と双対問題には非常に密接な関連があり，所得を最大化する資源配分の問題には生産要素の価格 (潜在価格) 決定の問題が一定の要素を満たし，費用を最小化する生産工程を決定する問題には財の価格を決定する問題が暗にひそんでいるのである．

6.5.5* 線形計画の双対定理

定義 6.1

上の $(\mathscr{P})$ の不等式を満たす x を $(\mathscr{P})$ の**許容解** (feasible solution) という。また $(\mathscr{P})$ の許容解の中で $c'x$ を最大にするものをその**最適解** (optimal solution) という。$(\mathscr{P}^*)$ についても同様の用語を用いる。

注意 6.5

(1) 許容解が存在しない例は容易に作れる。

(2) 許容解があっても最適解が存在しないこともある。たとえば，注意 6.3 の例がそれにあたる。

(3) 第 2 の問題 $(\mathscr{P}^*)$ は，第 1 の問題 $(\mathscr{P})$ の双対問題であるという。なお，$(\mathscr{P}^*)$ の双対問題は $(\mathscr{P})$ となる。

定理 6.5　線形計画の双対定理

原問題 $(\mathscr{P})$ と双対問題 $(\mathscr{P}^*)$ がともに許容解をもてば，それらはともに最適解 $\hat{x}, \hat{u}$ をもち $b'\hat{u} = c'\hat{x}$ が満たされる。

証明　$(\mathscr{P})$ の任意の許容解 x と $(\mathscr{P}^*)$ の任意の許容解 u について

$$u'b \geq u'Ax \geq c'x \tag{6.3}$$

となるから，$b'u = c'x$ となることは $b'u \leq c'x$ となることと同値である。

いま仮にこの最後の不等式を満たす許容解 u, x がないとすれば，

$$\begin{pmatrix} -A & 0 \\ 0 & A' \\ c' & -b' \end{pmatrix} \begin{pmatrix} x \\ u \end{pmatrix} \geq \begin{pmatrix} -b \\ c \\ 0 \end{pmatrix} \tag{6.4}$$

を満たす非負解 $(x, u) \geq 0$ は存在しない。したがって，定理 6.1，系 6.3 によって

$$(p', q', \gamma) \begin{pmatrix} -A & 0 \\ 0 & A' \\ c' & -b' \end{pmatrix} \leq 0', \tag{6.5}$$

$$-p'b + q'c > 0 \tag{6.6}$$

を満たす $(p', q', \gamma) \geq 0$ が存在する。

原問題と双対問題に許容解があるとの仮定から，(6.4) の最後の不等式を除いたものは非負解をもつ．よって $\gamma \neq 0$ (つまり $\gamma > 0$) である．さらに (6.5) の形から $\gamma = 1$ としてよい．したがって (6.5), (6.6) より

$$c' \leq p'A, \qquad (6.7)$$
$$b \geq Aq, \qquad (6.8)$$
$$q'c > p'b \qquad (6.9)$$

となる解 $(p, q) \geq 0$ をもつことになる．すると (6.7), (6.8) より

$$c'q \leq p'Aq \leq p'b$$

となり (6.9) の最後の式に矛盾する．

いま $\hat{x}, \hat{u}$ を $b'\hat{u} = c'\hat{x}$ を満たす許容解とすれば，(6.3) より任意の許容解 x, u について，

$$c'\hat{x} \geq c'x,$$
$$b'\hat{u} \leq b'u$$

となることは明らかである．

系 6.6

$\hat{x}$ を $(\mathscr{P})$ の最適解，$\hat{u}$ を $(\mathscr{P}^*)$ の最適解とすれば，$(\mathscr{P})$ の制約式に $\hat{x}$ を代入したときに厳密な不等号が成立する式に対応する $\hat{u}$ の値はゼロ (つまり i 番目の不等式が等号でなしに満たされるなら $\hat{u}$ の第 i 成分はゼロ) である．また $(\mathscr{P}^*)$ の制約式に $\hat{u}$ を代入したときに厳密な不等号が成立する式に対応する $\hat{x}$ の値はゼロとなる．

証明　$\hat{x}, \hat{u}$ については (6.3) で等号が成立するから

$$\hat{u}'b = \hat{u}'A\hat{x} = c'\hat{x}$$

となる．したがって

$$\hat{u}'(b - A\hat{x}) = 0,$$
$$(\hat{u}'A - c')\hat{x} = 0$$

となる．最初の式と $A\hat{x} \leq b$, $\hat{u} \geq 0$ より系 6.6 の前半が，また第 2 式と $u'A \geq c'$, $\hat{x} \geq 0$ よりその後半が得られる．

6.6* 2人ゼロ和ゲームの解の存在定理

A を (m,n) 行列, $\Delta(S_1), \Delta(S_2)$ をそれぞれプレイヤー1と2の戦略の集合とし,
$$\Delta(S_1) = \{p \in \mathbb{R}^m \mid p \geq 0, \Sigma_i p_i = 1\},$$
$$\Delta(S_2) = \{q \in \mathbb{R}^n \mid q \geq 0, \Sigma_i q_i = 1\}$$
であるとする。またプレイヤー1が $p \in \Delta(S_1)$, プレイヤー2が $q \in \Delta(S_2)$ を選んだときの, プレイヤー1の p, q の下での期待効用すなわち利得は, 双一次形式
$$K_1(p,q) = p'Aq$$
で与えられ, プレイヤー2の利得は $K_2(p,q) = -K_1(p,q)$ で与えられるものとする。

定理 6.7

A を所与の行列とするとき, $p \in \Delta(S_1), q \in \Delta(S_2)$ の双一次形式 $p'Aq$ は $\Delta(S_1) \times \Delta(S_2)$ 上で鞍点をもつ (つまり任意の $p \in \Delta(S_1)$ と $q \in \Delta(S_2)$ に対して $p'A\hat{q} \leq \hat{p}'A\hat{q} \leq \hat{p}'Aq$ を満たす点 $\hat{p} \in \Delta(S_1), \hat{q} \in \Delta(S_2)$ が存在する)。

証明 まず $A > 0$ を仮定して証明を行う。このとき
$$(\mathscr{P}) \begin{cases} \text{maximize} & 1'y \\ \text{subject to} & Ay \leq 1 \quad (1 = (1,1,\cdots,1)') \\ & y \geq 0 \end{cases}$$

および
$$(\mathscr{P}^*) \begin{cases} \text{minimize} & 1'x \\ \text{subject to} & x'A \geq 1' \quad (1 = (1,1,\cdots,1)') \\ & x \geq 0 \end{cases}$$

はともに許容解をもつ ($(\mathscr{P})$ については, $y = 0$, $(\mathscr{P}^*)$ については十分大きな正数を成分にもつベクトル x を考えよ)。よって双対定理によって両問題とも最適解をもち, その値は等しい。いま最適解を $\hat{y}, \hat{x}$ として, それらの成分

の和を θ と置くと
$$\theta = 1'\hat{x} = 1'\hat{y}$$
である。また
$$\hat{p} = \hat{x}/\theta, \quad \hat{q} = \hat{y}/\theta$$
とおくと，$\hat{p} \in \Delta(S_1), \hat{q} = \Delta(S_2)$ で，作り方から，
$$\hat{p}'A \geq 1'/\theta \geq A\hat{q}$$
となる。よって任意の $p \in \Delta(S_1), q \in \Delta(S_2)$ に対して
$$\hat{p}'Aq \geq 1/\theta \geq p'A\hat{q}$$
となり，とくに $\hat{p}A\hat{q} = 1/\theta$ となる。

つぎに，必ずしも $A > 0$ とならない場合には，十分大きな正数を成分とする行列 B を加えることによって
$$C = A + B > 0$$
のようにできる。この C についての鞍点の存在条件
$$\hat{p}'Cq \geq \hat{p}'C\hat{q} \geq p'C\hat{q}$$
より，A についての鞍点の存在が示される。

6.7* プレイヤーの保証水準とマクシ・ミン原則

以下では，プレイヤー 1 の戦略の集合を S_1，プレイヤー 2 のそれを S_2 で示す。そのとき，戦略 $s_1 \in S_1$ の**保証水準**とは
$$v_1(s_1) = \min_{s_2} \pi_1(s_1, s_2)$$
のことをいう。定義より，プレイヤー 1 は相手がどのような戦略 $s_2 \in S_2$ を選ぼうと，$s_1 \in S_1$ によって少なくとも $v_1(s_1)$ の利得は確保できることになる。つぎにプレイヤー 1 の保証水準を，その $s_1 \in S_1$ についての最大値
$$v_1 = \max_{s_1} v_1(s_1) = \max_{s_1} \min_{s_2} \pi_1(s_1, s_2)$$
によって定義する。定義より，プレイヤー 1 は相手がどのような戦略を選ぼうと，適当な戦略 $s_1 \in S_1$ によって，少なくとも v_1 の利得を確保できるのである。これが**マクシ・ミン原則**である。

同様に，戦略 $s_2 \in S_2$ の保証水準は

$$v_2(s_2) = \min_{s_1} \pi_2(s_1, s_2)$$

となる。よって，プレイヤー 2 の保証水準は，

$$v_2 = \max_{s_2} v_2(s_2) = \max_{s_2} \min_{s_1} \pi_2(s_1, s_2)$$

によって定義される。

定義 6.2

$v_1 = -v_2$ のとき，ゲームは**確定的** (strictly determined) であるといい，v_1 を**ゲームの値** (value of the game) という。

命題 6.8

ゼロ和 2 人ゲームにおいては，$v_1 + v_2 \leq 0$，すなわち

$$\max_{s_1} \min_{s_2} \pi_1(s_1, s_2) \leq \min_{s_2} \max_{s_1} \pi_1(s_1, s_2)$$

となる。

証明 任意の $s_1' \in \Delta(S_1), s_2' \in \Delta(S_2)$ について

$$\max_{s_1} \pi_1(s_1, s_2') \geq \pi_1(s_1', s_2') \geq \min_{s_2} \pi_1(s_1', s_2)$$

が成り立つ。ゼロ和ゲームでは，この左辺は $-v_2(s_2')$ に等しく，右辺は $v_1(s_1')$ に等しい。よって，上式は $-v_2 \geq v_1$ と表現されるから，証明が完結する。

6.8* 混合戦略をもつ行列ゲームの性質

いま 2 人ゼロ和ゲームを考え，プレイヤー 1 の利得行列 (p.73 を見よ) を

$$A = \begin{pmatrix} a_{11} \cdots a_{1n} \\ \vdots \ddots \vdots \\ a_{m1} \cdots a_{mn} \end{pmatrix}$$

とする。また，A の第 i 行を $A_{i\cdot}$，A の第 j 列を $A_{\cdot j}$

$$1 = (1, 1, \cdots, 1)'$$

と書く。これらの制約条件にあらわれるベクトルの次元は，行列演算ができるように定義されているものとする。このとき，つぎの定理が成り立つ。

6.8 混合戦略をもつ行列ゲームの性質

定理 6.9 ミニマックス定理
つぎの 3 つの条件は同値である。

(1) (確定)　$\min_y \bar{x}'Ay \geq \max_x x'A\bar{y}$
つまり，$v_1(\bar{x}) = -v_2(\bar{y})$ となる $\bar{x} \in \Delta(S_1), \bar{y} \in \Delta(S_2)$ が存在する。

(2) (均衡)　任意の $x \in \Delta(S_1), y \in \Delta(S_2)$ について $x'A\bar{y} \leq \bar{x}'A\bar{y} \leq \bar{x}'Ay$
となる $\bar{x} \in \Delta(S_1), \bar{y} \in \Delta(S_2)$，および実数 v が存在する。

(3) 任意の j について $\bar{x}'A_{\cdot j} \geq v$，任意の i について $A_{i\cdot}\bar{y} \leq v$
となる $\bar{x} \in \Delta(S_1), \bar{y} \in \Delta(S_2)$ が存在する。

証明　(1) $\Rightarrow$ (2) を示す。(1) の仮定より任意の $x \in \Delta(S_1)$ と $y \in \Delta(S_2)$ について

$$x'A\bar{y} \leq \max_x x'A\bar{y} \equiv -v_2(\bar{y})$$

$$v_1(\bar{x}) \equiv \min_y \bar{x}'Ay \leq \bar{x}'Ay$$

が導かれる。これより，

$$x'A\bar{y} \leq \bar{x}'Ay$$

よって，

$$x'A\bar{y} \leq \bar{x}'A\bar{y} \leq \bar{x}'Ay$$

(2) $\Rightarrow$ (1) を示す。

$$\begin{aligned}
-v_2(\bar{y}) &\equiv \max_x x'A\bar{y} \\
&= \bar{x}'A\bar{y} \quad &\text{(均衡の定義より)} \\
&= \min_y \bar{x}'Ay \quad &\text{(均衡の定義より)} \\
&\equiv v_1(\bar{x})
\end{aligned}$$

(2) $\Rightarrow$ (3) を示す。(2) を満たす $\bar{x}, \bar{y}$ について

$$\begin{aligned}
A_{i\cdot}\bar{y} &\leq \max_x x'A\bar{y} \\
&= \bar{x}'A\bar{y} \\
&= \min_y \bar{x}'Ay \\
&\leq \bar{x}'A_{\cdot j}
\end{aligned}$$

ここで，$v = \bar{x}'A\bar{y}$ とおけばよい。

(3) ⇒ (2) を示す。(3) より
$$\bar{x}'A \geq v1',$$
$$A\bar{y} \leq v1$$
によって,任意の $x \in \Delta S_1$ と $y \in \Delta S_2$ に対して
$$\bar{x}'Ay \geq v \geq x'A\bar{y}$$
が成り立つ。

注意 6.6
$\bar{x}'Ay \geq v \geq x'A\bar{y}$ であるから,
$\bar{x}'A_{\cdot j} > v$ なら $\bar{y}_j = 0$　また,$A_{i\cdot}\bar{y} < v$ なら $\bar{x}_i = 0$ となる。

定理 6.10　2人ゼロ和ゲームの解の性質
2人ゼロ和ゲームにおいて,もし,$(\bar{x}_1, \bar{y}_1), (\bar{x}_2, \bar{y}_2)$ が2組の均衡解であるとすると,

(1) (戦略の互換性)　$(\bar{x}_1, \bar{y}_2), (\bar{x}_2, \bar{y}_1)$ も均衡解であり,
(2) (利得の均等性)　$\pi_1(\bar{x}_1, \bar{y}_1) = \pi_1(\bar{x}_1, \bar{y}_2) = \pi_1(\bar{x}_2, \bar{y}_1) = \pi_1(\bar{x}_2, \bar{y}_2)$
が成立する。

証明　仮定より,任意の $x \in \Delta(S_1)$ と $y \in \Delta(S_2)$ に対して
$$x'A\bar{y}_1 \leq \bar{x}_1'A\bar{y}_1 \leq \bar{x}_1'Ay,$$
$$x'A\bar{y}_2 \leq \bar{x}_2'A\bar{y}_2 \leq \bar{x}_2'Ay$$
とくに
$$\bar{x}_2'A\bar{y}_1 \leq \bar{x}_1'A\bar{y}_1 \leq \bar{x}_1'A\bar{y}_2,$$
$$\bar{x}_1'A\bar{y}_2 \leq \bar{x}_2'A\bar{y}_2 \leq \bar{x}_2'A\bar{y}_1$$
となり,上の不等式はすべて等式で成立する。したがって
$$x'A\bar{y}_2 \leq \bar{x}_2'A\bar{y}_2 = \bar{x}_1'A\bar{y}_2 = \bar{x}_1'A\bar{y}_1 \leq \bar{x}_1'Ay$$
となる。これは $(\bar{x}_1, \bar{y}_2)$ が均衡解であることを示す。

注意 6.7
定理 6.10 は一般の2人非ゼロ和の双行列ゲーム,例えば男女のいさかいや,たか・はとゲームについては成り立たない。

6.9* 2人ゼロ和の対称ゲーム

正方行列 $A = (a_{ij})$ は、すべての i, j について $a_{ij} = -a_{ji}$ となるとき、歪対称であるという。また、ゲーム G は A が歪対称のとき対称であるという。

命題 6.11
2人ゼロ和対称ゲームの値はゼロとなる。また、x がプレイヤー1に最適戦略なら、それはプレイヤー2にとっても最適な戦略となる。

証明 仮定より $A = -A'$ なので、任意の x について

$$\begin{aligned} x'Ax &= -x'A'x \quad &(\text{A の歪対称性より}) \\ &= -(x'A'x)' \quad &(\text{実数の転置はそれ自身に等しい}) \\ &= -x'Ax \quad &(\text{行列の演算}) \end{aligned}$$

これより、$x'Ax = 0$ となる。したがって、各 x について

$$\min_y x'Ay \leq 0$$

となるので、ゲームの値は正にはならない。他方、

$$\max_y y'Ax \geq 0$$

となるので、ゲームの値は負にはならない。したがってゲームの値はゼロになる。つぎに、プレイヤー1にとっての最適戦略であるならば

$$x'A \geq 0$$

となる。これとゲームについての仮定より、$x'(-A') \geq 0$ つまり $x'A \leq 0$ となる。これは x がプレイヤー2にとっての最適戦略であることを意味する。

演習問題

6-1 表のゼロ和ゲームに関して、純戦略の範囲で、つぎの問題を考えなさい。

(1) ナッシュ均衡を求めなさい。
(2) プレイヤー1とプレイヤー2のマックスミン戦略を求めなさい。

	β_1	β_2
α_1	1, -1	0, 0
α_2	3, -3	-2, 2

6-2 (1) つぎのゼロ和ゲームには，鞍点が存在するか。あれば，それを求めなさい。

$$\begin{pmatrix} 1 & 2 & 3 & 4 \\ 8 & 7 & 6 & 5 \end{pmatrix}$$

(2) このゲームのプレイヤー 1 にとっての保証水準をもとめなさい。

6-3 つぎの関数は鞍点をもつか。あれば，それを求めなさい。

$$f(x,y) = \sqrt{1-x^2} - \sqrt{1-y^2}$$

6-4 つぎのゼロ和ゲームの混合戦略の範囲での保証水準とゲームの値を求めなさい。

(1) $\begin{pmatrix} 1 & 2 & 3 & 4 & 5 \\ 5 & 4 & 3 & 2 & 1 \end{pmatrix}$

(2) $\begin{pmatrix} 1 & 2 & 3 \\ 2 & 3 & 1 \\ 3 & 1 & 2 \end{pmatrix}$

6-5 (1) $\begin{pmatrix} 0 & b \\ c & 0 \end{pmatrix}$ が鞍点をもつための条件を求めよ。

(2) $\begin{pmatrix} a & b \\ c & d \end{pmatrix}$ が鞍点をもつならば，その転置行列も鞍点をもつことを示しなさい。

(3) 3 行 3 列の行列ついては，(2) の結果はあてはまらないことを示しなさい。

7

完全情報下の展開形ゲーム

　多くのゲームでは，その進行につれて相手のとった戦略や外的状況の変化などの情報が明らかになっていく．チェスや囲碁，ポーカーなどの室内ゲームや，個人や企業，国家間の交渉はその例である．そのような状況は展開形ゲームを用いてはじめて完全に表現できる．そこでは，各プレイヤーがどのような順番で何を知って行動するかが詳細に記述されている．

　展開形ゲームは戦略形ゲームにとって必要な情報をすべて含んでいる．したがって，ナッシュ均衡はここでも重要な解の概念となる．さらに，ゲームが情報の開示にともないつつ手番と行動が進行することを用いると，ある種のナッシュ均衡は，不自然であるとして排除される．それにともなう解の精緻化の考えについて以下に検討しよう．

7.1　ゲームの木と展開形ゲームの具体例

　展開形ゲームについて記述するためには，ゲームの木と各プレイヤーがどのような情報をもって行動するかについて説明する必要がある．ここでは便宜上，通常の木の上下を逆にした図や，木を横にした図を用いることが多い．まず，いくつかの例を与えておこう．

例 7.1　夕食会の料理とワイン——ディナーパーティのゲーム

　図 7.1 (a) のゲームには 2 人のプレイヤーが登場する．料理を提供するホストと招かれてワインを持参するゲストがいて，丸で囲んだ数字はプレイヤー

図 7.1

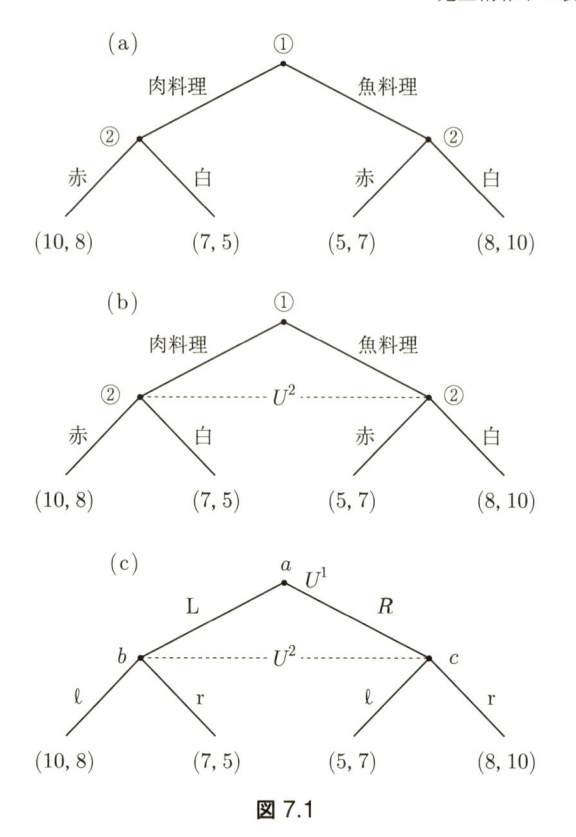

の番号を示す．図 (a), 図 (b) の文字と番号は図 (c) のアルファベットに対応するものである．

プレイヤー 1 (ホスト) が最初に点 a で L (左) か R (右) か (肉料理か魚料理か) を選び，選ばれた枝に沿って b あるいは c に到達する．図 7.1 (a) において②で示した 2 つの点では，その選択結果を知ってプレイヤー 2 (ゲスト) がさらに ℓ (左) か r (右) か (赤ワインか白ワインか) を選ぶ．2 人の利得は図に示したとおりである．一般に，赤ワインは肉に合い白ワインは魚に合う．2 人の選好には多少の違いがあるが，そのニュアンスは利得の大きさで示してある．

図 7.1 (b) は図 7.1 (a) のゲームに重要な変更を加えたもので，ゲストはホストの選択結果 (肉料理か魚料理か) を知らずにワインの選択を行うものとす

7.1 ゲームの木と展開形ゲームの具体例

表 7.1

		プレイヤー 2			
		$\ell\ell$	ℓr	$r\ell$	rr
プレイヤー 1	L	<u>10</u>, <u>8</u>	<u>10</u>, <u>8</u>	<u>7</u>, 5	7, 5
	R	5, 7	8, <u>10</u>	5, 7	<u>8</u>, <u>10</u>

表 7.2

		プレイヤー 2	
		ℓ	r
プレイヤー 1	L	<u>10</u>, <u>8</u>	7, 5
	R	5, 7	<u>8</u>, <u>10</u>

る．この区別は戦略形ゲームでは表現しにくいものである．図 7.1 (b) において点線で結んである分岐点の集まりは**情報集合** (information set) といわれ，プレイヤーが選択を行うさいに，その中のどの端点にいるかを区別できないことを示している．今の例ではゲストは用意された料理が肉なのか魚なのかを知らないことを意味する．

図 7.1 (a) では意思決定を行うプレイヤーが，すべての点でどこにいるかを知っている．したがって，料理に応じてワインを選ぶことができる．図 7.1 (b) では，2 人のプレイヤーはお互いに独立の行動をとるとみなしてよい．

なお上の展開形ゲーム図 7.1 (a), (b) に対応して，表 7.1, 7.2 で示したような戦略形ゲームが定まる．表 7.2 では戦略は各プレイヤーについて 2 つずつであるが，図 7.1 (a) ではプレイヤー 2 の戦略は 4 つあることに注意されたい．たとえば $\ell\ell$ で示したものは b 点でも c 点でも ℓ (肉料理でも魚料理でも白ワイン) を選ぶ戦略，$r\ell$ は b 点で r, c 点では ℓ (肉料理には赤ワイン，魚料理には白ワイン) を選ぶ戦略を示している．利得表の中のアンダーラインはプレイヤーの最適反応を示すものである．それらが重なるところがナッシュ均衡を示している．

図 7.1 (c) は一般に 2 人のプレイヤーがおのおの 2 つの戦略 (プレイヤー 1 に関しては L と R, プレイヤー 2 に関しては各手番で ℓ と r) をもつ場合について，**ゲームの木** (game tree) を図示したものである．今の場合，図 (c) は図 (b) と同じ内容を抽象的に示したものである．プレイヤー 1 が行動するのは，端点 a, プレイヤー 2 が行動するのは端点 b および c である．プレイヤー

2の戦略に関しては，彼がb, cのどちらにいるか，区別できる場合と区別できない場合がある．そのことはb, cを結ぶ点線がないかあるかで示される．図に描いたのは，区別できない場合である．

例 7.2 参入ゲーム

既存企業Aが独占的に製品を販売している地域において，企業Bが新規参入をうかがっている．B社が参入しなければ，A社は5億円の利得を獲得することができる．もちろんその場合のB社の利得はゼロである．B社が参入したときには，A社は，価格引下げなどの手段によって対抗するか，B社と共存を図るかのどちらかを決めることができる．それぞれのケースにおけるA社，B社の利得は，図7.2に示したようになる．

表7.3より明らかなように，このゲームには(対抗，参入しない)，(共存，参入する)という2つのナッシュ均衡が存在する．しかし，のちに詳しく説明する後戻り推論法によれば，このゲームの1つのもっともらしい均衡(部分ゲーム完全均衡)は，Bが参入しAが共存することである．

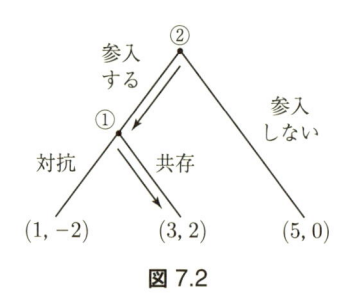

図 7.2

表 7.3

		プレイヤー2	
		参入する	参入しない
プレイヤー1	対抗	1, −2	5, 0
	共存	3, 2	5, 0

例 7.3 じゃんけん

じゃんけんのゲームは，プレイヤー1もプレイヤー2も(グー，チョキ，パー)という3つの戦略(選択肢)を持つ．2人同時に戦略を選ぶ場合の展開形ゲー

7.1 ゲームの木と展開形ゲームの具体例

ムが図 7.3 に示してある。この図では，プレイヤー 2 の 3 つの手番 (b, c および d) が点線で結ばれているが，プレイヤー 2 はプレイヤー 1 の選ぶ戦略を知らないで選択を行うことを示している。表 7.4 に記してあるのは，対応する戦略形ゲームである。

もしプレイヤー 2 の情報集合を示す点線を除くと，プレイヤー 2 が後出し可能なじゃんけんのゲームが得られる。これは明らかにプレイヤー 1 にとっては不利なゲームであり，プレイヤー 2 にとっての最適戦略は，グーに対してはパー，パーに対してはチョキ，チョキに対してはグーを出すことである。

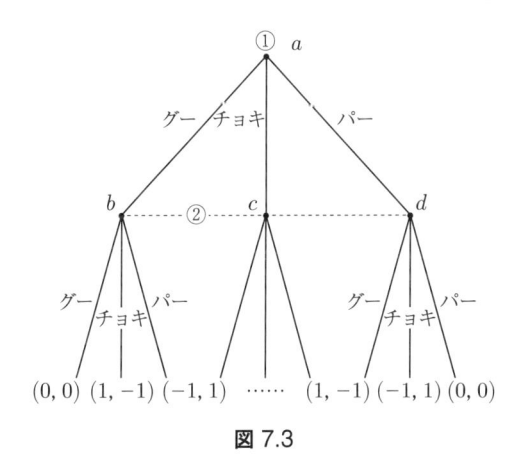

図 7.3

表 7.4

		プレイヤー 2		
		グー	チョキ	パー
プレイヤー 1	グー	0, 0	1, −1	−1, 1
	チョキ	−1, 1	0, 0	1, −1
	パー	1, −1	−1, 1	0, 0

例 7.4 誘拐ゲーム

誘拐犯が身代金を要求している。子供を誘拐された父親 (プレイヤー 1) の戦略としては，身代金を払う，払わない，の 2 つがある。また，誘拐犯 (プレイヤー 2) の行動としては，子供を釈放する，殺害する，の 2 つがある。この

ときのこのゲームはつぎのような展開形ゲームとして記述される。表 7.5 には，対応する戦略ゲームが記されている。

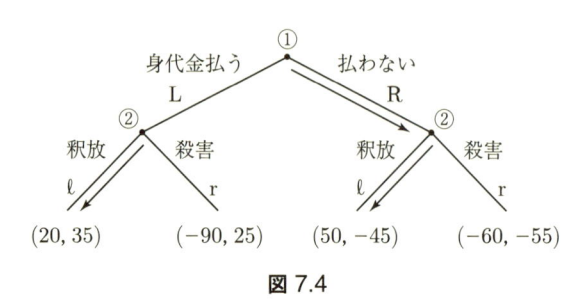

```
               ①
     身代金払う / \ 払わない
          L /   \ R
         ②       ②
      釈放/ \殺害  釈放/ \殺害
        ℓ   r    ℓ   r
     (20,35) (−90,25) (50,−45) (−60,−55)
```

図 7.4

表 7.5

		プレイヤー 2			
		ℓℓ	ℓr	rℓ	rr
プレイヤー 1	L 身代金を払う	20, 35	20, 35	−90, 25	−90, 25
	R 払わない	50, −45	−60, −55	50, −45	−60, −55

上の表のプレイヤー 2 の戦略は以下のとおりである。

$$\begin{pmatrix} \ell\ell : \text{L ならば } \ell, \text{ R ならば } \ell & \ell r : \text{L ならば } \ell, \text{ R ならば } r \\ r\ell : \text{L ならば } r, \text{ R ならば } \ell & rr : \text{L ならば } r, \text{ R ならば } r \end{pmatrix}$$

ここでの数値例では，誘拐犯が殺害することに大きな不効用を感じている。また，父親は身代金の額に大きな不満足を感じている。そうでない場合は，たとえば釈放することによる逮捕の可能性を怖れる犯人のケースでは，別の種類の均衡がありうる。

例 7.5 むかでゲーム

このゲームでは左が始点で，丸で囲んだ①と②は，そのプレイヤーの行動する分岐点すなわち彼または彼女の手番を示す。例 7.1 などにある a, b, c のような分岐点の名はここでは省略してある。以下でもこの便法にしたがうことがある。

まず，始点でプレイヤー 1 が C (continue 続ける) か S (stop 止める) のどちらかを選ぶ。S が選ばれればゲームは終了し，2 人の利得は $(0,0)$ となる。C なら第 2 の分岐点に到達し，そこでプレイヤー 2 は C または S を選ぶ。2

7.1 ゲームの木と展開形ゲームの具体例   99

がSを選べば、2人の利得は$(-1,3)$となり、ゲームは終了する。以下同様にゲームは進行し、プレイヤー2の最後の手番、すなわち左から10番目の分岐点でプレイヤー2がCまたはSを選ぶと2人の利得が決定し、ゲームは必ず終了する。むかでゲームの名はゲームの木の形状によるものである。

このゲームをそのまま戦略形に書くことは、大きな表を必要とする。ここでは簡略化して、2人の手番が2つずつである場合を示しておく。ナッシュ均衡はアンダーラインが重なったところで、(SS, SS), (SS, SC), (SC, SS), (SC, SC) の4つである。

図 7.5 のゲームにはナッシュ均衡がたくさん存在する。それは演習問題とする。

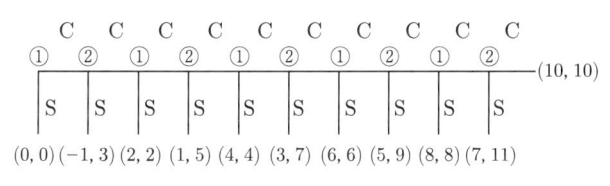

```
       C   C   C   C   C   C   C   C   C   C
       ①  ②  ①  ②  ①  ②  ①  ②  ①  ②
                                              (10, 10)
       S   S   S   S   S   S   S   S   S   S
     (0,0)(-1,3)(2,2)(1,5)(4,4)(3,7)(6,6)(5,9)(8,8)(7,11)
```

図 7.5

表 7.6

		プレイヤー 2			
		S S	S C	C S	C C
プレイヤー 1	S S	<u>0</u>, <u>0</u>	<u>0</u>, <u>0</u>	0, <u>0</u>	0, <u>0</u>
	S C	<u>0</u>, <u>0</u>	<u>0</u>, <u>0</u>	0, <u>0</u>	0, <u>0</u>
	C S	-1, <u>3</u>	-1, <u>3</u>	<u>2</u>, <u>2</u>	2, 2
	C C	-1, <u>3</u>	-1, <u>3</u>	1, <u>5</u>	<u>4</u>, 4

例 7.6 最後通牒ゲーム

プレイヤー1とプレイヤー2がいて、つぎのような手続きで1億円を分ける。まずプレイヤー1が0から1億円までの任意の金額 x を表明する。それでよければ (Yes ならば) プレイヤー1は x 億円、プレイヤー2は $(1-x)$ 億円を受け取り、否 (No) ならば2人の取り分は0になる。このとき、プレイヤー1の戦略は無限にあるが、図 7.6 はその様子を表現したものである。このゲームでは、プレイヤー1がいくらでも有利な条件を提示できる一方で、プレイ

図 7.6

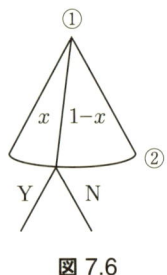

ヤー 2 はどのような少額の提案でも受け入れざるをえない。したがって，合理性の条件の下では，2 人の取り分は $(1,0)$ となると考えられる。

例 7.7　自然のプレイヤーを含むゲーム
このゲームでは 2 人の通常のプレイヤー 1 および 2 と，天候 (晴か雨) を選ぶ**自然** (nature) というプレイヤー 0 が登場する。ゲームの木の出発点で自然が晴 (e_1) か雨 (e_2) かを 1/3 および 2/3 の確率で選ぶ。それを知って，プレイヤー 1 が L (左) か R (右) を選ぶ。さらにそれらの結果を知って，プレイヤー 2 が ℓ (左) か r (右) を選ぶとゲームが終了する。たとえば，(e_2, R, ℓ) で示される径路は，雨の時にプレイヤー 1 が R を選びそれを知ってプレイヤー 2 が ℓ を選ぶもので，右から 2 番目の底点に到達する。底点にはプレイヤー 1, 2 の利得が記されるべきであるが，ここではそれを省略してある。なおこのゲームは，1/3 の確率で左の①から始まる (部分) ゲームをプレイし，2/3 の確率で右の①から始まるゲームをプレイするものと考えることができる。

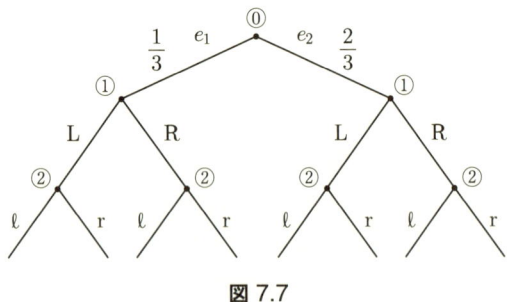

図 7.7

7.2 完全情報ゲーム

以上の例に基づいて,**展開形ゲーム** (extension form game) の一般的な説明を行う。まず,平面上の有限個の**点** (vertex あるいは node という) の集合 V とその中の 2 点を結ぶ線分 (**枝** (edge) という) の集合 E の組 (V, E) を**有限グラフ** (finite graph) といい,サイクルのない方向をもった有限グラフを**木** (tree) という。

上の例のように,ゲームの木は形態上はいくつかの点 (分岐点あるいは端点) とそれらを結ぶ枝から成る。とくに,そこに入る枝のない点を**始点** (initial node) あるいは頂点といい,そこから出る枝のない分岐点を**終点** (terminal node) あるいは底点という。ゲームの木はしばしば前節の例の場合のように通常の木の上下の配置を変えて描かれる。7.1 節に示したものは,すべて適格なグラフである。

図 7.8 に示したものは,適格でないグラフの例である。

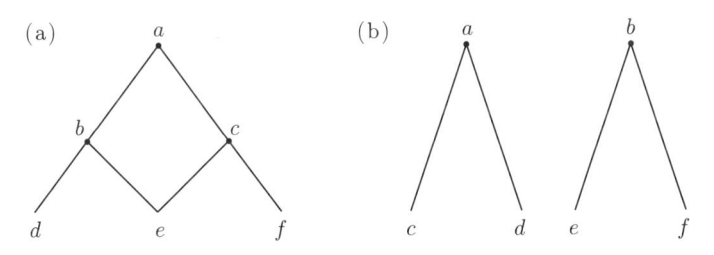

図 7.8 (a) サイクルを含んでいるので木ではない,(b) a から b への径路が存在しない。

始点からある端点までの枝の系列を**径路** (path) あるいは**履歴** (history) という。終点以外の端点では,そこで意思決定を行うプレイヤーが定まっており,その点をプレイヤーの**手番** (move) という。各枝にはプレイヤーがとる行動が割り振られる。終点はゲームが終了した状態を示しており,各点ごとに結果として得られる利得のベクトルが示される。同じプレイヤーの手番で複数の分岐点があるとき,手番に当たるプレイヤーがそのうちのどの点にいるかを知らない場合がある。こうした区別の出来ない分岐点の集合を**情報集合**という。これについては,7.4 節で詳しく述べる。

展開形ゲームを表示するためには,通常の木の上に情報集合を書き加え,そこにプレイヤーの行動を示すことが必要である.また終点には,利得のベクトルを記載する.以下に定義する**完全情報ゲーム** (game of perfect information) では情報集合は1点からなるので,とくに情報集合を端点と区別する必要はない.以上に基づいて完全情報ゲームの定義を与えよう.

定義 7.1

完全情報下の展開ゲーム Γ は,つぎのような要素によって特色づけられる.

(1) プレイヤーの集合 N

(2) つぎの条件を満たす径路 (あるいは履歴) の集合 H

   (a) 始点が1つに定まっている.

   (b) ある有限の K について $(a^1, a^2, \cdots, a^K) \in H$ であり,$L < K$ ならば,$(a^1, a^2, \cdots, a^L) \in H$ となる.

   (c) $(a^1, a^2, \cdots, a^K, \cdots)$ がすべての L について $(a^1, a^2, \cdots, a^L) \in H$ となるなら,$(a^1, a^2, \cdots, a^K, \cdots) \in H$ となる.

以下,H の元を**径路**あるいは**履歴** (history) という.各径路 $h = (a^1, a^2, \cdots, a^K)$ の成分を**行動** (action) という.そして径路が無限であるか,h にもう1つの行動 a^{K+1} を加えた $(a^1, a^2, \cdots, a^{K+1})$ が H に属さない場合は,その径路は**終わっている**という.この場合 a^K を**終点**と呼ぶ.

(3) 終点でないすべての径路 h について,そこで行動すべきプレイヤー $P(h)$ が決まっている.これを**プレイヤー関数** (player function) という.

(4) すべてのプレイヤー $i \in N$ について,終点における**利得** (payoff) $\pi^i(s_1, \cdots, s_n)$ (より一般的には任意の2つの端点の間の選好順序 R^i) が定まっている.

出発点からある点 x までの行動の系列として表される道筋は,**径路**あるいは**履歴**と呼ばれた.ゲームをプレイすることは,始点から出発してある1つの終点にいたる径路,あるいはそれに対応する枝の系列を定めることを意味する.ゲームの木の終点以外の分岐点では,そこでだれが何を選択しうるかが

示されている．分岐点に付されたプレイヤー名 (番号) は誰が行動するか (誰の手番であるか) を示している．プレイヤーの中には，さいころを振って確率を定める自然偶然手番も含めて考えることもある．以下ではプレイヤー 0 が自然であると考える．

ゲームの (いくつかある) 終点では (自然以外の) 各プレイヤーが何を得るかという結果と利得が定まる．後者は金額や勝ち負け等を示し，各プレイヤーは自分の利得を見てどれが好ましいかが判定できるものとする．

7.3 展開形ゲームにおける (純) 戦略とナッシュ均衡

定義 7.2
展開形ゲーム Γ におけるプレイヤー i $(i \in N)$ の (純) 戦略 (pure strategy) とは，彼が行動する情報集合 (手番) のすべてについて選択肢を完全に記述したものである．

つまりこの手番ではどうするか，別の手番ではどうするか等を一挙に掲げたものである．それを 1 つの純戦略とみなせば，展開形ゲーム Γ から戦略形ゲーム G を導くことができる．そこにおけるナッシュ均衡は自然に定義される．

定義 7.3
展開形ゲーム Γ におけるナッシュ均衡 (Nash equilibrium) とは，定義 7.2 によって純戦略を定めるとき，Γ から導かれる戦略形ゲーム G におけるナッシュ均衡をいう．

7.3.1 具体例における純戦略

例 7.1 (a) の食事会のゲームにおいて，プレイヤー 1 の純戦略は分岐点 a で L を選ぶか R を選ぶかの 2 つである．プレイヤー 2 の純戦略は，分岐点 b と c において ℓ と r のどちらかを選ぶかにしたがって，$\ell\ell$, ℓr, $r\ell$, rr の 4 つがある．これらを横と縦に並べて対応する利得を記し戦略形ゲームを作ってみると，表 7.1 のようになる．

例 7.3 のじゃんけんのゲームにおいて，プレイヤー 1 の純戦略は，a においてグーを選ぶかチョキを選ぶかパーを選ぶかの 3 つである．また，プレイヤー 2 はその結果を知らずに戦略グー，チョキあるいはパーを選ぶ．もしプレイヤー 2 がプレイヤー 1 の手をみて戦略を選ぶことが可能 (後出しを許すじゃんけん) なら，プレイヤー 2 の純戦略は b, c, d の 3 つの分岐点に到達した場合にグー，チョキ，パーのどちらを選ぶかを一覧表に示したもので，総数は $3 \times 3 \times 3$ 個ある．

例 7.5 のむかでゲームにおける純戦略は，プレイヤー 1 については彼の各手番で C を選ぶか S を選ぶかの一覧表を示すものである．たとえば，プレイヤー 1 についての純戦略 CCSCC は，彼の 5 つの手番で順に C, C, S, C, C を選ぶことを意味する．そのような戦略はすべてで 2^5 個ある．プレイヤー 2 の純戦略 CCCSS は，彼の 5 つの手番で順に C, C, C, S, S を選ぶことを意味する．そのような戦略の数も 2^5 個ある．もし 2 人が上の戦略を選ぶならば，ゲームは第 1 の分岐点で C，第 2，第 3 の分岐点でも C が選ばれ右に進み，第 4 の分岐点でプレイヤー 2 が S を選ぶことでゲームが終了する．例 7.5 のゲームでは 2 人のどちらかが S を選べばゲームは終わってしまうが，ここでいう純戦略 C, C, S, C, C は，じっさいにゲームは途中で終わってしまう場合をも含めて各プレイヤーのすべての手番での選択を記述した計画書を示すものである．

7.4 情 報 集 合

完全情報ゲームを一般の不完全情報下のゲームと区別するには，**情報集合** (information set) について説明する必要がある．情報集合は，プレイヤーごとの手番の集合 $H \setminus Z$ をさらに分割したもので，意思決定の主体が区別できないような端点の集合をいう．本章では，区別がつかない端点を点線で結んで示している．情報集合は以下のような性質を満たさなければならない．

(1) すべての手番は情報集合のどれか 1 つのみに含まれる．
(2) 同一の情報集合に含まれるものは単一のプレイヤーの手番である．

(3) 同一の情報集合に含まれる端点からは，同じ数だけの枝が伸びており，そこで選ばれる行動も同一である．

(4) ある1つの情報集合は同一の径路上にある複数の端点を含まない．

以下には，排除すべき不適切な「情報集合」の例を示す．

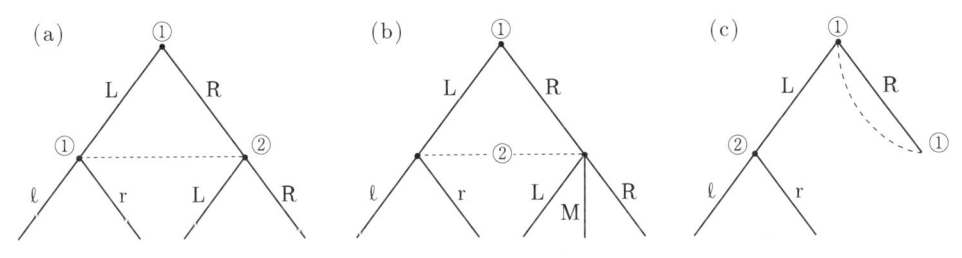

図 7.9 排除されるべき情報集合

図 7.9 (a) は条件 (2) を満たさない．また，図 7.9 (b) は，条件 (3) の後半を満たさない．最後に，図 7.9 (c) は，条件 (1) と (3) を満たさない．

7.5 行動戦略

定義 7.4
展開形ゲームにおける**情報集合**は，プレイヤーごとの手番の集合をさらに分割したもので，意思決定の主体が区別できないような端点の集合をいう．

そこにおける行動戦略はつぎのように定義される．

定義 7.5
展開形ゲームにおける**行動戦略** (behavioral strategy) とは，各情報集合ごとにプレイヤーの選ぶ選択肢 (行動) をリストアップしたものである．

行動戦略は各情報集合ごとに定義され，その直前に決めればよい．それに対して，純戦略は最初にすべてを見とおして全部を決めておく必要がある．

完全情報ゲームにおいては，情報集合は1点からなる．たとえば，図 7.1 (c) においてプレイヤー2の行動戦略は分岐点 b で ℓ, r の2個，c においても同様に2個で，全部で $2+2$ 個である．例 7.5 のゲームにおいてプレイヤー

1 の戦略は奇数番目の各分岐点で C を選ぶか S を選ぶかの 2 とおりあり，合計で $2+2+2+2+2$ 個ある．プレイヤー 2 についても，同じ数の行動戦略がある．

7.6 部分ゲーム

完全情報の展開形ゲームでは終点以外の端点 x を 1 つ定めると，ゲームの木のそれより下方の部分 (通常の木の枝の先の部分)，すなわちそれを出発点とする径路全体から成るゲームの木が定まる．このようにして定まるゲームを部分ゲームという．この部分ゲームの概念は，情報が不完全である場合にも拡張できる．

定義 7.6
展開形ゲームにおける**部分ゲーム** (subgame) とは，全ゲームの部分集合でつぎの条件を満たすものをいう．

(1) それは 1 つの端点のみを含む情報集合から出発し，
(2) それから先のすべての端点を含み，そしてそれ以外の端点は含まない．
(3) ある点 x が部分ゲームに属するならば，x が含まれる情報集合に属するすべての点 (手番) も同じ部分ゲームに属する．

例 7.8 はゲームの木の部分集合で部分ゲームでないものを示している．また，例 7.9 はこれまでの具体例における部分ゲームを示している．

例 7.8 ゲームの木の部分集合で部分ゲームでないものの例

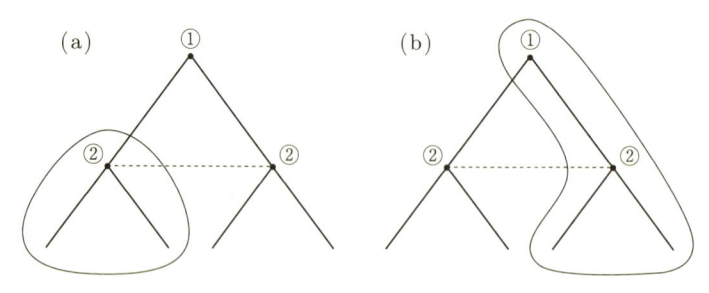

図 7.10

7.6 部分ゲーム

例 7.9

(1) 図 7.1 (a) の食事会のゲームの部分ゲームは，もとのゲーム以外では，b 点から始まる 2 つの枝をもつゲームと c 点から始まる同じ形のゲームの 2 つがある．図 7.1 (b) のゲームには，全体のゲーム以外には部分ゲームは存在しない．

(2) 図 7.2 の参入ゲームでは，部分ゲームは，全体のゲームの他，参入したあとのプレイヤー 1 の手番から始まるゲームがある．

(3) 図 7.3 のじゃんけんのゲームでは，全体のゲーム以外には部分ゲームは存在しない．ただし，後出しが可能な場合には，プレイヤー 1 がグーを出したかパーを出したかチョキを出したかに応じて，さらに 3 つの部分ゲームが存在する．

(4) 図 7.4 の誘拐のゲームでは，全体のゲーム以外には，プレイヤー 1 が身代金を払った場合のプレイヤー 2 の手番から始まるものと，払わなかった場合の 2 の手番から始まる部分ゲームの 2 つがある．

(5) 図 7.5 に示したむかでゲームでは，10 個の手番がある．そのうちの任意の番号で始まる部分ゲームが，すべてで 10 個ある．なおこのゲームの戦略形を書くためには，10 個の手番で 2 つずつの選択 (S か C) があるため，大きな利得表を必要とする．しかし，ゲームのナッシュ均衡は簡単に求まり，最初にプレイヤー 1 が S を選べばゲームは終わってしまう．図 7.5 には各プレイヤーが 2 つの手番をもつゲームについての利得表を示している．

(6) 図 7.6 の最後通牒ゲームでは，プレイヤー 1 が行動したのち到達可能な点は区間 $[0,1]$ のすべてである．その区間内の任意の点を出発点として，プレイヤー 2 が Y あるいは N を選ぶ部分ゲームが存在する．

(7) 図 7.7 の自然のプレイヤーがいるゲームでは，全体のゲームの他，プレイヤー 1 の手番で始まる部分ゲームが 2 つ，さらにプレイヤー 2 の手番で始まる部分ゲームが 4 つある．

7.7 ツェルメロの後戻り推論法

完全情報下の展開形ゲームを解くにあたっての1つの基本となる考えは，ツェルメロ (E. Zermelo (1912)) の**後戻り推論法** (backward induction) である．図 7.1 (a)，あるいは (c) で情報集合 U^2 を取り除いたゲームにおいて，もし b 点に至れば，プレイヤー2は ℓ を選び利得 8 (プレイヤー1は利得 10) を得るはずである．また c に至れば，プレイヤー2は r を選び利得 10 (プレイヤー1は利得 8) を得るはずである．図 7.11 (b) においてプレイヤー1にとっては前者の方が好ましいから，彼は L を選ぶにちがいない．

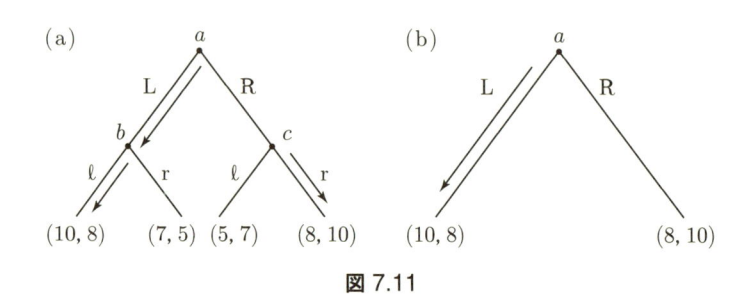

図 7.11

定理 7.1 ツェルメロの定理
有限完全情報ゲームは純戦略のナッシュ均衡をもつ．

証明 証明の考えは上の例にしたがえばよい．厳密には，つぎのような数学的帰納法によって証明される．いま，Γ を m 個以下の端点をもつ完全情報ゲームとし $(m-1)$ 以下について定理が成立すると仮定しよう．r をゲームの木 T の出発点とし，$v_1, v_2, \cdots, v_k$ を出発点 r と枝 k で結ばれた端点とする．さらに，$T_1, T_2, \cdots, T_k$ をこれらを出発点とするゲームの木とする．各 T_k に対応して部分ゲーム Γ_k が定まる．帰納法の仮定により，Γ_k は純粋戦略の均衡 s_k をもつ．もし r がプレイヤー i の手番であるならば，プレイヤー i は最初の選択として利得が最大になる枝 k を選び，それをそれらの最大値で置き換えたものを $s^i(r)$ とする．このようにして構成された戦略 s は $(m-1)$ 個以下の端点をもち，Γ の均衡となる．

系 7.2
チェスや囲碁は (1) 黒が必勝戦略をもつか, (2) 白が必勝戦略をもつか, あるいは (3) 双方とも, 少なくとも引き分けになる戦略をもつ.

証明　たとえば囲碁が有限の手数で終わることは, 盤面の状態が有限で, 反復をさけるルールがあることによる.

7.8　部分ゲーム完全均衡

図 7.1 の夕食会のゲームでのプレイヤー 1 の戦略は R, プレイヤー 2 の戦略は b でも c でも r を選ぶので (r r) と記される. 表 7.1 の戦略形ゲームを見ると, R と rr の組は 1 つのナッシュ均衡である. このゲームには他にもプレイヤー 1 が L, プレイヤー 2 が (ℓ r) を選ぶ純戦略のナッシュ均衡がある.

図 7.11 にはそれが導く径路を示している. また, プレイヤー 1 が L, プレイヤー 2 が (ℓ ℓ) を選ぶ戦略も均衡である. この戦略にしたがってゲームをプレイすれば, 実現する径路は図 7.11 と同じになる. ただし, その径路を外れたとした場合に選ばれる径路は異なったものとなる. この 2 つの均衡のうち最初のものは, もとのゲームの 3 つあるどの部分ゲームにおいてもナッシュ均衡であるという意味で, ナッシュ均衡を精密化したものになっている. これを部分ゲーム完全均衡という.

以上を正式に述べるとつぎのようになる.

定義 7.7
展開形ゲームにおいて**部分ゲーム完全均衡** (subgame perfect equilibrium) とは, もとのゲームを含むすべての部分ゲームにおいてナッシュ均衡になっている戦略の組をいう. つまり, 戦略の組の中からその部分ゲームに対応する部分を取り出したものが, その部分ゲームのナッシュ均衡となっているものをいう.

参入ゲームにおいて 2 つのナッシュ均衡が存在した. そのうち, (対抗, 参入しない) という均衡はもっともらしいであろうか. ナッシュ均衡では, 既存企業が自分の損害をかえりみず, 価格競争をするという脅しによって, 参

入企業の出店を防いでいると解釈できる。しかし，利得表を見れば明らかなように，参入が実際に起こった場合には，みずからに損害をもたらすよりも，共存して利益を得るほうがよい。このように，既存企業は参入企業を攻撃するインセンティブをもたない。したがって，それ(攻撃すると脅すこと)は**カラ脅し** (empty threat) にすぎない。部分ゲーム完全均衡はそのようなカラ脅しを排除する役割をもつ。

注意 7.1
(1) 部分ゲーム完全均衡が，一般にプレイヤーが選ぶ戦略を示唆しているかといえばそうではない。むかでゲームでは，最後の分岐点で，プレイヤー2がSを選べば11，Cを選べば10の利得が得られるので，彼はSを選ぶに違いない。これを知っているプレイヤー1は最後から2番目の分岐点では，Sを選べば8，Cを選べば7の利得が得られるので，彼はSを選ぶであろう。これらは共有知識なので，最後から3番目の分岐点でのプレイヤー2の選択もSである。以下同様にして，このゲームでの後戻り推論法による解は，すべての分岐点でのプレイヤーの選択はSを選ぶことである。結局このゲームは最初の分岐点でプレイヤー1がSを選びゲームは終了する。その場合の2人の利得は $(0,0)$ となる。もしまちがえてCが選ばれれば，プレイヤー2はSを選び，ゲームは終了し，2人の利得は $(-1,3)$ となる。

この解はきわめて悲観的なものである。将来の利得が上がることが確かであっても，短期的な視点で利得が減ることにのみこだわって決断した結果がそこに示されていると考えるべきである。

(2) 純戦略に限った場合，部分ゲーム完全均衡は存在しないことがある。たとえば，コイン合わせのゲームにおいては，部分ゲームは全体のゲームの他にはなく，そのゲームには純戦略の均衡は存在しない。しかし，10章で示すように，完全記憶をもつゲームについては，部分ゲーム完全均衡が存在することが知られている。

部分ゲーム完全均衡の存在に関して，ツェルメロの後戻り推論法をより一般の場合に適用すれば，以下のようである。

(1) ゲームの木の最後の部分ゲームを考え，そのおのおのについてナッシュ均衡を求める。

(2) もとのゲームにおける最後の部分ゲームを上の均衡の1つで置き換えることにより，もとのゲームの縮約形を作る。

(3) 上の (1), (2) の手続きを繰り返し，すべての部分ゲームのナッシュ均衡を求める。

(4) もし上の手続きにおいて，ナッシュ均衡が一意に決まるならば，その均衡戦略が唯一の部分ゲーム完全均衡になる。均衡が複数存在する場

定理 7.3 部分ゲーム完全均衡の存在と一意性

有限完全情報ゲームは純戦略の部分ゲーム完全均衡をもつ。また，どのプレイヤーも最後の分岐点で同じ利得をもたないならば，唯一の部分ゲーム完全均衡が存在する。

証明 証明は定理 7.1 と同様である。

7.9* 2 段階ゲーム

ツェルメロの後戻り推論法の考えは，より一般的には後段階でのプレイヤーの行動がゲームの結果として明確に推論できる場合に適用できる。以下にその例を示そう。

例 7.10 研究投資と価格競争 (投資ゲーム)

2 つの企業が研究開発を行うことを考えている。第 1 段階で投資をしない企業の利得はゼロである。投資をした企業は第 2 期に高い価格 H あるいは低い価格 L をつけることができる。1 つの企業のみが投資した場合には H によって高い利得を得ることができる。しかし，2 つの企業が投資した場合には，L を選んだ方が利得は高くなる。このゲームの詳細は表 7.7 に示されている。以上の分析結果を第 1 段階のゲームに「代入」すると，それは表 7.8 が示すような弱虫ゲームに帰着し，2 つのナッシュ均衡をもつ。この解は，いずれも一方のプレイヤーのみが投資するというものである。

例 7.11 銀行取り付け

2 人の投資者がおのおの D 円だけ銀行に預けており，銀行はそれを長期の投資プロジェクトに用いる。もし投資が実を結ぶ前に銀行が現金化する必要に迫られるならば，$2r$ 円だけを回収できるに過ぎない。ここで $D > r > D/2$ であると仮定する。しかし銀行が投資が結実するまで待つことができれば，投資は $2R$ ($R > D$ とする) だけの成果をもたらす (以下，数値例として $D = 100$, $r = 60$ および $R = 150$ の場合を考えよ)。

表 7.7

投資ゲーム

第1段階

	企業2 投資せず	投資する
企業1 投資せず	0, 0	0, B表
投資する	A表, 0	C表

第2段階

A. 企業1のみが投資した場合の価格決定

企業1
高 ／＼ 低
14   6
（A表）

B. 企業2のみが投資した場合の価格決定

企業2
高 ／＼ 低
14   6
（B表）

C. 2つの企業が投資した場合の価格決定

	企業2 高	低
企業1 高	2, 2	−10, 6
低	6, −10	−2, −2

（C表）

表 7.8

	企業2 投資せず	投資する
企業1 投資せず	0, 0	0, 14
投資する	14, 0	−2, −2

　投資家が預金を引き出す期日は2回あって，1回目は投資が結実する前で，2回目は結実後である。簡単化のため，割引率はゼロであると仮定する。もし2人の投資家が最初の期に引き出しを行えば，各人は r の利得を得ることでゲームは終了する。もし1人だけが引き出しを行えば，その投資家は D，他の投資家は $2r-D$ を受け取りゲームは終了する。最後に2人とも1期に引き出しを行わなければ投資は結実し，2人の投資家は R ずつ支払いを得てゲームは終了する。

　このゲームには2つのナッシュ均衡が存在する。1つは2人のプレイヤーとも引き出しを行うケースで，2人の利得は (r,r) で与えられる。2つ目はど

演習問題

表 7.9 $r=60$, $D=100$, $R=150$

第 1 期

	引き出す	引き出さない			
引き出す	r, r	$D, 2r-D$		60, 60	100, 20
引き出さない	$2r-D, D$	つぎの段階へ		20, 100	つぎの段階へ

第 2 期

	引き出す	引き出さない			
引き出す	R, R	$2R-D, D$		150, 150	200, 100
引き出さない	$D, 2r-D$	R, R		100, 200	150, 150

上の第 1 期のゲームは，つぎのゲームに帰着する。

	引き出す	引き出さない			
引き出す	r, r	$D, 2r-D$		60, 60	100, 20
引き出さない	$2r-D, D$	R, R		20, 100	150, 150

の投資家も途中で引き出しを行わないケースで 2 人の利得は (R, R) で示される。

ここでの最初の均衡は**銀行取り付け** (bank run) に対応するものである。もし一方の投資家が他の投資家が預金引き出しを行うと考えれば，彼も引き出しを行うことになる。つぎの期まで待って引き出せば 2 人は均衡利得として (R, R) を獲得できるにもかかわらず，このようなことが起こりうるのである。

演習問題

7-1 図 7.12 の a, b, c, d を頂点とするつぎのグラフのうち，木でないものはどれか。また，それらは木であるためのどの条件を満たさないのか。

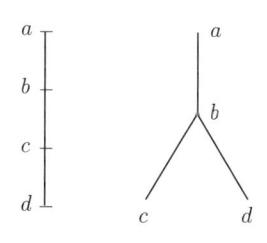

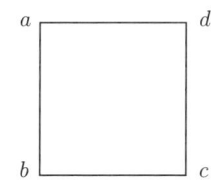

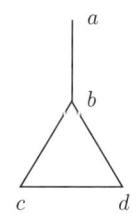

図 7.12

7-2 (1) 例 3.1 の囚人のジレンマのゲームを展開形ゲームで表現しなさい。
(2) 例 3.7 の恋人のいさかいのゲームについても，同様の表現を示しなさい。

7-3 図 7.1 (a) のゲームをもう少し複雑にして，プレイヤー 1 については L (左)，M (中)，R (左) の 3 つの選択肢が，プレイヤー 2 については b, c および d の 3 つの分岐点でそれぞれ l (左)，r (右) の 2 つの選択肢があるという。たとえば，ホストの選択には和・洋・中の料理の 3 種類がありそれに応じて 2 種類の飲み物を選ぶ場合などがそれにあたる。このゲームを展開形で表現しなさい (ゲームを完全に記述するためには情報集合と 2 人の利得を示す必要があるが，ここでは記載の必要はない)。

7-4 (1) 図 7.5 のむかでゲームのナッシュ均衡を求めなさい。
　　　(2) 同じゲームの部分ゲーム完全均衡を求めなさい。

7-5 下の図 7.13, 図 7.14, 図 7.15 について，つぎの問いに答えよ。
　　　(1) それぞれ何組の (もとのゲームを含めて) 部分ゲームが存在するか。
　　　(2) ナッシュ均衡を求めよ。
　　　(3) 部分ゲーム完全均衡を求めよ。

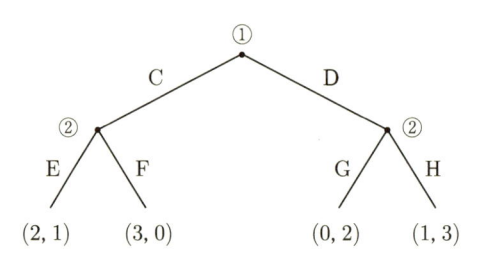

図 7.13

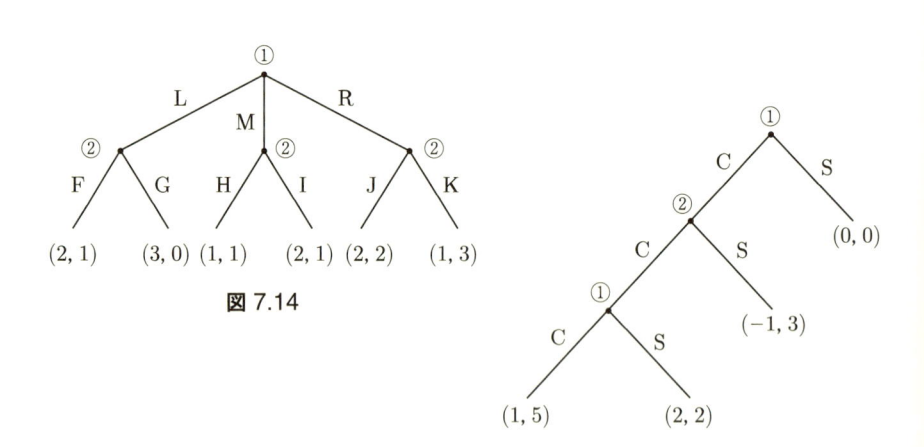

図 7.14

図 7.15

8

繰り返しゲーム

同じゲームが繰り返されるとき，プレイヤーは，その行動を他のプレイヤーの過去の行動の履歴に基づいて決めることができる。ここでは各回のゲーム(段階ゲームという)が囚人のジレンマである場合などを例にとって，それを何度も繰り返したゲームを考えると，単独のゲームとは異なる結果が導かれることを示そう。一般に短期的な視点からは協力をせずに大きな利得を得ることができても，ゲームが繰り返される長期的視点からは，「裏切らない」という評判を築いて背信行動に対する報復を避けることのほうが有利になりうるからである。そのような考えを集約するものが，フォーク定理と呼ばれる命題である。

8.1 有限繰り返しゲーム

表 8.1 に示したのは 1.3 節の囚人のジレンマと同型のゲームである。各プレイヤーは協力 (cooperate, C) と背信 (defect, D) という 2 つの戦略を持っている。この囚人のジレンマ型ゲームが 1 回だけプレイされる場合，そのもとになるゲーム G を**段階ゲーム** (stage game) という。このゲームには (D, D) というただ 1 つのナッシュ均衡が存在する。

表 8.1

		プレイヤー 2	
		C	D
プレイヤー 1	協力 C	2, 2	0, 3
	背信 D	3, 0	1, 1

つぎに，この段階ゲームを2回繰り返す状況を考え，それを2回繰り返しゲーム G^2 と呼ぼう。ただし，ゲームの利得は各回の利得の(割引された)和と考える。2回目のゲームは上の囚人のジレンマのゲームと同一となるので，各プレイヤーは (D, D) という均衡を選ぶに違いない。各プレイヤーがそのように考えるとすると，2回繰り返しゲームは上の段階ゲームの利得に第2段階の均衡利得の組 (1,1) の現在価値を加えたものを利得行列とするゲームに等しい。したがって，**割引因子** (1期後の利得1が現在どれだけの価値をもつかを示す数値) を δ とするとき，2回繰り返しゲームの利得は表8.2のようになる。このゲームの利得はもとのゲームと同型であるので，(D, D) が均衡戦略となる。

表 8.2

	C	D
協力 C	$2+\delta, 2+\delta$	$\delta, 3+\delta$
背信 D	$3+\delta, \delta$	$1+\delta, 1+\delta$

同様にして，1回の囚人のジレンマのゲームを有限回繰り返すときも，各プレイヤーは毎回 D を選び続けるものと推論される。ただしそのためには，プレイヤーが上の後戻り推論を行うために必要な合理性を持ちあわしているとの仮定が必要である。ゲームがいつ終了するか分からない場合あるいは無限に続く場合は，プレイヤーの行動は必ずしも上の分析のようにはならない。

8.2 チェインストア・ゲーム

いま7章の参入ゲーム G が繰り返される状況を考えよう。A社は，B社が参入を考えている地域だけでなく，1から n までの番号のついたそれぞれの町に店を持つチェインストアであるとする。第 i 番目の町には i 番目の企業が参入の機会をうかがっている。参入の機会は番号の順におとずれ，つぎの企業はそれまでの結果を見て参入者としての意思決定を行う。もちろんチェインストアの所有者は参入を阻止できれば大きな利益をうることができる。

図8.1には $n = 2$ の場合のチェインストア・ゲームが表現されている。B

8.2 チェインストア・ゲーム

のつぎに参入する企業をCとして，A, B, Cの順に利得が書かれている。Bの参入・退出が定まり，Cが参入を決める前の段階でのA社，B社の利得は図7.2に示したとおりである。第2段階で企業Cが参入退出を決意する場面での部分ゲームも図7.2と同じ構造をもっている。A社は2つの段階ゲームに参加するので，その利得はこれら2つの段階ゲームの和になっている。

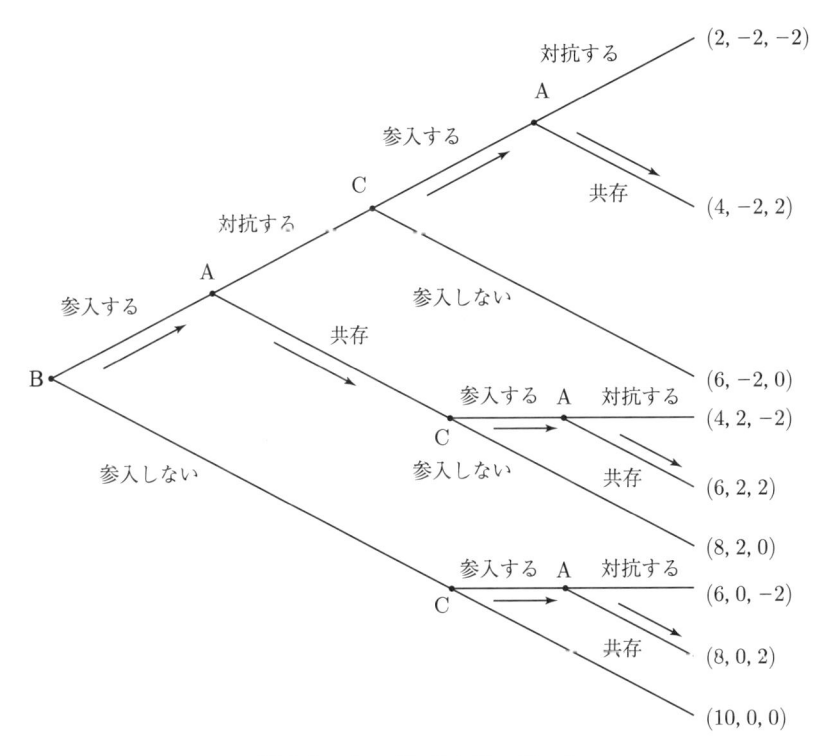

図 8.1 チェインストア・ゲーム

この図からも明らかなように，すべての参入者が参入し，既存企業は参入を容認することがこのゲームの部分ゲーム完全均衡になる。しかし，参入者の数が多い時は，これは合理的な行動とは思われない。参入を阻止したいのであれば，初期の段階で強行に対抗し，強い相手であるという評判を築くことができるからである。ところが，部分ゲーム完全均衡にはこのような行動を説明できる要素がない。これがゼルテンによって命名された**チェインスト**

ア・パラドックス (chainstore paradox) である。

8.3 繰り返しゲームの戦略と利得

一般に上の例のような段階ゲームを繰り返す場合には，いくつかの単純で興味深い戦略がある。段階ゲームが囚人のジレンマのゲームである場合を考えよう。

(1) **つねにDを選ぶ戦略**：どのような履歴に対してもDを選び続ける。
(2) **つねにCを選ぶ戦略**：どのような履歴に対してもCを選び続ける。
(3) **おうむ返し戦略** (tit for tat)：最初の期にCを選び，以後は相手の前回の行動を繰り返す。
(4) **引き金戦略** (trigger strategy)：最初の期にCを選び，以後は相手がCを選んでいるかぎりそれを続ける。そして，もしある期に相手がDを選んだとすれば，以後すべての期でDを選ぶ。

割引因子 (discount factor)，すなわち1期後の利得1が現在の利得のどれだけに相当するかを示す数を δ (ただし，$0 < \delta < 1$) とする。このとき期間 T の利得の列 $(a^1, a^2, \cdots, a^T)$ の効用は

$$U = a^1 + \delta a^2 + \delta^2 a^3 + \cdots + \delta^{T-1} a^T$$

で与えられる。

囚人のジレンマのゲームでは，プレイヤー1が戦略Dを選ぶならプレイヤー2も戦略Dを選ぶ。毎期の利得は1である。したがって「つねにD」の戦略から得られる利得の無限列は

$$S(1) = (1, 1, 1, \cdots)$$

となる。

以下の説明で重要な意味をもつのは，(4) の引き金戦略である。プレイヤー1がこの戦略に従ってCを選ぶとき，相手もCを選ぶので，利得は毎期2となり利得の無限列は

$$S(2) = (2, 2, 2, \cdots)$$

となる．これに対して，背信すると，1 期目は 3 の利益を得ることができるが，2 期目以降は 1 の利得しか得られない．つまり，利得の列は
$$\tilde{S}(3) = (3, 1, 1, \cdots)$$
となる．この 2 つの系列のどちらがよいかを，以下に考える．

T が十分に大きければ，
$$S(2) \text{ の効用は，} 2(1 + \delta + \delta^2 + \cdots) = \frac{2}{1-\delta},$$
$$\tilde{S}(3) \text{ の効用は，} 3 + \delta(1 + \delta + \delta^2 + \cdots) = 3 + \frac{\delta}{1-\delta}$$
となる．よって，
$$\delta \geq 1/2 \quad \text{ならば} \quad S(2) = (2, 2, 2, \cdots),$$
$$\delta \leq 1/2 \quad \text{ならば} \quad \tilde{S}(3) = (3, 1, 1, \cdots)$$
の方が好ましい．このように囚人のジレンマは回避されうることが予想される．じっさい，8.5 節では引き金戦略がナッシュ均衡になることが示される．

8.4　プログラム間のコンテスト

ここで，8.3 節のはじめに示したさまざまなプログラムが一対ずつ相対したとき，何が起こるかを考えてみよう．このような問題は Axelrod (1984) によって研究され，多くの追従者をもった．たとえば，

(1) 「つねに D」と「つねに D」が出会えば，2 人のプレイヤーの結果の系列は

$$\begin{array}{ll} P_1 & D, D, D, \cdots \\ P_2 & D, D, D, \cdots \end{array}$$

となり，効用の系列は

$$\begin{array}{ll} P_1 & 1, 1, 1, \cdots \\ P_2 & 1, 1, 1, \cdots \end{array}$$

(2) 「つねに C」と「おうむ返し」が出会えば，結果の系列は

$$\begin{array}{ll} P_1 & C, C, C, \cdots \end{array}$$

$$P_2 \quad C, C, C, \cdots$$

となり，効用の系列は

$$P_1 \quad 2, 2, 2, \cdots$$
$$P_2 \quad 2, 2, 2, \cdots$$

となる。

これらをまとめたものがつぎの表 8.3 である。ただし表では，簡単化のため，割引きされた利得の現在価値を $(1-\delta)$ 倍したものを記してある。もしも δ をゲームが継続される確率とするとき，ゲームがプレイされる回数の期待値は $T = \frac{1}{1-\delta}$ となる。したがって，1 期あたりの平均の利得は π_i を T で割った値，すなわち $(1-\delta)\pi_i$ で表される。

表 8.3 プログラム間のコンテスト

	つねに C	つねに D	引き金戦略	おうむ返し
つねに C	2, 2	0, 3	2, 2	2, 2
つねに D	3, 0	1, 1	$3-2\delta, \delta$	$3-2\delta, \delta$
引き金戦略	2, 2	$\delta, 3-2\delta$	2, 2	2, 2
おうむ返し	2, 2	$\delta, 3-2\delta$	2, 2	2, 2

8.5* 1 期逸脱の原理

繰り返しゲームにおけるプレイヤーの戦略の組を s とする。もしどのプレイヤーも 1 回だけその径路から逸脱してもとに戻ることが得策でないときに，**1 期逸脱の原理**を満たすという。そのとき，つぎの命題が成立する。

命題 8.1
正の割引率をもつ有限段階ゲームの無限回繰り返しを考えるとき，ナッシュ均衡であるためには，1 期逸脱の原理を満たすことが必要である。

証明 部分ゲーム完全均衡は明らかにこの原理を満たす。もし s が部分ゲーム完全均衡でないならば，あるプレイヤー i にとって i 以外のプレイヤーの戦略 s_{-i} に対してよりよい戦略 $\tilde{s}$ が存在する。もし $\tilde{s}$ が有限の期間だけ s_i と

異なるとするならば，$\tilde{s}_i$ は s_i から最小数の逸脱をもつと仮定しよう．

ケース 1．逸脱が 1 回の場合は，証明は完了している．

ケース 2．もし 2 回以上の逸脱があるならば，その中で最後の逸脱はプレイヤー i の満足を高めるので証明は完了する．

ケース 3．もし無限回の逸脱があるとすれば，利得が有限で割引率が正であるので，それ以降の利得の増加を任意に小さくするように，ある有限の期 $\bar{t}$ をとることができる．このことから情報集合 U^i から出発する有限の逸脱が i の利得を増すことになる．

8.6* フォーク定理

将来利得の割引因子 δ が十分に 1 に近いとするならば，**引き金戦略**は囚人のジレンマの**無限繰り返しゲーム**のナッシュ均衡となり，協力解 (C,C) が実現される．つぎの証明はこの主張を含むより一般のケースについて与えられる．

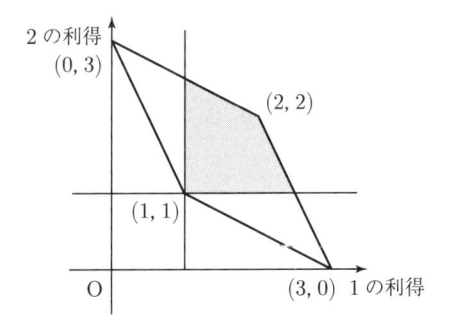

図 8.2 灰色部分のすべての利得ベクトルが，繰り返しゲームの部分ゲーム完全均衡として達成される．

定理 8.2 フォーク定理 (Folk Theorem)
戦略形ゲーム $G = (N, S, \pi)$ において，ナッシュ均衡 $s^* \in S$ に対し戦略 $s \in S^*$ が任意の $i \in N$ に対して
$$\pi_i(s) > \pi_i(s^*)$$
を満たすとする．このとき，将来利得の割引因子 δ が十分に 1 に近いならば

無限繰り返しゲーム G^∞ の部分ゲーム完全均衡で結果の系列が $(s, s, s, \cdots)$ となるものが存在する。

証明 以下の証明では，各プレイヤーが引き金戦略をとることが部分ゲーム完全均衡であることを示す．引き金戦略では，最初は s_i を選択し，それ以降は他のプレイヤーが s_{-i} を選択するかぎり s_i を選択し，一度でも逸脱したら，以降はいかなる場合も s_i^* を選択する．

部分ゲームをつぎの2つに分けて考える．(**ケース1**) s が選択され続けた履歴から始まる部分ゲーム，(**ケース2**) 誰かが s 以外の選択を行ったことがある履歴から始まる部分ゲームとする．

いま，プレイヤー $j\ (j \neq i)$ が引き金戦略をとっているとき，プレイヤー i が引き金戦略から逸脱する誘因をもたないことを示そう．仮定によって，段階ゲーム $G = (N, S, \pi)$ において，ナッシュ均衡を $s^* \in S$ とするとき，全員にとってそれより好ましい結果をもたらす戦略 $s \in S$，つまり任意の i について

$$\pi_i(s) > \pi_i(s^*)$$

を満たす戦略がある．ここで，n 人のプレイヤーが戦略 $s = (s_1, s_2, \cdots, s_n)$ を選んでいるとして，プレイヤー i が s_i から s_i' に戦略を変えたときの利得の変化を考えてみよう．

(**ケース1**) について，

$$\Delta = (\pi_i(s_i', s_{-i}) - \pi_i(s)) - \frac{\delta}{1-\delta}(\pi_i(s) - \pi_i(s^*))$$

とおく．この第1項は，s_i を s_i' に変えたことによる短期的な利得の増加を，また第2項は，長期的な利得の変化の割引現在価値を表したものである．

定理の仮定より，$\pi_i(s) > \pi_i(s^*)$ であることに注意すると，$\Delta > 0$ となるには $\pi_i(s_i', s_{-i}) - \pi_i(s) > 0$ が必要である．しかし，この場合にも，

$$\delta \geq \frac{\pi_i(s_i', s_{-i}) - \pi_i(s)}{\pi_i(s_i', s_{-i}) - \pi_i(s^*)}$$

ならば，$\Delta \leq 0$ なので，逸脱する誘因がない．

(ケース 2) について，i 以外のプレイヤーが引き金戦略にしたがい，s_{-i}^* を選択し続けている。したがって，プレイヤー i の最適反応は s_i^* を続けることである。

この定理は信頼，評判，名声など，長期的な関係に基づいた協調行動がとられることの説明にもなっている。経済主体間の取引の慣行をみてみると，拘束力を持つ契約がないにもかかわらず，協調関係が維持されていることがある。ニューヨークのダイヤモンド・ストリートで取引する商人には免許はいらない。しかし，裏切り行為が発生しない主な理由は，裏切りによる短期的利益はそれが発見されたとき，仲間から受ける報復によって帳消しになってしまうからであろう。引き金戦略はまさにその報復のあり様を示すものである。

演習問題

8-1 (1) 「つねに C」と「つねに D」の 2 人のプレイヤーが出会うとき，結果と利得の系列を示しなさい。

(2) 「おうむ返し」と「つねに C」が出会うとき，結果と利得の系列を示しなさい。

8-2 表 8.3 の利得の結果を導きなさい。

8-3 表 8.3 のゲームにおけるナッシュ均衡を求めなさい。

9

進化ゲーム

経済学は合理的行動と均衡という2つの仮定の上に構築されている。しかし，他の社会科学者は合理的行動の仮説については懐疑的であり，したがってそれに依拠する理論に対しても大きな価値を認めないことがある。以下の議論では，プレイヤーが完全に合理的であることや，誤りなく計算ないしは推論できるとは仮定しない。

ここでの理論は多様性，適格性そして選択という3つの基礎の上に構築されている。現在おかれた状況の下では，ある行動は他の行動と比べてよりよく適合する。そのような形質にかかわる遺伝子は他のものより適格であるとみなされる。

9.1 進化的安定性

遺伝子の突然変異がときどき生じる。そのようなものの多くは不適格であるが，中にはこれまでの母集団に侵入することに成功するものもある。母集団と遺伝的行動の組が**進化的に安定** (evolutionary stable) であるとは，そのような他の突然変異によって侵略されないことをいう。

例 9.1 進化的安定性の意味

すべてのプレイヤーは，正常な場合は X という行動をとる。しかし，突然変異が ε $(0 < \varepsilon < 1)$ の割合で生じ，そのプレイヤーは行動 Y をとる。もし母集団が大きければ，正常な個体が他の正常な個体と会う確率は $1 - \varepsilon$ であり，突然変異と会う確率は ε である。したがって，正常な個体の期待利得は

$$2 \cdot (1 - \varepsilon) + 0 \cdot \varepsilon = 2(1 - \varepsilon)$$

表 9.1

	X	Y
X	2, 2	0, 0
Y	0, 0	1, 1

である。同様に，突然変異者の期待利得は

$$0 \cdot (1-\varepsilon) + 1 \cdot \varepsilon = \varepsilon$$

である。もし ε が小さければ (2/3 より小さければ) 第 1 の利得は第 2 のそれより大きくなる。それゆえ，小さな突然変異者がいても集団の構成には影響しない。正常な個体の繁殖率 (いまの場合利得に等しい) は突然変異者の繁殖率よりも大きい。そのような場合，この戦略は**進化的に安定** (evolutionary stable strategy (ESS)) であるという。

9.2 ESS の一般的な定義

突然変異が母集団から追いやられるための条件は，参入者の利得が正常な個体の期待利得よりも小さいこと，すなわち任意の $b\,(\neq a^*)$ について

$$(1-\varepsilon)\pi(a^*,a^*) + \varepsilon\pi(a^*,b) > (1-\varepsilon)\pi(b,a^*) + \varepsilon\pi(b,b) \quad (9.1)$$

が成り立つことである。

定義 9.1

戦略 a^* が進化的に安定であるとは，ε が十分に小さいときに参入者の期待利得が正常な個体の期待利得より小さいこと，すなわち (2 人ゲームについては) (9.1) が成り立つことをいう (厳密には，ある $\bar{\varepsilon} > 0$ があって，$0 < \varepsilon < \bar{\varepsilon}$ を満たす任意の ε について (9.1) が成り立つことをいう)。

例 9.2 タイプライター・ゲーム

タイプライターのキーの配列には (QWERTY (Q)) と DVORAK (D) の) 2 種類がある。秘書はどちらかのタイプライターを選ぶことができるとする。この場合 (D, D) および (Q, Q) は ESS である。利得行列が例 9.1 の場合と同じであるから，上の証明に従えばよい。

表 9.2 タイプライター・ゲーム

		秘書 D	秘書 Q
雇用者	D	2, 2	0, 0
	Q	0, 0	1, 1

定理 9.1

戦略 a^* が ESS であるための必要十分条件は，すべての $b \neq a^*$ に対して，

(1) $\pi(a^*, a^*) > \pi(b, a^*)$

あるいは

(2) $\pi(a^*, a^*) = \pi(b, a^*)$ かつ $\pi(a^*, b) > \pi(b, b)$

となることである。

証明 ($\Leftarrow$) (1) が成り立つとすると，十分小さい $0 < \varepsilon < 1$ に対して (9.1) が成立する。また，(2) が成り立つとすると，すべての $0 < \varepsilon < 1$ に対して (9.1) が成立する。

($\Rightarrow$) 仮に，$\pi(a^*, a^*) < \pi(b, a^*)$ であるとすると，十分小さい $\varepsilon > 0$ について (9.1) は成立しない。したがって (9.1) が満たされるかぎり，$\pi(a^*, a^*) \geq \pi(b, a^*)$ である。また，$\pi(a^*, a^*) = \pi(b, a^*)$ であったとすると，(9.1) の下では $\pi(a^*, b) > \pi(b, b)$ となる。

注意 9.1

a^* がナッシュ均衡であるための条件は $\pi(a^*, a^*) \geq \pi(b, a^*)$ $\forall \ b \neq a^*$ となることである。定理の条件 (2) の中の $\pi(a^*, b) > \pi(b, b)$ はこれを強めたもので，ある種のナッシュ均衡はそれによって排除される。

注意 9.2

ナッシュ均衡が存在しても，ESS は存在しないゲームがある。例えば，じゃんけんの

表 9.3

	グー	チョキ	パー
グー	0, 0	1, −1	−1, 1
チョキ	−1, 1	0, 0	1, −1
パー	1, −1	−1, 1	0, 0

9.2 ESS の一般的な定義

ゲームでは唯一の均衡戦略 s^* は $(1/3, 1/3, 1/3)$ であるが，これは ESS ではない。じっさい，

$$\pi(s^*, R) = 0 = \pi(R, R)$$

であって，定理 9.1 の条件に反する。

例 9.3　流行の循環

プレイヤー 1 と 2 が同じパーティーに参加する。2 人はお互いに相手の衣装に興味をもっている。プレイヤー 1 はファッションの追従者でありプレイヤー 2 と同じ色の服を身に着けたいと思っている。プレイヤー 2 は，プレイヤー 1 の色にうまくマッチするような色の服を着たいと思っている。

2 人は最適な反応のルールに従って行動するとしよう。まず，2 人とも赤を身に着けているとしよう。そのとき，この適合の過程はつぎの表に示したようである。直観的に，ここでは，赤→青→黄→赤という循環が生じている。プレイヤー 2 がリーダー (先導者) で，プレイヤー 1 がフォロアー (追従者) である。

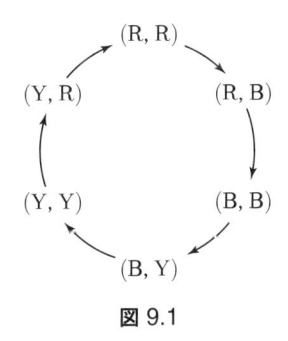

図 9.1

表 9.4

		プレイヤー 2	
	赤	黄	青
赤 R	1, 0	0, 0	0, 1
プレイヤー 1　黄 Y	0, 1	1, 0	0, 0
青 B	0, 0	0, 1	1, 0

演習問題

9-1 例 9.2 のタイプライター・ゲームにおいて (D, D) および (Q, Q) は ESS であることを示しなさい。
(コメント) この例に依拠して,「プレーヤーがときどきランダムに均衡戦略を変更する」ような長期モデルを考えると, より高い利得をもたらす DD のほうが「より起こりやすい」ということが予想されよう。Kandori–Mailath–Rob (1993) は, この議論を一般の「リスク支配的な戦略」に拡張したものである。なお, Young (1998), グレーヴァ (2011) を参照。

9-2[*] たか・はとゲームについて, つぎのことを示しなさい。$v > c > 0$ を仮定してよい。

	たか	はと
たか	$(v-c)/2,\ (v-c)/2$	$v, 0$
はと	$0, v$	$v/2, v/2$

(1) 混合戦略による均衡は $p^* = v/c$ であることを示しなさい。

(2) 上の均衡は ESS であることを示しなさい。

9-3[*] 利得関数の値がすべて異なる 2 つの戦略をもつ 2 人対称ゲームは, ESS をもつことを示しなさい。

10
不完全情報と不備情報

　第7章で考察した完全情報ゲームに対し，**不完全情報**の展開型ゲームでは，各プレイヤーが行動を選択する際に，現在の履歴について部分的な情報しかもっていない。例えば，他プレーヤーが過去に選択した行動を観察できない，もしくは，行動を同時に選択するので，他のプレイヤーの選択を知り得ないといった状況を考えればよい。

　また，現実の経済では，プレイヤーがゲームの構造そのものについて正確には知りえないことが多い。たとえば寡占市場の各企業は他の企業の技術 (費用関数)，また消費者の選好 (効用関数) について正確な知識をもたないのが普通である。本章で展開される不備情報ゲームでは，各プレイヤーは私的情報は知りうるが，他のプレイヤーの特性に関しては，ある種の予測しかできないとされる。ゲームの情報が不備であるということは，それが不完全であるということと同じではない。不備情報はゲームが行われる状態ないしは条件について何が知られているか，すなわち利得関数等のゲームのルールに関するものである。それに対して，不完全情報とは，プレイヤーのとった行動に関するものである。このようなゲームに関する分析の基礎を与えたのは J. ハルサニー (Harsanyi) の貢献で，それによって，不確実性下の経済問題をゲーム理論の枠組みの中で分析することが可能になった。

10.1　ゲームの木とプレイヤーのもつ情報

　7章で議論した不完全情報下のゲームをより詳細に検討してみたい。その

手がかりとして，不完全情報下のゲームを表現する方法を簡単なゲームで例示してみよう。

例 10.1　コイン合わせ (再)

プレイヤー 1 と 2 が，それぞれ独立に自分のコインの表 (Heads, H) か裏 (Tails, T) かのいずれかを出す。このことを展開形ゲームで示すには，図 10.1 のように，プレイヤー 1 がまず a 点にいることを知って，H または T を選び，続いてプレイヤー 2 がその結果を知らずに H または T を選ぶとすればよい。

ゲームにおける 2 人の利得はゲームの木の下に示してあるとおりである。2 人のコインがともに H あるいはともに T ならば，プレイヤー 1 が利得 1 を得，プレイヤー 2 が利得 1 を失う。2 人のコインの表裏が異なれば，プレイヤー 2 が利得 1 を得，プレイヤー 1 は利得 1 を失う。

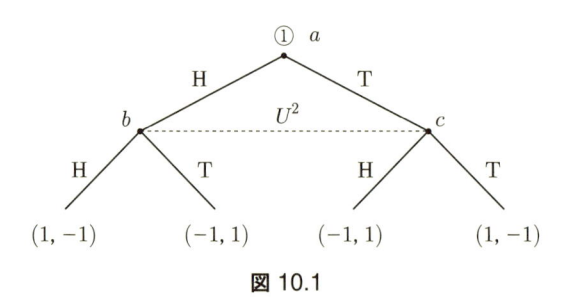

図 10.1

プレイヤー 2 が H か T を選ぶ b 点と c 点を結ぶ点線は，プレイヤー 2 の情報集合を示している。すなわち，プレイヤー 2 は点線で結ばれた b 点と c 点のどちらかにいることは知っているが，そのどちらにいるかを区別できないで行動することを示している。また，プレイヤー 1 は a 点にいることを知っており，それが情報集合である。情報集合に関する要請については，あとで詳しく説明する。

例 10.2

図 10.2 のゲームではプレイヤー 1 がまず a 点において L か R かを選ぶ。もし R ならゲームは終了し，2 人の利得は $(2,1)$ となる。また L なら b 点に到達し，そこでプレイヤー 2 が ℓ か r を選ぶ。その結果をプレイヤー 1 は知らずに (c 点と d 点か点線で結んであるのはそのためである)，もう一度 L または R を選んでゲームは終了する。この例では，a 点はプレイヤー 1 の情報集合，b 点はプレイヤー 2 の情報集合である。そして，c と d 点は点線で結ばれているので，ひと

つの情報集合を形成する．このゲームにはもう1つ，つぎのような見方がある．すなわち点 a において，プレイヤー1はLかRを選ぶ．Rならば，2人の利得は $(2,1)$ となる．またLを選ぶとは，b 点を出発点とするゲームに参加することを意味する．そのゲームには，2人ゲームの均衡点が対応するので，問題はそれらの均衡点と $(2,1)$ のどちらをプレイヤー1が選ぶかということに帰着する．

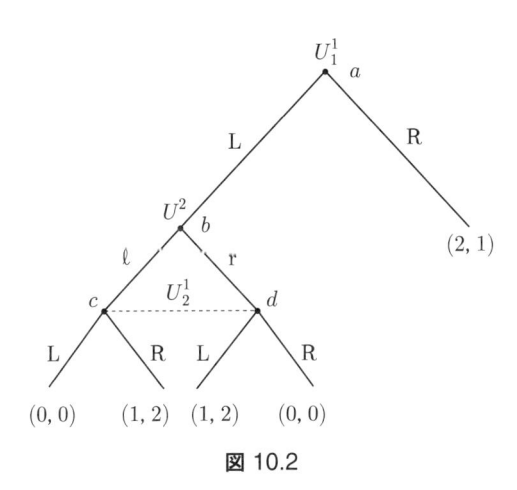

図 10.2

10.2 不完全情報下の展開形ゲームの定義

プレイヤーたちの過去の行動がすべて観察できるような完全情報下での展開型ゲームは7章で定義された．ここでは，上の例にあるような，過去に他のプレイヤーが選択した行動を観察できないような不完全情報下の展開型ゲームを定義しよう．それは以下の要素によって特色づけることができる．

定義 10.1　不完全情報下の展開型ゲーム

(1) プレーヤーの集合 N．

(2) つぎの条件を満たす有限または可算無限列の集合 H．

  (a) 始点が1つに定まる．

  (b) ある有限の K について $(a^1, a^2, \cdots, a^K) \in H$ であり，$L < K$ ならば，$(a^1, a^2, \cdots, a^L) \in H$ となる．

(c) 無限列 $(a^1, a^2, \cdots)$ において,すべての L について $(a^1, a^2, \cdots, a^L)$ $\in H$ であるならば,$(a^1, a^2, \cdots) \in H$ である。

H のそれぞれの元 h を**径路** (**履歴**, history) という。各径路 $h = (a^1, a^2, \cdots, a^K)$ の成分を**行動** (action) という。径路 $h \in H$ は,それが無限列であるか,もしくは $k = (a^1, a^2, \ldots, a^K)$ でしかも $(a^1, a^2, \cdots, a^{K+1}) \in H$ であるような a^{K+1} が存在しないならば**終点**ないしは,結果を重視する場合には**帰結**と呼ばれる。帰結の集合を Z としよう。また,$h \in H \backslash Z$ において,プレイヤーが選択し得る行動の集合は,$A(h) = \{a | (h, a) \in H\}$ である。

(3) 終点ではない (つまり終わっていない) すべての径路 $h \in H \backslash Z$ について,そこで行動すべきプレイヤー $P(h)$ が決まっている。この $P(h)$ を**プレイヤー関数** (player function) という。

(4) 次に述べる条件を満たす集合の族 $\mathcal{U}$ を**情報分割** (information partition) と呼び,情報分割の要素となる集合を**情報集合** (information set) と呼ぶ。

(a) $\mathcal{U}$ は $H \backslash Z$ の分割である。すなわち,任意の $U, U' \in \mathcal{U}$ について,(i) $U \neq \emptyset$, (ii) $U \neq U'$ ならば,$U \cap U' = \emptyset$, そして (iii) $\bigcup_{U \in \mathcal{U}} U = H \backslash Z$ が成立する。

(b) 任意の $U \in \mathcal{U}$, 任意の $h, h' \in U$ について,(i) $P(h) = P(h')$, (ii) $A(h) = A(h')$, が成立し,そして,(iii) $h' = (h, h'')$ となる h'' は存在しない。

以上より,任意の $h \in H \backslash Z$ は必ず 1 つの情報集合に属し,2 つ以上の情報集合に属さない。また,同じ情報集合に属する径路では,そこで手番となるプレイヤー,および,とりうる行動が同一である。さらに,任意の径路は任意の情報集合とたかだか一度しか交わらない。以下では,$h \in U$ について,$P(U) \equiv P(h)$, $A(U) \equiv A(h)$ と定める。プレイヤー i が手番であるような情報集合の族を $\mathcal{U}_i$ と表記し,その成分を U_i^k と表記しよう。

(5) すべてのプレイヤー $i \in N$ について,終点における利得関数 (より一

10.3 完全記憶

般的には選好順序 R_i) が定まっている。

7章の7.1節で完全情報ゲームを定義したが，それを言い換えると，ゲームが**完全情報** (perfect information) であるとは，すべてのプレイヤーがこれまでとった行動のすべてを知っていること，すなわち，すべての情報集合が1つの点からなることをいう。少なくとも2つの端点を含む情報集合がある場合が不完全情報ゲームである。

10.3 完全記憶

展開型ゲームでは，プレイヤーが過去に選択した行動や過去に観察した他のプレイヤーの行動，つまり自らが知りうる径路を忘れてしまうということも描写できる。けれども，プレイヤーはゲームの進行中に自分が覚えたことを忘れないという特徴をもつ**完全記憶**ゲームのみに焦点を当てる。完全記憶を満たさないケースとしては以下の例がある。

例 10.3 完全記憶ではないゲーム 1
図10.3のゲームでは，プレイヤーは c に至ったとき，彼が般初に L を選ばなかったことを忘れてしまい，a にいるか c にいるのかを区別ができない。

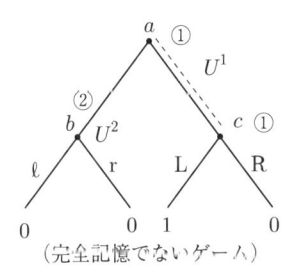

図 10.3

例 10.4 完全記憶ではないゲーム 2
図10.4のゲームでは，プレイヤー1が最初に L または R を選んだのち，プレイヤー2が ℓ または r を選び，さらにプレイヤー1が L′ または R′ を選ぶ。ところがこの例では，プレイヤー1は2度目の選択を行う際に，自分が最初にとった

図 10.4

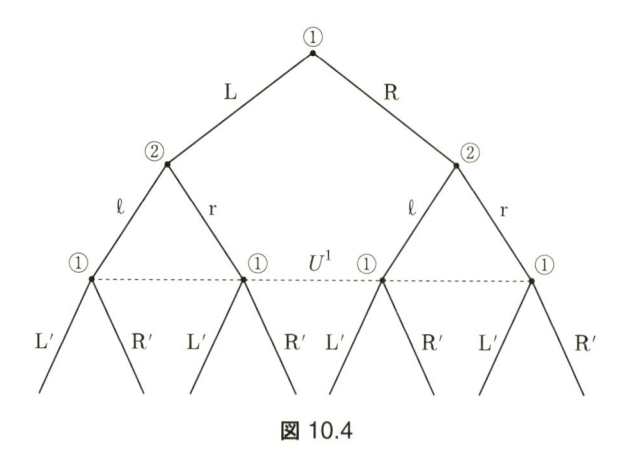

行動を忘れている。そのため，たとえばディナーのために，プレイヤー 1 が最初に R (肉) を選べば，プレイヤー 2 の選択にかかわらず 2 番目の情報集合で R′ (赤ワイン) を選ぶことにより，大きな利得を得ることができても，その情報を使うことができない。

10.4 展開形ゲームにおける戦略

展開形ゲームにおける (純) 戦略とは，自らの手番であるような情報集合における行動を特定化した通時的なプランである。まず，プレイヤー i のゲーム全体での行動の集合を $A_i = \bigcup_{U_i^k \in \mathcal{U}_i} A(U_i^k)$ とする。展開形ゲームにおける純戦略とは，各 U_i^k における行動の選択を指定したものであり，次のように定義することができる。

定義 10.2 展開形ゲームにおける純戦略

展開形ゲームにおけるプレイヤー i の純戦略を s_i とすると，それは $s_i(U_i^k) \in A(U_i^k)$ であるような関数 $s_i : \mathcal{U}_i \to A_i$ である。また，そのような関数の集合 S_i がプレイヤー i の戦略の空間である。

つぎに，展開形ゲームにおける混合戦略について説明したい。展開形ゲームでは，プレイヤーが確率的に行動を決定するような戦略を記述する方法が 2 つある。1 つは**混合戦略**であり，もう 1 つは**行動戦略** (behavior strategy)

10.4 展開形ゲームにおける戦略

と呼ばれている。

展開形ゲームにおける混合戦略は，戦略形ゲームにおけるそれとまったく同様である。展開形ゲームにおけるプレイヤー i の戦略空間 S_i を定義したが，展開形ゲームにおけるプレイヤー i の混合戦略は S_i 上の確率分布であり，戦略形の場合と同様に $\sigma_i \in \Delta(S_i)$ と表記しよう。それに対し，行動戦略はそれぞれの情報集合において，どの行動をどれくらいの確率で選択するかを指定したものである。よって，$A(U_i^k)$ 上の確率分布の集合を $\Delta(A(U_i^k))$ とすると，プレイヤー i の行動戦略はそれぞれの U_i^k について $\beta_i(U_i^k) \in \Delta(A(U_i^k))$ を定めたものである。ここで，行動戦略 $\beta_i(U_i^k)$ のもとで，$a \in A(U_i^k)$ が選択される確率を $\beta_i(U_i^k; a)$ と表記することにしよう。

混合戦略と行動戦略の違いについては，クーンが語ったという R. D. ルースと H. レイファ (Luce-Raiffa (1957)) のたとえがおもしろい。各純戦略は一冊のマニュアルで，その各ページはそれぞれの情報集合で何をすべきかを指示している。戦略の集合はそうした本を集めた図書館で，混合戦略はそこに指定された確率分布にしたがって本を選び出すくじの集合をいう。それに対して，行動戦略とは各ページに各手番での確率的な局所戦略が記してあるような一冊のマニュアルである。とくに，各局所戦略がある枝を確実に選んでいるような行動戦略を組み合わせたものを純戦略という。また，純戦略をどのような確率で実行するかを示したものが混合戦略である。

最初の意味での混合戦略 σ も行動戦略の組み合わせ β も帰結の集合 Z 上の確率分布を与えるが，**完全記憶** (perfect recall) であるような有限展開形ゲームにおいては次の定理が存在する。ここでの証明は S. ハート (Hart (1992)) によっている。

定理 10.1** Kuhn (1953)
完全記憶であるような有限展開形ゲームにおいては，混合戦略と行動戦略の帰結は一致する。正確には任意の混合戦略について，それと同じ帰結上の確率分布を与えるような行動戦略が存在する。

証明 純戦略 $s_i \in S_i$ と情報集合 $U_i^k \in \mathcal{U}_i$ が与えられたとき，U_i^k を通るような径路において，プレイヤー i が s_i にしたがって行動を選択しているならば，

U_i^k は s_i のもとで**到達可能**と呼ぶことにしよう。

さて，混合戦略 $\sigma_i \in \Delta(S_i)$ が与えられたとき，それに対応する行動戦略を次のように指定してみよう．任意の情報集合 U_i^k について，それが σ_i のもとで到達可能である確率を $\nu_i(U_i^k)$ とする．同様に，U_i^k におけるそれぞれの行動 $a \in A(U_i^k)$ について，σ_i のもとで U_i^K が到達可能であり，しかも U_i^k において a が選択される確率を $\nu(U_i^k; a)$ としよう．そして，$\nu_i(U_i^k)$ が正である場合には，

$$\beta_i(U_i^k; a) = \frac{\nu(U_i^k; a)}{\nu_i(U_i^k)}$$

と定義し，$\nu_i(U_i^k)$ がゼロである場合には，$\beta_i(U_i^k)$ には任意の値を与えることにしよう．これが，混合戦略 σ_i に対応する行動戦略の候補であり，実際，プレイヤー i が σ_i にしたがって行動を選択しているときに，情報集合 U_i^k において観察される確率的行動と解釈できる．

σ_{-i} を他のプレイヤーの戦略の組み合わせとする．そして，ある終点 $z \in Z$ について，始点から z に至る径路を h とする．さらに，α をプレイヤー i を除くプレイヤーが σ_{-i} にしたがっているとき，径路 h に沿った行動を選択する確率としよう．同様に，ν をプレイヤー i が σ_i のもとで h に沿った行動を選択する確率とし，ϕ を β_i のもとで h に沿った行動を選択する確率とする．以下では，σ_{-i} を所与としたとき，ある終点 $z \in Z$ に到達する確率が，プレイヤー i が σ_i にしたがっている場合と，σ_i から構築した $\beta_i(U_i^k)$ にしたがっている場合で一致することを示す．そして，$\alpha \cdot \nu = \alpha \cdot \phi$ を確認すれば定理は証明されたことになり，それはすなわち，$\alpha > 0$ について $\nu = \phi$ を確認すれば十分である．

いま，径路 h が通り過ぎ，プレイヤー i が行動を選択するような情報集合 U_i^k と U_i^l を考え，ここで，U_i^k の方が始点に近いとする．そして，a を U_i^k における h に沿った行動であるとする．すると，もしゲームが完全記憶であるならば，U_i^l が到達可能となるのは，U_i^k が到達可能であり，かつ a が選択されたときのみである．したがって，$\nu_i(U_i^l) = \nu_i(U_i^k; a)$ が成立する．そして $\beta_i(U_i^k; a)$ の分子は $\nu_i(U_i^k; a)$ であり，$\beta_i(U_i^l; \cdot)$ の分母は $\nu_i(U_i^l)$ であり，完全記憶のもとではこの2つは一致することになる．ϕ を計算するためには，β_i にもとづいて h に沿った行動が選択される確率を乗じていけばよい．そして，完全記憶のもとでは，$\phi = \nu_i(U_i^m; a_i^m)$ が成立し，ここで，a_i^m はプレイヤー i が行動を選択するような h が通り過ぎる情報集合のうち，終点に最も近い U_i^m における h に沿っ

10.4 展開形ゲームにおける戦略

た行動である。$\nu_i(U_i^m; a_i^m)$ はプレイヤー i が σ_i にしたがって行動を選んだときに，経路 h に沿って帰結 z に至る確率，すなわち上記の ν であることに注意しよう。よって，$\nu = \phi$ が成立する。

例 10.5* 混合戦略と行動戦略の帰結不一致

行動戦略と混合戦略の結果が同一にならないことを示すクーンの例をあげよう。ブリッジを簡単にしたつぎのような 2 人ゼロ和ゲームを考える。2 人のプレイヤーのうち，第 1 のプレイヤーは 2 人の代理人 1_A と 1_B をもつ。(プレイヤー 1 は 2 つの人格によって構成されると考えよう。) また，第 2 のプレイヤーは 1 人である。H と L の 2 枚のカードがあり，それが 1_A とプレイヤー 2 にランダムに配られる。そして，H を受け取ったプレイヤーは，L を受け取ったプレイヤーから 1 万円をもらう。さらに，H を受け取ったプレイヤーはそこでゲームをストップする (S) か，継続する (C) かの選択肢を持つ。ゲームが継続されたならば，1_B は，1_A とプレイヤー 2 に配られたカードが何かを知らずに，カードを交換する (E) かそのままキープする (K) かを指示する。そして，やはり H をもつプレイヤーは L を持つプレイヤーから 1 万円を受け取る。このゲームの木は図 10.5 に示される。

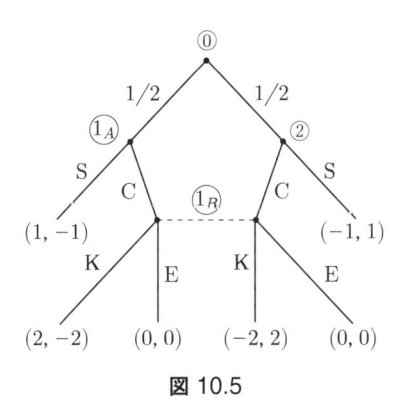

図 10.5

表 10.1 はこのゲームの戦略形による表現である。ゼロ和ゲームなので，プレイヤー 1 の期待利得のみを記している。プレイヤー 1 について考えると，$\langle S, K \rangle$ は $\langle C, K \rangle$ によって厳密に支配され，$\langle C, E \rangle$ は $\langle S, E \rangle$ によって厳密に支配されていることが分かる。この 2 つの削除すると，戦略形は表 10.2 のように書き換

表 10.1

		プレイヤー 2: S	C
プレイヤー 1	$\langle S,K\rangle$	$\frac{1}{2}\cdot 1+\frac{1}{2}\cdot(-1)=0$	$\frac{1}{2}\cdot 1+\frac{1}{2}\cdot(-2)=-\frac{1}{2}$
	$\langle S,E\rangle$	$\frac{1}{2}\cdot 1+\frac{1}{2}\cdot(-1)=0$	$\frac{1}{2}\cdot 1+\frac{1}{2}\cdot(0)=\frac{1}{2}$
	$\langle C,K\rangle$	$\frac{1}{2}\cdot 2+\frac{1}{2}\cdot(-1)=\frac{1}{2}$	$\frac{1}{2}\cdot 2+\frac{1}{2}\cdot(-2)=0$
	$\langle C,E\rangle$	$\frac{1}{2}\cdot 0+\frac{1}{2}\cdot(-1)=-\frac{1}{2}$	$\frac{1}{2}\cdot 0+\frac{1}{2}\cdot 0=0$

表 10.2

		プレイヤー 2: S	C
プレイヤー 1	$\langle S,E\rangle$	0	$\frac{1}{2}$
	$\langle C,K\rangle$	$\frac{1}{2}$	0

えられる。

このゲームにおいて，プレイヤー 1 の最適戦略は確率 1/2 で $\langle S,E\rangle$ を選択し，確率 1/2 で $\langle C,K\rangle$ を選択する，そしてプレイヤー 2 については S と C をそれぞれ確率 1/2 で選択するというものである。ゲームの値は 1/4 であり，とくにプレイヤー 1 についてはプレイヤー 2 の戦略にかかわらず，1/4 の期待利得が保証される。

では，つぎにプレイヤー 1 について

$$\beta_1(U_1^1)=(\alpha,1-\alpha),\quad \beta_1(U_1^2)=(\gamma,1-\gamma)$$

であるような行動戦略を考えよう。つまり，1_A は確率 α で S，確率 $1-\alpha$ で C を選び，1_B は確率 γ で K，確率 $1-\gamma$ で E を選択するような戦略を考える。すると，プレイヤー 2 が S を選んだときのプレイヤー 1 の期待利得は $(1-\alpha)(\gamma-1/2)$ となり，プレイヤー 2 が C を選んだときのプレイヤー 1 の期待利得は $\alpha(1/2-\gamma)$ となる。したがって，行動戦略のみを考慮したときにプレイヤー 1 が確保できる最大の期待利得は

$$\max_{0\leq\alpha,\gamma\leq 1}[\min\{(1-\alpha)(\gamma-1/2),\alpha(1/2-\gamma)\}]$$

であり，$\gamma-1/2$ もしくは $1/2-\gamma$ のどちらかが必ず非正なので，この値はゼロとなる。

したがって，この例では混合戦略の方が行動戦略よりも高い期待利得をもたらす。その理由は 1_A と 1_B とのあいだのコミュニケーションが許されていないからである。これは，プレイヤー 1 が自らの過去の選択を忘れていうことを意味しているので，それはすなわち完全記憶ではないということである。結果として，プレイヤー 1 は 2 つの行動を相関させることができず，それが期待利得の低下につながっている。

10.5　部分ゲーム完全均衡

7 章でも議論したように，いわゆるカラ脅しを含むようなナッシュ均衡を排除するためには，部分ゲーム完全均衡の概念を適用すればよい。部分ゲームとは，(i) 端点のみを含む情報集合から出発し，(ii) それから先のすべての径路を含み，それ以外の径路は含まない。(iii) ある径路 h が部分ゲームに属するならば，$h \in U_i$ であるような U_i に属するすべての h' も同じ部分ゲームに属するというものであった。

そして，部分ゲーム完全均衡とは，すべての部分ゲームについてナッシュ均衡であるような戦略の組み合わせである。完全情報の有限ゲームにおいては，部分ゲーム完全均衡と後方からの推論によって導出した均衡は一致した。また部分ゲーム完全均衡は行動戦略によって定義すると導出が簡単である。つまり，最も終結に近い部分ゲームにおけるナッシュ均衡を導出し，それを所与として，その次に大きなサブゲームのナッシュ均衡を求める，という後方からの推論と類似した手法をもちいるのである。有限の展開形ゲームでは有限回のステップによってこのアルゴリズムは終了し，部分ゲーム完全均衡が求まる。

10.6* 確率の公理とベイズの定理

ここでは確率に関する基本的な性質を述べておく。いま，可能な結果を表わす点の集合を**標本空間** (sample space) といい，Ω で表わすことにしよう。いま $\mathcal{E}$ を Ω の部分集合の族 (族と集合という言葉は同義である) とし，それ

は次の条件を満たすものとする。(i) $\mathcal{E}$ には空集合 $\emptyset$ と全空間 Ω が含まれる。(ii) 一般に A の Ω における補集合を A^c と記すとき，$A \in \mathcal{E}$ ならば $A^c \in \mathcal{E}$ となる。さらに (iii) $A_1, A_2, \cdots \in \mathcal{E}$ ならば，それらの和集合 (合併) $\cup A_i$ も $\mathcal{E}$ に含まれる。$\mathcal{E}$ に属する Ω の部分集合を**事象** (event) と呼ぶ。

Ω の部分集合に実数を対応させる関数を**集合関数** (set function) という。

確率の公理 $\mathcal{E}$ 上で定義され，次の公理を満たす集合関数 P を**確率測度** (probability measure) とよぶ。

(ⅰ) すべての事象 A について $0 \leq P(A) \leq 1$。
(ⅱ) $P(\Omega) = 1$。
(ⅲ) 互いに排反な事象の系列 $A_1, A_2, \cdots$ (すなわち，$A_i \cap A_j = \emptyset, j \neq i$) に対して $P(A_1 \cup A_2 \cup \cdots) = P(A_1) + P(A_2) + \cdots$ となる。

ベイズの定理 事象 B が起きた ($P(B) > 0$) という条件の下で，事象 A が起きる確率は**条件付確率** (conditional probability) とよばれ，

$$P(A|B) = \frac{P(A \cap B)}{P(B)}$$

で定義される。つまり，事象 B が起きた場合，さらに事象 A が起きる確率である。この式のように，事象 B が起きたという情報が得られたことで，事象 A が起きる確率は $P(A)$ から $P(A|B)$ に変わってくる。このことをより明確に示しているのが，ベイズの定理である。

いま，$A_1, A_2, \cdots, A_n$ の n 個の事象を考え，$A_1, A_2, \cdots, A_n$ のどれかが必ず起き，しかも異なる事象 A_i と A_j が同時に起きることはない (つまり互いに排反する) としよう。このことを式で書き表わせば，

(i) $\quad A_1 \cup A_2 \cup \cdots \cup A_n = \Omega$
(ii) $\quad A_i \cap A_j = \emptyset, \ j \neq i$

ということになる。このような事象 $A_1, A_2, \cdots, A_n$ の集合を標本空間 Ω の**分割** (partition) という。

事象 A_i の起こる確率を $P(A_i)$ とすると，それらの和は 1 である。また，あらたに事象 B を考えると，

$$B = \Omega \cap B$$
$$= (A_1 \cap B) \cup (A_2 \cap B) \cup \cdots \cap (A_n \cap B)$$

であって,任意の $i \neq j$ について A_i と A_j は共通部分をもたない。したがって

$$P(B) = P(A_1 \cap B) + P(A_2 \cap B) + \cdots P(A_n \cap B) = \sum_{j=1}^{n} P(A_j \cap B)$$

と表わされる。

このことを用いると,事象 B が起きた場合に A_i が起きる確率は,

$$P(A_i|B) = \frac{P(A_i \cap B)}{P(B)}$$
$$= \frac{P(A_i \cap B)}{\sum_{j=1}^{n} P(A_j \cap B)}$$

と表わされる。この右辺の分子と分母の $P(A_k \cap B)$ すなわち $P(B \cap A_k)$ を $P(A_k) \cdot P(B|A_k)$ でおきかえた公式

$$P(A_i|B) = \frac{P(A_i) \cdot P(B|A_i)}{\sum_{j=1}^{n} P(A_j) \cdot P(B|A_j)}$$

がベイズ・ルール (Bayes' rule) とよばれるものである。

例 10.6

ある大学の多数の受験者のうち,1,2,3 の 3 つの地区の受験者の割合は,それぞれ $P(A_1) = 0.5$, $P(A_2) = 0.3$, $P(A_3) = 0.2$ であるとしよう。そして,それぞれの地区の受験者が合格する確率は $P(B|A_1) = 0.4$, $P(B|A_2) = 0.6$, $P(B|A_3) = 0.7$ であるという。このときのある合格者が第 1 地区出身である確率は,

$$P(A_1|B) = \frac{0.5 \times 0.4}{0.5 \times 0.4 + 0.3 \times 0.6 + 0.2 \times 0.7} = \frac{5}{13}$$

であるとわかる。

10.7* 信念と逐次合理性

部分ゲーム完全均衡は,時間を通じた合理性,つまり**逐次合理性** (sequantial

rationality) を確認するために有効であり，とくに完全情報ゲームにおいては部分ゲーム完全均衡は均衡概念として十分であるといえる．しかし，多くの重要な動学的ゲームにおいて，部分ゲーム完全均衡は不十分であり，逐次合理性を適切に表現しているとはいえない．例えば，図 10.6 のゲームには 2 つの純戦略のナッシュ均衡が存在する．1 つは (N_1, H_2)，もう 1 つは (H_1, L_2) である．ここで，明らかに (N_1, H_2) というナッシュ均衡は逐次的に合理的とはいえない．なぜならば，実際にプレイヤー 2 が選択をおこなう際には L_2 を選択することが最適だからである．よって，(N_1, H_2) というナッシュ均衡はカラ脅しを含んだナッシュ均衡である．けれども，このゲームにおいてはゲーム全体が唯一の部分ゲームでもあるので，(N_1, H_2) は部分ゲーム完全均衡でもある．このようなゲームで逐次合理性を得るためには，部分ゲームごとの合理性ではなく情報集合ごとの合理性を検討する必要がある．そのためには，同じ情報集合の中のどの径路に到達しているかを評価した**信念** (belief) を，その情報集合で手番であるプレイヤーが形成する必要がある．

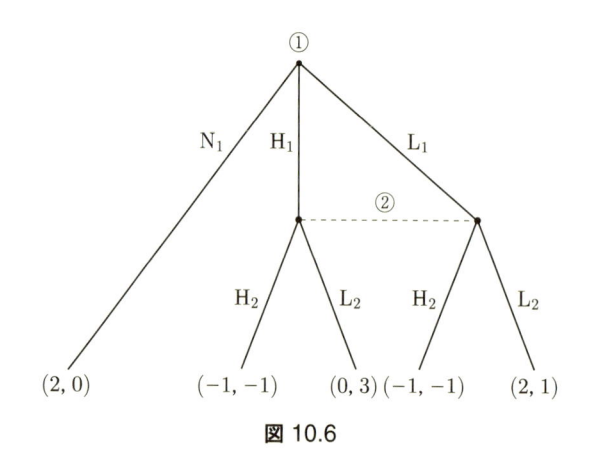

図 10.6

定義 10.3 信念の体系

展開型ゲームにおける**信念の体系** (belief system) は，1 つの情報集合に含まれる履歴の上で定義された確率分布の体系であり，確率分布のベクトル $\mu = (\mu(U_i^k))_{U_i^k \in \cup_{i \in N} \mathcal{U}_i}$ と表記することができる．ここで $\mu(U_i^k)$ は情報集合

10.7 信念と逐次合理性

U_i^k に含まれる径路の上でプレイヤー i が形成する確率分布を示しており，任意の $h \in U_i^k$ について $\mu(U_i^k)(h) \in [0,1]$ は情報集合 U_i^k に到達したという条件のもとで h に到達した条件付き確率を意味する。よって

$$\sum_{h \in U_i^k} \mu(U_i^k)(h) = 1$$

が成立する。

信念の体系を所与とすると，それはプレイヤー i にとっての情報集合 U_i^k 上の確率分布を与えることになる。よって，信念の体系をもちいて，情報集合ごとの逐次合理性を定義することができる。また，以下では完全記憶を仮定するため，混合戦略と行動戦略をとくに区別しない。よって，$\sigma_i(U_i^k)$ と表記した場合には，情報集合 U_i^k におけるプレイヤー i の行動戦略と解釈してもよいし，またある混合戦略が指定する情報集合 U_i^k 上での確率的な行動の選択と解釈してもよい。ここではゲームとしては有限展開形ゲームのみを考える。

行動戦略，もしくは混合戦略の組み合わせ σ が与えられたときに，$p(h'|\sigma, h)$ は，h' が h の部分列であるならば σ のもとで h から h' に到達する確率を示しており，もし部分列でないならば 0 であるとしよう。これは径路 h に到達したときに，さらに径路 h' に到達する条件付き確率を示している。

よって，戦略の組み合わせ σ が与えられたときの径路 h のもとでの条件付き期待利得は $u_i(\sigma|h) = \sum_{z \in Z} p(z|\sigma, h) u_i(z)$ となる。これらの定義をもちいて，信念の体系 μ と，戦略の組み合わせ $\sigma = (\sigma_1, \cdots, \sigma_n)$ が与えられたときの情報集合 U_i^k で測ったプレイヤー i の期待利得を表現すると，

$$Eu_i(\sigma|U_i^k, \mu(U_i^k)) = \sum_{h \in U_i^k} \mu(U_i^k)(h) u_i((\sigma_i, \sigma_{-i})|h)$$

となる。ここで，信念 μ のもとでの逐次合理性は次のように定義できる。

定義 10.4 逐次合理性
有限展開形ゲームにおいて信念の体系 μ が与えられたときに，すべての $i \in N$ とすべての $U_i^k \in \mathcal{U}_i$ について

$$Eu_i(\sigma|U_i^k, \mu(U_i^k)) \geq Eu_i(\sigma_i', \sigma_{-i}|U_i^k, \mu(U_i^k)), \ {}^\forall \sigma_i'$$

が成立するとき，戦略の組み合わせと信念のペア (σ, μ) は**逐次合理的**である。

次に，信念自体が理にかなったものであるための条件を課しておこう。与えられた戦略の組み合わせ σ のもとで，ある径路 h に到達する事前確率を $p(h|\sigma)$ とする。プレイヤー i の信念 $\mu(U_i^k)(h)$ は情報集合 U_i^k に到達したという条件のもとで，径路 h に到達しているという条件付き確率と解釈することが妥当であり，σ が与えられたならばそれはベイズ・ルールをもちいて計算することができる。そのような信念は戦略と整合的であるといえるだろう。

定義 10.5 弱整合性
有限展開形ゲームにおいて戦略の組み合わせ σ が与えられたときに，信念の体系 μ が可能である限りで**ベイズ・ルール**によって導出されているならば，(σ, μ) は**弱整合的** (weakly consistent) という。そのときには，

$$\sum_{h' \in U_i^k} p(h'|\sigma) > 0$$

であるような情報集合 U_i^k については，μ は

$$\mu(U_i^k)(h) = \frac{p(h|\sigma)}{\sum_{h' \in U_i^k} p(h'|\sigma)}$$

となっている。

図 10.6 のゲームを振り返って考えてみると，(N_1, H_2) というナッシュ均衡のもとでは，プレイヤー 2 が手番であるような情報集合には到達しないので，プレイヤー 2 の信念の形成はベイズ・ルールによっては制約されない。しかし任意の信念のもとでプレイヤー 2 の H_2 という行動は逐次合理性の基準を満たさない。このような信憑性に欠ける戦略を含んだナッシュ均衡を排除するような解は，次のように定義できる。

定義 10.6 完全ベイジアン均衡
有限展開形ゲームにおける完全ベイジアン均衡は逐次合理性と弱整合性を満たすような戦略と信念のペア (σ, μ) である。

完全ベイジアン均衡の概念をもちいると，図 10.6 のゲームにおいて $(H_1,$

10.7 信念と逐次合理性

L_2) が唯一の均衡として残ることになる。ただし，信念については制限を加えるものではない。

図 10.7 のゲームは図 10.6 のゲームの利得を若干変化させたものである。プレイヤー 2 が手番であるような情報集合を U_2 とすると，信念については $\mu(U_2)(H_1) + \mu(U_2)(L_1) = 1$ が成立している。ここで，まず完全ベイジアン均衡において $\mu(U_2)(H_1) > 2/3$ が成立しているとする。このときプレイヤー 2 はかならず H_2 を選択するが，そのようなプレイヤー 2 の行動を予測するならば，プレイヤー 1 はかならず L_1 を選択し $\mu(U_2)(H_1) = 0$ となる。よって弱整合性を満たさない。

次に $\mu(U_2)(H_1) < 2/3$ が成立しているとしよう。このときプレイヤー 2 はかならず L_2 を選択し，よってプレイヤー 1 はかならず H_1 を選択する。したがって $\mu(U_2)(H_1) = 1$ となり，この場合も弱整合性を満たさない。

図 10.7

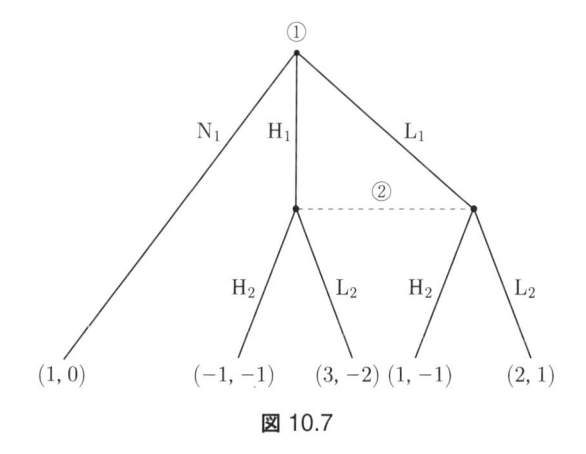

よって，任意の完全ベイジアン均衡について $\mu(U_2)(H_1) = 2/3$ が成立しなければならず，このときプレイヤー 2 についての純戦略 H_2 と L_2 は無差別である。また，プレイヤー 1 の戦略は H_1 選ぶ確率と L_1 を選ぶ確率の比率が $2/3$ であるような混合戦略でなければならなず，したがって，プレイヤー 2 は確率 $1/3$ で H_2 を，確率 $2/3$ で L_2 を選ぶことになる。すると，プレイヤー 1 が N_1 を選択しなかったときの期待利得は $5/3$ なので，N_1 は選択されない。以

上より,唯一の完全ベイジアン均衡は,プレイヤー 1 が確率 2/3 で H_1 を,確率 1/3 で L_1 を選択し,プレイヤー 2 は $\mu(U_2)(H_1) = 2/3$, $\mu(U_2)(L_1) = 1/3$ という信念のもとで,確率 1/3 で H_2 を,確率 2/3 で L_2 を選ぶというものである。

10.8* 整合的な信念と逐次均衡

完全ベイジアン均衡はたいていの不完全情報ゲームについては有効であり,分析も容易である。しかし,均衡戦略によっては到達されない情報集合については,信念の形成に関して何の制約も課していないので,完全ベイジアン均衡の概念が均衡概念としては適当ではないことがありうる。たとえば,図 10.8 のようなゲームを考えてみよう。ここで,OL_1, H_2 という戦略の組み合わせは,プレイヤー 1 は H_1 か L_1 を選ぶ際には必ず H_1 を選ぶというプレイヤー 2 の信念のもとに完全ベイジアン均衡となる。プレイヤー 1 が O を選択するとプレーヤー 2 が手番である情報集合には到達しないので,プレイヤー 2 が形成する信念は任意である。しかし,この完全ベイジアン均衡は部分ゲーム完全均衡ですらない。

このような到達しない情報集合上での信念にまでも制限を加えるという意味で,完全ベイジアン均衡の概念を強めたものが Kreps-Wilson(1982) の逐

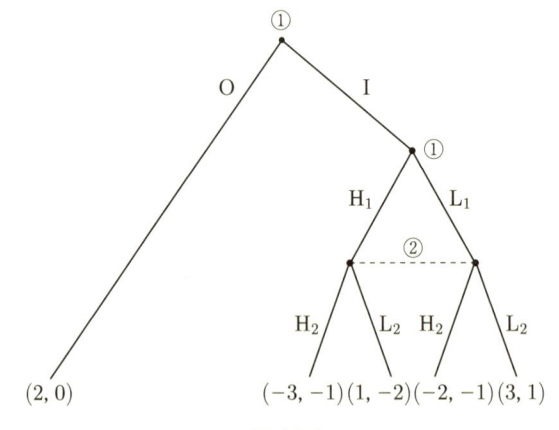

図 10.8

次均衡である。この逐次均衡をもちいれば，上記のような妥当ではない完全ベイジアン均衡は排除することができる。

それでは，逐次均衡を定義してみよう。すべての行動に正の確率を与えているようなプレイヤー i の混合 (もしくは行動) 戦略の集合を $\Delta^0(S_i)$ とし，そのような戦略の組み合わせの集合を $\Delta^0(S) \equiv \prod_{i \in N} \Delta^0(S_i)$ とする。このような戦略の組み合わせ $\hat{\sigma} \in \Delta^0(S)$ のもとでは，すべての経路に正の確率で到達するので，すべての情報集合についてベイズ・ルールをもちいて信念を導くことができる。ここで $\hat{\sigma}$ と，そのもとでベイズ・ルールによって計算された信念 $\hat{\mu}$ とのペア $(\hat{\sigma}, \hat{\mu})$ の集合を Ψ^0 とする。

定義 10.7　整合性
ある Ψ^0 上の列 $\{(\hat{\sigma}^n, \hat{\mu}^n)\}_{n=0}^{\infty}$ について，$(\sigma, \mu) = \lim_{n \to \infty}(\hat{\sigma}^n, \hat{\mu}^n)$ が成立するとき，戦略と信念のペア (σ, μ) は**整合的** (consistent) であるという。

整合性の概念をもちいれば，均衡戦略上では到達しない情報集合についてもベイズ・ルールという制約を信念に課すことができる。逐次均衡はつぎのように定義できる。

定義 10.8　逐次均衡
有限展開型ゲームにおける**逐次均衡** (sequential equilibrium) とは，逐次合理性と整合性を満たすような戦略と信念のペア (σ, μ) である。

図 10.8 のゲームにおける唯一の逐次的均衡は (IL_1, L_2) であることが容易に確認でき，これはこのゲームの部分ゲーム完全均衡でもある。逐次均衡は均衡戦略では到達しない情報集合上での信念を，均衡戦略に非常に近い戦略ですべての行動に正の確率を与えているものから導出された信念によって近似する。

例 10.7　馬形ゲーム
それでは，逐次均衡の例を 1 つ挙げておこう。図 10.9 のような展開型ゲームを考えてみよう。これは**馬形ゲーム**と呼ばれる。このゲームには 2 つのナッシュ均衡が存在し，行動戦略で記述すると，1 つ目のナッシュ均衡では，プレイヤー 1 が D を選択し，プレイヤー 2 が $1/3 \leq \sigma_2(c) \leq 1$ の確率で c を選択，プレイヤー 3 が

L を選択するというものである。もう 1 つのナッシュ均衡は，プレーヤー 1 が C を選択し，プレイヤー 2 が c を選択，プレイヤー 3 が $3/4 \leq \sigma_3(R) \leq 1$ の確率で R を選択するというものである。ここで，1 つ目のナッシュ均衡はプレーヤー 2 にとっての逐次合理性を満たさないので逐次均衡ではない。だが，2 つ目のナッシュ均衡はプレイヤー 3 が自分が選択する情報集合について $\mu(U_3)(D) = 1/3$ と信念をおけば，逐次均衡となる。このことを確認するために，

$$\hat{\sigma}_1^n(C) = 1 - \frac{1}{n}, \quad \hat{\sigma}_2^n(c) = 1 - \frac{2}{n}, \quad \hat{\sigma}_3^n(R) = \sigma_3(R) - \frac{1}{n}$$

としよう。このとき，

$$\hat{\mu}^n(U_3)(D) = \frac{1/n}{1/n + (1-1/n)(2/n)} = \frac{1}{3 - 2/n}$$

であり，よって n が無限に大きくなるにつれて，$\hat{\mu}^n(U_3)(D)$ は $1/3$ に収束し，戦略の組み合わせは 2 つ目のナッシュ均衡に収束する。もちろん各プレーヤの逐次合理性も満たされる。

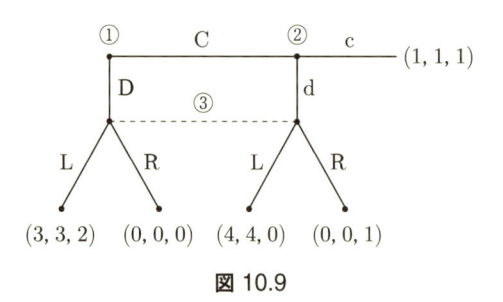

図 10.9

10.9* 不完備情報ゲームとベイジアン・ナッシュ均衡

プレーの手順や選択肢，そこで得られる情報・利得など，その構造が参加者の共有知識となっているゲームを**完備情報ゲーム** (complete information game) と呼ぶ。けれども，現実には，さまざまな経済取引において情報は**不完備** (incomplete) である。例えば，オークションの入札者同士にとって，当該財に相手がどれだけの価値を認めているかは未知である。寡占市場で競争する企業も，ライバル企業の生産技術などに関して詳細な情報を知りえない。

10.9 不完備情報ゲームとベイジアン・ナッシュ均衡

企業は採用活動で労働者の能力を事前に知ることができないことが多い。また、政府は規制産業の費用構造を完全には把握できない。

不完備情報ゲームに対して分析の基礎を与えたのは Harsanyi (1967-68) である。ハルサニーは上記のような経済問題を、ゲーム理論の標準的な分析道具が適用可能なゲームとして表現する方法を考案した。ハルサニーは事前の段階で各プレーヤーのタイプが自然によって任意に選ばれるというプロセスを導入することによって、不完備情報ゲームを不完全情報ゲームとして表現するという方法を提案した。それは現在最も広範にもちいられている方法でもある。

戦略形ゲームにおいて利得に関する情報が不完備な状況は次の要素によって表現される。まず、まずプレイヤーの集合 N と純戦略の空間 S_i である。さらに、θ_i をプレイヤー i の**タイプ**とし、プレイヤー i の利得はタイプの組み合わせ θ によって決定される。つまり、利得関数は $u_i(s|\theta)$ と表記される ($s \in \prod_{i \in N} S_i$ は戦略の組み合わせ)。また、θ_i の集合を Θ_i とし、また、タイプの組み合わせの集合を

$$\Theta \equiv \prod_{i \in N} \Theta_i$$

と定義する。Θ は有限集合である。

プレイヤー i は他のプレイヤーのタイプの組み合わせ $\theta_{-i} \in \prod_{j \neq i} \Theta_j \equiv \Theta_{-i}$ を知ることはできない。ただし、自らのタイプ θ_i が与えられたとき、プレイヤー i は θ_{-i} について類推し、信念 (belief) $p_i(\theta_{-i}|\theta_i)$ をもつ。信念 $p_i(\theta_{-i}|\theta_i)$ は Θ_{-i} 上の先験的な確率分布であり、ここでは、各プレイヤーの信念が Θ 上に定義された客観的な確率分布 $p(\theta)$ とベイズ・ルールの意味で整合的であると仮定する。すなわち、信念 $p_i(\theta_{-i}|\theta_i)$ は θ_i が与えられたときの条件付き確率分布と一致し、

$$p_i(\theta'_{-i}|\theta_i) = \frac{p(\theta_i, \theta'_{-i})}{\sum_{\theta_{-i} \in \Theta_{-i}} p(\theta_i, \theta_{-i})}$$

となる。

初期にタイプ $\theta \subset \Theta$ を選択する偶然手番を導入することで、タイプが確定したあとのゲームを結びつけることにより、不完備情報ゲームは不完全情

ゲームに変換される。このゲームを**ベイジアン・ゲーム**と呼ぶ。ベイジアン・ゲームは形式的には，**プレイヤーの集合，行動の集合，タイプの集合，信念，タイプに依存した利得関数**の 5 つの要素で表わされる。

ベイジアン・ゲームにおいては，プレイヤー i が実現した θ_i ごとの行動計画を定めた規則 $s_i(\theta_i)$ を，プレーヤー j の (純) 戦略と呼ぶことにしよう。すなわち，戦略 $s_i(\theta_i)$ は Θ_i から S_i への関数である。プレーヤー i の戦略の集合を $S_i^{\Theta_i}$ で表す。また，戦略 $s(\theta) \in \prod_{i \in N} S_i^{\Theta_i}$ が与えられたときのプレイヤー i の条件付き期待利得は，$s_{-i}(\theta_{-i}) = (s_j(\theta_j))_{j \neq i}$ とすると，

$$Eu_i(s(\theta)|\theta_i) = \sum_{\theta_{-i} \in \Theta_{-i}} p_i(\theta_{-i}|\theta_i) u_i(s_i(\theta_i), s_{-i}(\theta_{-i})|\theta_i, \theta_{-i})$$

となる。

定義 10.9 ベイジアン・ナッシュ均衡
ベイジアン・ゲームにおいて $s^*(\theta) \in \prod_{i \in N} S_i^{\Theta_i}$ が (純戦略) ベイジアン・ナッシュ均衡であるとは，任意の $i \in N$，$\theta_i \in \Theta_i$，$s(\theta) \in \prod_{i \in N} S_i^{\Theta_i}$ について，
$$Eu_i(s^*(\theta)|\theta_i) \geq Eu_i(s_i(\theta_i), s_{-i}^*(\theta_{-i})|\theta_i)$$
が成り立つことである。

この定義から分かるように，ベイジアン・ナッシュ均衡は，タイプの違うプレイヤーを独立した 1 人のプレイヤーとみなし，その利得関数を $Eu_i(\cdot|\theta_i)$ とおくことで構成される同時手番ゲームのナッシュ均衡そのものである。

例 10.8 同時手番のベイジアン・ゲーム
プレイヤー 1 のタイプは 1 つだけであり，プレイヤー 2 には θ_2^A と θ_2^B の 2 つのタイプがあるような，ベイジアン・ゲームを考える。タイプ θ_2^A，θ_2^B それぞれに対応する利得は表 10.3 で与えられる。偶然手番 (自然) によりタイプ θ_2^A と θ_2^B のそれぞれが選ばれる確率を p，$1-p$ とする。このゲームの純戦略でのベイジアン・ナッシュ均衡を求めてみよう。まず，プレイヤー 1 の戦略が X となる均衡が存在するか確認する。プレイヤー 1 の戦略 X が与えられたとき，プレイヤー 2 の最適反応は，

$$(s_2(\theta_2^A), s_2(\theta_2^B)) = (X, Y)$$

である。じっさいこれに対するプレイヤー 1 の最適反応は，

10.9 不完備情報ゲームとベイジアン・ナッシュ均衡

表 10.3

θ^A

	X	Y
X	3, 1	0, 0
Y	0, 0	1, 3

θ^B

	X	Y
X	3, 0	0, 1
Y	0, 0	1, 3

$$Eu_1(\mathrm{X},(\mathrm{X},\mathrm{Y})) = 3p, \quad Eu_1(\mathrm{Y},(\mathrm{X},\mathrm{Y})) = 1-p$$

であるから，両者を比較することにより $p \geq 1/4$ のとき X がたしかに最適反応になっている．つぎに，プレイヤー 1 の戦略が Y となる均衡が存在するか確認する．プレイヤー 1 の戦略 Y が与えられたとき，プレイヤー 2 の最適反応は，$(s_2(\theta_2^A), s_2(\theta_2^B)) = (\mathrm{Y}, \mathrm{Y})$ である．このときプレイヤー 2 のタイプに関係なく，プレイヤー 1 の最適反応は Y になっている．以上から，純戦略の範囲で，いつでもベイジアン・ナッシュ均衡 (Y,(Y,Y)) が存在し，さらに $p \geq 1/4$ の範囲では (X,(X,Y)) もベイジアン・ナッシュ均衡となることがわかった．

例 10.9 不完備情報下のクールノー競争

第 5 章で議論した 2 つの企業間のクールノー・ゲームを考える．市場の逆需要関数を $p = 18 - y$ とし，また企業 i の生産量を y_i とする ($y = y_1 + y_2$)．さらに企業 1 の費用関数は $C_1 = 6y_1$ によって与えよう．企業 2 には 2 つのタイプがあり，高コストタイプの場合企業 2 の費用は $C_2^H = 9y_2$ であるが，低コストタイプの場合は $C_2^L = 3y_2$ である．企業 2 は自らのタイプを知るが，企業 1 は知ることができず，よって，このゲームはベイジアン・ゲームである．ただし，偶然手番によってそれぞれのタイプが選ばれる確率は 1/2 であり，その確率は企業 1 も知っている．

高コストタイプの企業 2 の生産量を y_2^H，低コストタイプのそれを y_2^L と記すことにしよう．すると，高コストタイプの企業 2 の最適反応 (反応関数) は

$$\max_{y_2^H}[18 - (y_1 + y_2^H)]y_2^H - 9y_2^H$$

を解くことによって得られ，

$$y_2^H = \frac{9 - y_1}{2}$$

となる．同様に，低コストタイプの最適反応は

$$y_2^L = \frac{15 - y_1}{2}$$

によって与えられる。

次に企業 1 について考える。企業 1 の最適反応は

$$\max_{y_1} \frac{1}{2}[18 - (y_1 + y_2^H)]y_1 + \frac{1}{2}[18 - (y_1 + y_2^L)]y_1 - 6y_1$$

を解くことで得られ，

$$y_1 = \frac{24 - y_2^H - y_2^L}{4}$$

となる。この 3 つの最適反応からベイジアン・ナッシュ均衡を導くと，それは $(y_1^*, (y_2^{H*}, y_2^{L*})) = (4, (5/2, 11/2))$ となる。

10.10* シグナリング・ゲーム

完全情報下の展開形ゲームの場合，プレイヤーの行動はすべて観察できるので，後戻り推論法をもちいることでゲームを簡単に解くことができる。けれどもゲームが不完備情報で，プレイヤーのタイプが互いに私的情報の場合，ゲームは偶然手番 (自然) を含む不完全情報のゲームとなる。しかも部分ゲームはゲーム全体となるので，部分ゲーム完全均衡の条件は何も付加しない。

ただし，それぞれのプレイヤーは他のプレイヤーの行動を観察することができ，唯一の不確実性はゲームの期初において決定される各プレイヤーのタイプに関するもののみである。そして，プレイヤーは観察した行動から信念を形成することができ，その信念に基づいて行動を決定することができる。このようなゲームを行動が観察可能な**ベイジアン展開形ゲーム**と呼ぶことにしよう。行動が観察可能なベイジアン展開形ゲームのうちもっとも単純な構造をもつものが**シグナリング・ゲーム**である。以下では，シグナリング・ゲームの単純な例をもちいて，完全ベイジアン均衡について説明したい。

シグナリング・ゲームとは，以下のような単純な構造をもつ不完備情報の動学的ゲームである。

1. プレイヤーは 2 人であり，プレイヤー 1, 2 はそれぞれ**送り手** (sender)，**受け手** (receiver) と呼ばれる。
2. 送り手には複数のタイプが存在する。受け手のタイプは 1 つだけであ

る。送り手は自分のタイプを知っているが，受け手は送り手のタイプを直接観察することはできない。

3. 行動は送り手から受け手の順に一度ずつ選択される。受け手は，自分の行動を選択する前に，送り手の行動 (メッセージ (message) と呼ばれる) を観察できる。

4. 各プレイヤー利得は，送り手のタイプとメッセージ，受け手の行動の 3 要素により決定される。

このような構造を持つゲームは実際にも数多く存在する。例えば，潜在的労働者 (送り手) が教育水準の選択を通じて，採用活動を行っている企業 (受け手) に自らの資質を伝えるような状況，または，企業 (送り手) が広告活動を通じて，購買活動を行っている消費者 (受け手) に対して財の品質を伝えるような状況など，様々に考えることができる。

例 10.10 キッシュかビールか

図 10.10 は，シグナリング・ゲームの一例 (Cho-Kreps (1987)) を示したものである。プレイヤー 1 には強いタイプ S と弱いタイプ W があり，それぞれは $1/5$ と $4/5$ 確率の確率で選ばれる。そして，タイプはプレイヤー 1 のみが知ることができる。プレイヤー 1 は自らのタイプを知った上で，B(ビールを飲む) か Q(キッシュを食べる) かを選択する。プレイヤー 2 はプレイヤー 1 の選択を観察したあとに，F(戦う) か N(戦わない) かを選択する。利得は図に表されたとおりである。図では，偶然手番 (自然による選択) を追加することにより，不完備情報ゲームが不完全情報の展開型ゲームに置き換えられている。したがって，不完全情報の展開型ゲームの均衡概念を適用することができ，以下では具体的に完全ベイジアン均衡を考察しよう。

まず，利得から分かるように，プレイヤー 2 の行動にかかわらず，タイプ W のプレイヤー 1 は B よりも Q を好む。したがって，均衡ではタイプ W のプレイヤー 1 は Q を選択する。次に，タイプ S のプレイヤー 1 について考えてみたい。もし B を選ぶならば，**整合性の条件** (ベイズ・ルールによる信念の更新) により，B を選んだプレイヤー 1 はタイプ S, Q を選んだプレイヤー 1 はタイプ W であるとプレイヤー 2 は信じる。そして，B を観察したならば N を選び，Q を観察したならば F を選択する。このようなプレイヤー 2 の信念と行動に対し，

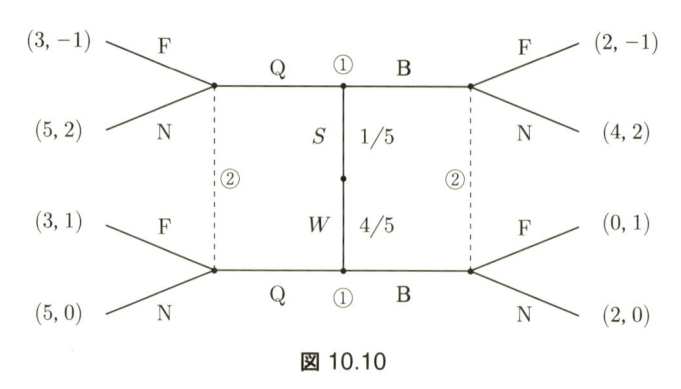

154　　　　　　　　　　　　　　　　　　　10　不完全情報と不完備情報

```
(3, -1)  F                Q  ①  B            F   (2, -1)
        ●――――――――――●――――――●―――――――――――●
(5, 2)  N           │      S  1/5   │         N   (4, 2)
                    │ ②           ② │
                    │      W  4/5   │
(3, 1)  F           │              │            F   (0, 1)
        ●――――――――――●――――――●―――――――――――●
(5, 0)  N                Q  ①  B            N   (2, 0)
```

図 10.10

　タイプ S がもし Q を選んだならば利得は 3 であり，それは B を選んだ場合の利得 4 よりも小さい。したがって，確かにタイプ S のプレイヤー 1 は B を選ぶ。
　次に，タイプ S のプレイヤー 1 が Q を選ぶ場合について考えたい。このとき，タイプ W も Q を選ぶので，プレイヤー 2 は Q を観察してもタイプについての追加的な情報を得ることはできず，整合性により確率 $1/5$ でタイプ S，確率 $4/5$ でタイプ W と評価することになる。すると，F を選んだときの期待利得は 0.6，N を選んだときの期待利得は 0.4 なので，プレイヤー 2 は F を選択する。プレイヤー 2 が F を選ぶならば，タイプ S のプレイヤー 1 にとっての最適反応は Q なので，確かに Q を選ぶ。ただし，ここで注意が必要である。ここでは B は選ばれないが，もし B を観察したプレイヤー 2 が N を選ぶのであれば，タイプ S のプレイヤー 1 は Q ではなく B を選択してしまう。そうならないためには，「選ばれない」はずの B を観察したときのプレイヤー 2 の信念に制限を加え，F を選ぶことが最適となっている必要がある。そのための条件は，B を観察したときに，プレイヤー 1 がタイプ S である確率を $1/4$ 以下だと評価していなければならない。整合性の条件は B を観察したときのプレイヤー 2 の信念には何も制限を加えていないので，均衡にてこのような信念を形成することは可能である。(そしてそれは均衡の一部となっている。)
　この例では 2 つの異なるタイプの均衡が描写されている。ひとつは，それぞれのタイプの送り手が異なる行動を選択し，結果として受け手は送り手のタイプを知ることができるような**分離均衡** (separating equilibrium) で，もうひとつは，異なるタイプの送り手が同じ行動を選択し，受け手は送り手のタイプを知ることができない**一括均衡** (pooling equilibrium) である。

10.10 シグナリング・ゲーム

例 10.11 シグナルとしての教育

プレイヤーのタイプが私的情報であるような状況 (不備情報) において，選択された行動がタイプについての情報を伝達するというシグナリングのアイデアは，M. Spence (1970) が「**シグナルとしての教育**」というアイデアとともに提示した。基本的なロジックは，(これから労働市場に参入する潜在的な) 労働者の能力 (タイプ) を企業が観察できないとき，能力が高い (Hタイプの) 労働者は，あえて能力が低い (Lタイプの) 労働者には負担できないようなコストを払って教育を受けることで，企業に高い能力を伝達するというものである。単純な例をもちいて説明しよう。

労働者 (W) と企業 (F) とのあいだの図 10.11 のようなゲームを考える。労働者の能力 (タイプ) には H と L があり，タイプ H である確率は $1/3$，タイプ L である確率は $2/3$ であるとしよう (自然によって選ばれる)。自らのタイプを知ったあとに，労働者は教育を受ける (E) か受けない (N) かを選択する。企業は労働者のタイプは観察できないが，教育水準は観察できる。そして，企業は労働者を高賃金の難しい仕事に就ける (D)，もしくは低賃金の単純な仕事に就ける (C) かを選択する。

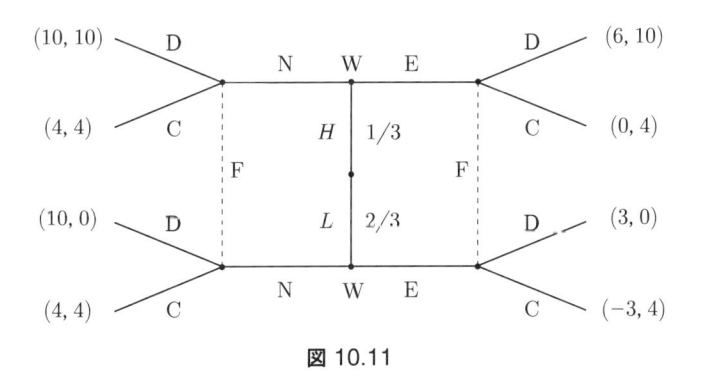

図 10.11

利得は図 10.11 の通りである。労働者は難しい仕事 (D) のもとでは 10 の賃金を得るが，単純な仕事 (C) のもとでは 4 の賃金を得る。そして，教育を受けなかった場合 (N) には教育のコストは負担しないが，教育を受けた場合 (E) には教育のコストを負担し，そのコストはタイプ H については 4，タイプ L については 7 である。企業については，もしタイプ H を難しい仕事に就けた場合 (D) には 10，単純な仕事に就けた場合 (C) は 4 の利得を獲得し，タイプ L について

はそれぞれ 0 と 4 の利得を得る.つまり,企業はタイプ H に対しては D を選び,タイプ L に対しては C を選びたいが,労働者はつねに D を好む.

このゲームにおいても,完全ベイジアン均衡の候補としては両方のタイプの労働者が同じ行動を選択する一括均衡と異なる行動を選択する分離均衡がある.それぞれについて考察してみたい.

例 10.12 一括均衡と分離均衡

まず,両方のタイプの労働者が E を選択するような一括均衡について考察しよう.このとき,企業は労働者の行動からタイプについての情報を得ることができないので,タイプ H の確率を $1/3$ と評価する.そのような信念のもと,企業は C を選択するので,タイプ L の労働者の利得は -3 となる.そのようなとき,もし教育を受けないならば,少なくとも 4 の利得は確保できるので,タイプ L は教育を受けないことを選択することになる.したがって,両タイプが教育を受けるような一括均衡は存在しない.

つぎに,両タイプが教育を受けないような一括均衡を考える.やはり,企業はタイプ H の確率は $1/3$ という信念に基づいて C を選択する.このとき,もし E を観察したあとに企業が D を選ぶならば,タイプ H の労働者は E を選ぶことになるが,E を観察したときに,タイプ H である確率が $2/5$ 以下であるという信念を企業が形成したならば,やはり企業は E を観察しても C を選択するので,タイプ H の労働者も N を選ぶことになる.完全ベイズ均衡は「選択されなかった行動」に基づく信念については制限を加えていないので,企業によるこのような信念は均衡の一部として可能である.

それでは,タイプ H が E を選び,タイプ L が N を選ぶような分離均衡について考えよう.このとき,企業は E を観察したならば,労働者のタイプは確実に H であるという信念を形成し D を選ぶ.そして N を観察したならば C を選ぶことになる.すると,タイプ H の労働者については,E を選ぶと 6,N を選ぶと 4 の利得が得られるので確かに E を選ぶ.またタイプ L については,N を選ぶと 4,E を選ぶと 3 の利得が得られるので,やはり N を選ぶ.したがって,このような分離均衡は成立する.

シグナリング・ゲームはベイジアン展開型ゲームのなかでももっとも単純な構造を持つ.つまり,送り手のタイプのみに不確実性が存在し,また送り手と受け手はそれぞれ 1 度だけ行動を選択する.ここで考察した完全ベイジアン均衡は上記のように弱い均衡概念であるが,構造が単純であるがゆえに完全ベイジ

アン均衡を適用することは適当であり，じっさいに，完全ベイジアン均衡よりも強い均衡概念である逐次均衡とも一致する。

けれども，より複雑なベイジアン展開型ゲームを考えた場合にはその限りではない。プレイヤーのタイプに観察できない不確実性が導入されているため，ベイジアン展開型ゲームには部分ゲームは存在せず，部分ゲーム完全均衡の概念は利用できない。けれども，完全ベイジアン均衡は均衡径路上で選択されない行動のあとに続いていくゲーム (これはたとえ行動が観察可能であっても部分ゲームではないので**継続ゲーム** (continuation game) と呼ばれる) に対してはまったく制限をおいていない (弱整合性)。すると，部分ゲーム完全均衡と同様に継続ゲームに対しても，それが可能であるならばベイズ・ルールによる信念の更新と逐次合理性を要求することは自然な発想であり，そのような要請を完全ベイジアン均衡の定義に付け加えることもある。(完全ベイジアン均衡をこのように定義した場合，区別のために本書で定義された概念は「弱」完全ベイジアン均衡と呼ばれることが多い。) 逐次均衡が要求する整合性はプレイヤーの行動の選択に揺らぎを与え，すべての継続ゲームが到達可能であるような状況における逐次合理性を考えている。そのような意味で，逐次均衡とここで考えたより強い完全ベイジアン均衡は近い概念であり，実際，多くのゲームでその2つは一致する。例えば，Fudenberg-Tirole(1991) を参考にして欲しい。

また，シグナリング・ゲームは単純な構造をもつにもかかわらず，完全ベイジアン均衡は無限に存在することが分かる。例えば，一括均衡において，均衡経路上にない信念については，条件は必要であるものの特定化はされていない。また，一括均衡と分離均衡とのどちらが妥当なのかという問題もある。このような問題に対して，Kohlberg-Mertens (1986) の戦略的安定性や Cho-Kreps(1987) は**直観的基準** (intuitive criterion) の概念が考えられる。例えば，教育のシグナリングモデルにおいて，両タイプの労働者が教育を受けないことを選択するような一括均衡を考えると，企業は教育を受けたものに対しては，タイプ H である確率が $2/5$ 以下であるという信念にもとづいて C を選ぶとした。ところが，均衡上で N に対して企業は C を選択し，そのときの労働者の利得は 4 であることに注目すると，タイプ L の労働者が E を選択するインセンティブは全くないことがわかる。なぜならば，タイプ L の労働者が E を選択することで得られる最大の利得は 3 であり，それは 4 を下回っているからである。このような基準を適用すると，妥当な完全ベイジアン均衡は分離均衡のみとなる。

演習問題

10-1 図 10.12 の展開型ゲームを考える。

    (1) 純戦略のナッシュ均衡を求めよ。

    (2) 部分ゲーム完全均衡を求めよ。

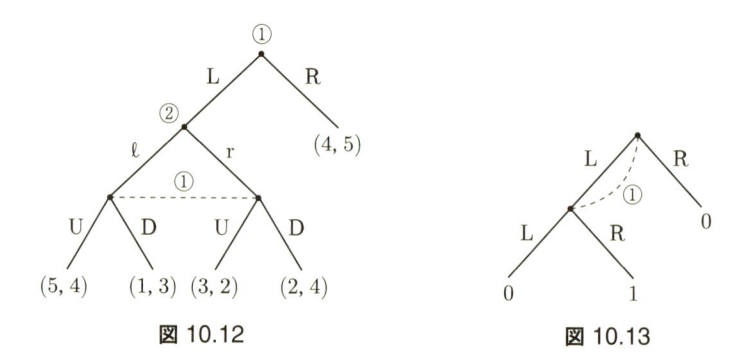

図 10.12

図 10.13

10-2 図 10.13 の展開型ゲームを考える。このゲームでは完全記憶が満たされていない。どのような行動戦略によっても結果が一致することがない混合戦略があることを示しなさい。

10-3 いま、女性のうちアイスクリームが大好きな人の割合は 0.8 であるとしよう。また男性のうちアイスクリームが大好きな人の割合は 0.6 である。さて、街を歩いている人の中からアイスクリームが大好きな人を見つけたとして、その人が女性である確率を求めよ。なお男女の割合はそれぞれ 0.5 である。

10-4 図 10.14 と図 10.15 の 2 つの展開型ゲームについて、逐次均衡を求め、その違いが起きた理由を説明しなさい。

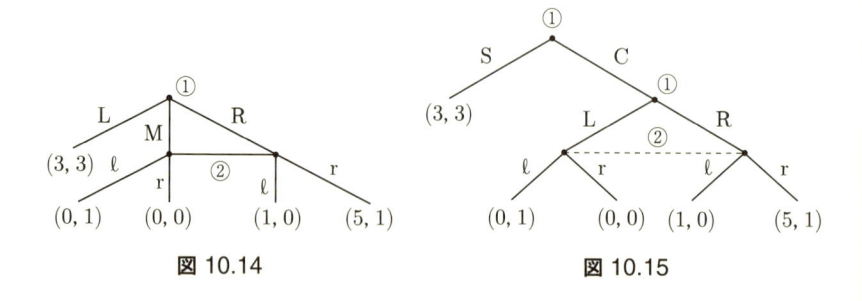

図 10.14

図 10.15

10-5 2 人の買い手がある財について入札競争を行っている。買い手 i ($i=1,2$) の財に対する評価を θ_i で表すと θ_i は $[0,1]$ 上を一様分布しており、各買い手はライバルの買い手の評価は知ることができない。

入札のルールとしては「それぞれの買い手はライバルの入札額を知ることなく売り手に入札額を伝え,入札額の高い買い手が落札する。落札価格は勝者の入札額と等しい」(封印入札1位価格オークション) というものを想定する。そして,買い手 i が b_i という入札額で落札に成功したならば利得は $\theta_i - b_i$ となり,落札できなければ利得は 0 である。

(1) 評価が θ_2 であるような買い手 2 が $b_2 = a\theta_2$ という入札行動を行っているとする。このとき,評価が θ_1 である買い手 1 が b_1 を入札したときの期待利得を求めよ。

(2) $b_2 = a\theta_2$ に対する,評価が θ_1 である買い手 1 の最適反応を求めよ。

(3) ベイジアン・ナッシュ均衡を求めよ。

10-6 (独占的な) 企業が財を販売している。財のタイプは H か L であり。タイプ H の財への消費者の評価 (支払ってもよい金額) は $v_H > 0$ であるのに対し,タイプ L の財への消費者の評価は $v_L = 0$ であるとしよう。また,消費者は財のタイプを観察できないが,確率 p で H,確率 $1-p$ で L だと評価している。

消費者は 2 期にわたって毎期最大 1 単位の財を購入し,各期の利得は $v - t$ である。ここで,v は財に対する評価,t は支払額である。企業の財の生産費用はタイプ H については c_H,タイプ L については c_L であり,$v_H > c_H > c_L > 0$ と $v_H - c_H > c_H - c_L$ を仮定する。

企業は独占的なので,消費者の財への評価 (の期待値) の大きさまで支払額を設定できる。また,第 1 期に財を購入した消費者は財のタイプを知ることができる。

タイプ H の財を生産・販売する企業は第 1 期の支払額を安くすることで財のタイプを第 1 期に消費者に伝えようとするようなシグナリングを考える。

(1) $pv_H < c_L$ ならば一括均衡は存在しないことを証明せよ。

(2) タイプ H の財の企業は第 1 期に $t_1 = c_L$ の価格で財を生産・販売し,タイプ L の財の企業は財を生産・販売しないことが分離均衡であることを証明せよ。

11
交渉ゲーム

2つの経済主体(個人や企業)がそれぞれの利得を求めて交渉を行う事例は，経済社会でしばしば観察される。典型的なケースとしては，1つの生産要素をある経済主体が供給し，それを他の経済主体が需要するという形態(労資交渉)，あるいはそれを形式的に含むケースとして，一定量の財(あるいは効用)を2人の経済主体で分けあう場合が考えられる。

交渉において当事者は，互いに有利になる拘束的な契約を締結することがある。そのような交渉を記述するためには，2つの主体が何を戦略としてどのような情報をもって行動するかが明確にされなければならない。交渉を通じて起こりうる配分の結果は，各主体の評価関数(効用関数や利潤関数)によって順序づけられているとする。

11.1 非協力解と協力解

ゲーム的状況の中には，囚人のジレンマのゲームのように，ナッシュ均衡がパレート最適でないことも，また男女のいさかいのゲームのように，均衡が複数存在する場合などもある。後者のようなケースでは，その中の戦略のどれを選んだらよいかに関して，事前の話し合い等，プレイヤーの協力が必要になってくる。

ここでは戦略の調整によって，利得がどのように変わるかを調べてみよう。次に示したものは，男女のいさかいのゲームの利得表である。

表 11.1

		プレイヤー 2	
		野球	コンサート
プレイヤー 1	野球	2, 1	−1, −1
	コンサート	−1, −1	1, 2

例 11.1 男女のいさかい

プレイヤー 1 の戦略を確率的な選択 $(p, 1-p)$ とし，プレイヤー 2 の戦略を $(q, 1-q)$ とするとき，2 人の利得は，

$$\pi_1(p,q) = 5pq - 2(p+q) + 1,$$
$$\pi_2(p,q) = 5pq - 3(p+q) + 2$$

となる．これより，

$$p + q = \pi_1 - \pi_2 + 1,$$
$$pq = \frac{(3\pi_1 - 2\pi_2 + 1)}{5}$$

となるので，p, q は 2 次方程式

$$f(t) = t^2 - (\pi_1 - \pi_2 + 1)t + \frac{(3\pi_1 - 2\pi_2 + 1)}{5} = 0$$

の解となる．

上の 2 次方程式が $0 \leq t \leq 1$ の実根をもつ条件は，判別式が非負，すなわち

$$D = (\pi_1 - \pi_2 + 1)^2 - \frac{4(3\pi_1 - 2\pi_2 + 1)}{5}$$
$$= \frac{(5\pi_1^2 + 5\pi_2^2 - 10\pi_1\pi_2 - 2\pi_1 - 2\pi_2 + 1)}{5} \geq 0$$

であって，さらに

$$p + q \geq 0 \quad \Leftrightarrow \quad \pi_1 - \pi_2 \geq -1$$
$$pq \geq 0 \quad \Leftrightarrow \quad 3\pi_1 - 2\pi_2 + 1 \geq 0$$
$$p + q \leq 2 \quad \Leftrightarrow \quad \pi_1 - \pi_2 \leq 1$$
$$(p-1)(q-1) \geq 0 \quad \Leftrightarrow \quad pq - (p+q) \geq -1$$
$$\Leftrightarrow \quad -2\pi_1 + 3\pi_2 + 1 \leq 0$$

を満たすことである．図 11.1 のアミかけの部分はこれを示している．

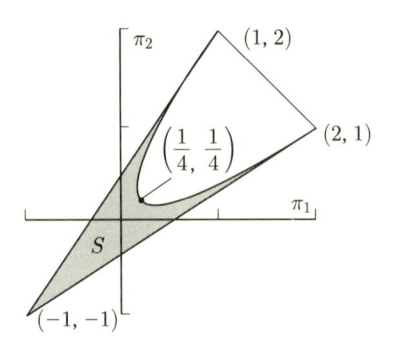

図 11.1

　以上は，プレイヤーが独立に行動した場合に達成可能な利得の組を図示したものであるが，それとは別にプレイヤーが協力して戦略を選ぶ確率を決めるとしよう．たとえば，コインを投げて 1/2 の確率でコンサートに行き，残り 1/2 の確率で野球にいくことに同意したとしよう．そのとき達成可能な効用の期待値は $(3/2, 3/2)$ のようになる．一般に戦略として選ぶ確率を調整することで達成可能になる効用を示すと，図 11.1 の 3 点，$(1,2), (2,1)$ および $(-1, -1)$ で囲まれた三角形の辺上と内部となる．この領域は，上の 3 点の凸結合として導くことができる．各人が自由に戦略を選ぶより，さいころを振って選ぶ戦略を決めたほうが，利得が増すことがあるのである．これは信号で歩行を制限することによって，交通の混乱を防げることに似ている．このような戦略を**相関戦略** (correlated strategy) という．

　相関戦略は，一般にプレイヤーが共通に観察可能な確率を定める機構をもち，どのような事象が起こるかに応じてプレイヤーの行動を定めるような戦略をいう．ただし，協力により利得が増えるとしても，達成可能な利得の集合のどれを選ぶかということに，合意があるわけではない．以下に述べるナッシュの交渉解はそうした問題に対する 1 つの有力な解答を与えてくれるものである．

11.2 ナッシュ交渉解：公理的アプローチ

本節ではフォン・ノイマン-モルゲンシュテルン型の効用関数をもつ 2 人の個人が，利得の分配を行う状況を想定しよう．2 人が協力によって獲得できる効用の組合せを示す集合 S (**効用可能性集合**) と，交渉が決裂したときの 2 人の効用の組 $c = (c_1, c_2)$ が与えられているとする．これについてつぎの仮定をおく．

(1) 効用可能性集合 S は 2 次元空間 $\mathbb{R}^2$ の閉有界な凸集合である．
(2) **基準点** c は S に属する．
(3) $u > c_1$, $v > c_2$ となる $(u, v) \in S$ が存在する．

つぎに交渉の結果到達される点が一意に定まるとして，その点を $(u, v) \in \mathbb{R}^2$ とおく．これは一般に S と c に依存するので，それを定めるルールを $f(S; c)$ とおく．**交渉解**については，$(\overline{u}, \overline{v}) \in \mathbb{R}^2$ であることに加えつぎの公準をおく．条件の意味については，以下に説明がある．

公理 11.1 交渉の公準

(1) **個人合理性**
    $\overline{u} \geq c_1$, $\overline{v} \geq c_2$ となる．
(2) **パレート最適性**
    $(u, v) \in S$ で $(u, v) \geq (\overline{u}, \overline{v})$ となるものは存在しない (この不等号は少なくとも 1 つの成分については，左辺の方が大きいことを含んでいる)．
(3) **正一次変換からの独立性**
    個人の効用の表現の仕方により，効用可能性集合と交渉決裂点がそれぞれ $S' = \{(u', v')\}$ と $c' = (c_1', c_2')$ に変化し，
    $$\begin{aligned} u' &= \alpha_1 u + \beta_1, & v' &= \alpha_2 v + \beta_2 \\ c_1' &= \alpha_1 c_1 + \beta_1, & c_2' &= \alpha_2 c_2 + \beta_2 \end{aligned} \quad (11.1)$$
    ($\alpha_1 > 0$, $\alpha_2 > 0$) を満たすとする．そのとき $f(S; c) = (\overline{u}, \overline{v})$ ならば
    $$f(S'; c') = (\alpha_1 \overline{u} + \beta_1, \alpha_2 \overline{v} + \beta_2) \quad (11.2)$$
    となる．

(4) 対称性

S が $45°$ 線に対して対称で $c_1 = c_2$ ならば, $\bar{u} = \bar{v}$ のみが解となる。

(5) 独立性

$(\bar{u}, \bar{v}) \in T \subset S$ ならば, $(\bar{u}, \bar{v}) \in f(T; c)$ となる。

上の条件の (1) は交渉の結果,どの個人の立場も悪くはならないことを, (2) は 2 人にとって, $(\bar{u}, \bar{v})$ より (弱い意味でも) 良い点が存在しないことを意味している。また, (3) は個人の効用尺度の一次変換を行うと, 最終結果がそれにしたがって変更されることを意味している。また (5) は交渉集合が縮小しても, それが前の最適解を含むならば, 新しい最適解は変更されないことを条件としている。この主張は, $(\bar{u}, \bar{v})$ が集合 S の代表であり, しかもそれより小さな集合 T にも属しているならば, それは T の代表でもあることを意味している。これらの条件に基づいて, ナッシュ交渉解の特色づけを行ったものが以下の定理 11.2 である。定理の正式な証明を行う前に, 簡単なケースについて定理の内容を確認しておこう。

例 11.2

(1) $S = \{(u, v) \mid u + v \leq 1\}$, $c_1 = c_2 = 0$ のケースでは, まずパレート最適性より, 交渉解は効用可能性曲線 $u + v = 1$ の上になければならない。また対称性によれば, $(\bar{u}, \bar{v}) = (1/2, 1/2)$ が唯一の解となる。

(2) 上の S と c について, $S' = \{(u', v')\}$ と $c' = (c'_1, c'_2)$ が公理 11.1 の (11.1) 式を満たすとする。正一次変換からの独立性によれば, そのとき,

$$f(S', c') = \left(\left(\frac{1}{2}\right)\alpha_1 + \beta_1, \left(\frac{1}{2}\right)\alpha_2 + \beta_2 \right)$$

となる。

なお, この $(\bar{u}, \bar{v})$ の特色は (a) 効用可能性曲線の上にあること, および (b) $(\bar{u}, \bar{v})$ と (c_1, c_2) を結ぶ直線の傾きにマイナスをつけたものに等しいことである。

(3) T が S と異なる $(\bar{u}, \bar{v}) \in T \subset S$ を満たす凸集合であり, 集合 $S = \{(u, v) \mid u + v \leq 1\}$ の最適解が $(\bar{u}, \bar{v})$ であることから, $(\bar{u}, \bar{v})$ は T の最適解でもある。

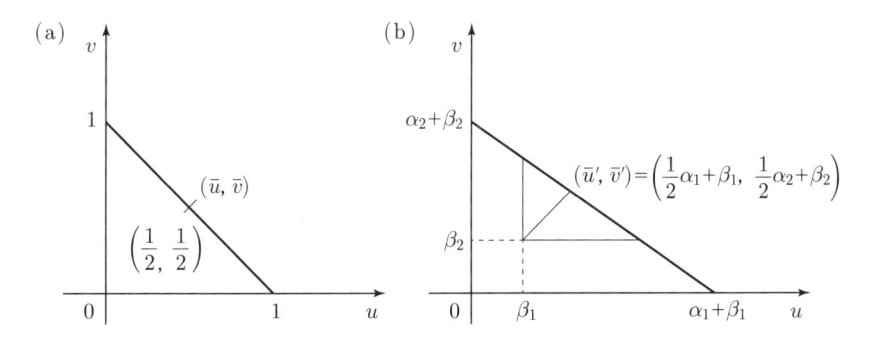

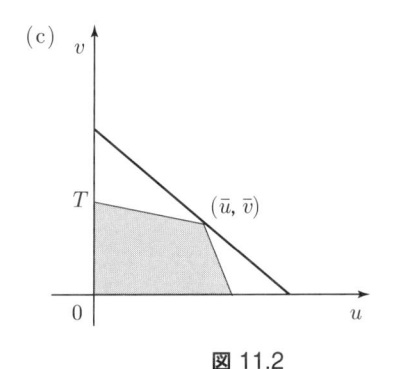

11.2 ナッシュ交渉解：公理的アプローチ

図 11.2

定理 11.2 ナッシュの交渉解

公理 11.1 の下で，交渉ゲームの解は実現可能性集合 S の中で

$$g(u,v) = (u-c_1)(v-c_2) \tag{11.3}$$

を最大にする唯一の点 $(\bar{u}, \bar{v})$ によって与えられる。また $f(S; c) = (\bar{u}, \bar{v})$ は公理の条件を満たす唯一の関数である。

以下の証明のアイディアはいわゆる**ナッシュ積** (Nash product) ((11.3) で与えられる) を導入し，最適点を特色づけることになる。

証明

(ステップ 1)

$\underline{S} = \{(u,v) \mid (u,v) \in S,\ u \geq c_1,\ v \geq c_2\}$ とおくと，閉有界な集合 $\underline{S}$ 上において連続な関数 g は最大値を達成する。$g(u,v) = k$ (k は一定) で定義される曲線は双曲線であり，しかも $\underline{S}$ が凸集合であることから，最大値をもた

らす点 $(\overline{u},\overline{v})$ は一意に定まる。じっさい g の最大値 M を達成する点が 2 つあったとすると，その中点は $\underline{S}$ に属し，しかもその点における g の値は M より大きくなることが確かめられる。

(ステップ 2)

上の $(\overline{u},\overline{v})$ は，効用可能性集合 S の境界線上にある。その点を通り $c=(c_1,c_2)$ と $(\overline{u},\overline{v})$ を結ぶ線分の傾きの (-1) 倍である直線の方程式は
$$v - \overline{v} = k(u - \overline{u}) \quad \text{ただし} \quad k = -(\overline{v} - c_2)/(\overline{u} - c_1)$$
となる。したがって $\underline{S}$ の任意の点 (u,v) がその下側にある条件は
$$h(u,v) \leq h(\overline{u},\overline{v})$$
と書ける。ただし
$$h(u,v) = (\overline{v} - c_2)u + (\overline{u} - c_1)v$$
であるものとする。

(ステップ 3)

点 $(\overline{u},\overline{v})$ をとおる等高線 $g(u,v) = g(\overline{u},\overline{v})$ のその点における傾きは，$-(\overline{v}-c_2)/(\overline{u}-c_1)$ である。それゆえその点において，上の等高線は直線 $h(u,v) = h(\overline{u},\overline{v})$ に接している。したがって g は $\underline{S}$ の中で $(\overline{u},\overline{v})$ において最大になっていることがわかる。

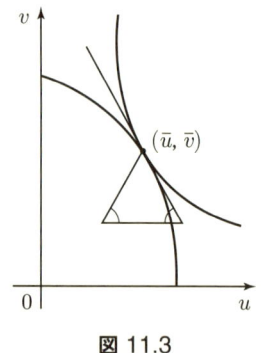

図 11.3

(ステップ 4)

$g(u,v)$ を最大にする点を $(\overline{u},\overline{v})$ とすると，そこで公理 11.1 の (1) と (2) が満

11.2 ナッシュ交渉解：公理的アプローチ

たれていることは明らかである。つぎに (3) の正一次変換からの独立性を示すために, $u' = \alpha_1 u + \beta_1$, $v' = \alpha_2 v + \beta_2$, また $c_1' = \alpha_1 c_1 + \beta_1$, $c_2' = \alpha_2 c_2 + \beta_2$ とおこう。すると

$$(u' - c_1')(v' - c_2') = \alpha_1 \alpha_2 (u - c_1)(v - c_2)$$

であるから, $(\overline{u}, \overline{v})$ が $g(u,v)$ を最大にすれば $(\overline{u'}, \overline{v'})$ は $g(u', v')$ を最大にする。

(4) の対称性について, いま $c_1 = c_2$ で S を対称とする。$(\overline{u}, \overline{v})$ が g を最大にするとき $\overline{u} = \overline{v}$ をいえばよい。これは, $g(u,v)$ を最大にする (u,v) は一意で, $g(\overline{u}, \overline{v}) = g(\overline{v}, \overline{u})$ であることによる。

(ステップ 5)

最後に公理 11.1 の (5) の独立性が満たされることも明らかである。

(ステップ 6)

$f(S; c)$ の一意性を示そう。(c_1, c_2) を $(0,0)$ に移し, 同時に $(\overline{u}, \overline{v})$ を $(1,1)$ に移す線形変換を $F : (u,v) \to (u', v')$ とすると, $u' = (u - c_1)/(\overline{u} - c_1)$, $v' = (v - c_2)/(\overline{v} - c_2)$ となるから,

$$u = (\overline{u} - c_1)u' + c_1,$$
$$v = (\overline{v} - c_2)v' + c_2$$

が得られる。また

$$H = \{(u,v) : h(u,v) \leq h(\overline{u}, \overline{v})\}$$

の F による像を H' とすれば

$$H' = \{(u', v') : u' + v' \leq 2\}$$

となる。

H の上限を画する直線：$h(u,v) = h(\overline{u}, \overline{v})$ は $u' + v' = 2$ となる。H' を効用可能性集合, $(c_1, c_2) = (0,0)$ を交渉決裂点とするゲーム $(H'; 0, 0)$ を考えると, パレート最適性と対称性より

$$f(H'; 0, 0) = (1, 1)$$

のように, 解は一意に定まる。したがって F の逆変換によって (u,v) も一意となる。一般のゲームについての $f(S; c)$ の一意性はこの結果と独立性の条件による。

11.3　カライースモロディンスキーの解

ナッシュの交渉解の前提の中で議論の多いものは，無関係な対象からの独立性の公理 (5) である．交渉問題 (S, c) において，図 11.4 のように，もし S が $S'(S \subset S')$ に変化するとき，交渉の結果は個人 1 に有利に変化すると期待される．**カライースモロディンスキーの解** (KS 解) は，公理 11.1 の (1)，(2)，(3)，(5) に加えて，以下に述べる個人単調性を満たすものとして定義される．

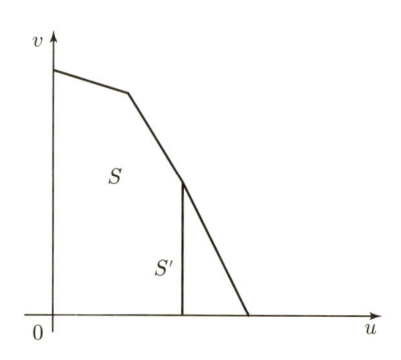

図 11.4　交渉ゲームにおける単調性

定義 11.1 (K-S 解の個人単調性)

$T \supset S$ かつ $\text{Max}(T)_i = \text{Max}(S)_i$ ならば，$f_i(T; c) \geq f_i(S; c)$ となる．

ここで，$\text{Max}(S)_i$ は S の中でのプレイヤー i の利得の上限を意味している．また，$\text{Max}(S) = (\text{Max}(S)_1, \text{Max}(S)_2)$ は 2 人の最大の利得を並べたもので，一般には実現可能な効用の集合には属さない．原点とこのベクトルを結んだ直線が効用フロンティアと交わる点をカライースモロディンスキーの解という．

カライースモロディンスキーの解で，最大値のベクトルの平均を求めることは，2 人に 1/2 の確率で選択の優先権を与える場合の配分である．KS 解はパレートフロンティア上でその比率を保つということで「公平」な配分を表わしている．

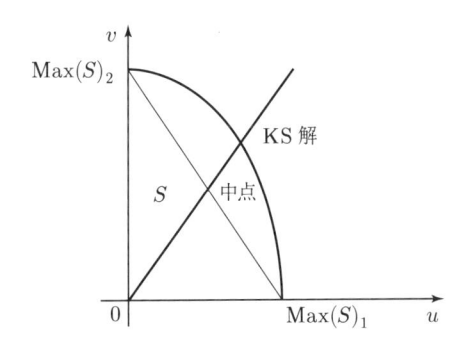

図 11.5　カライースモロディンスキーの解

11.4　ルービンシュタインの交渉解

　現代ゲーム理論の基礎は非協力ゲームにおけるナッシュ均衡の概念である。すべての協力ゲームを非協力ゲームに還元して分析しようというのが，**ナッシュプログラム** (Nash program) である。協力ゲームを適当な非協力ゲームの中に埋め込み，その均衡点を分析することによって，協力行動を説明しようというのが，その意図するところである。すべての協力ゲームの解がナッシュの非協力解として解明されるとは限らないが，2 人交渉問題については，ナッシュの公理的アプローチを展開形ゲームによる均衡として説明することができる。以下に述べる**ルービンシュタインの交渉解** (Rubinstein bargening solution) は典型的な例である。

　一定量の財を 2 人のプレイヤーの間で分配しようとしている。簡単化のため財の総量を 1 とし，それをプレイヤー 1 と 2 に

$$x_1 + x_2 = 1, \quad x_1 \geqq 0, \quad x_2 \geqq 0$$

を満たすように分けるものとする。このような配分を許容される配分という。以下とくに誤解の心配がない場合には許容されるという言葉を省略することが多い。

　ここで考察するゲーム G はつぎのとおりである。まず第 0 期にプレイヤー 1 が配分 $(x_1, 1-x_1)$ を提示すると，プレイヤー 2 は Y (受諾) か N (拒否) のいずれか一方を選択する。Y の場合にはゲームは終了するが，N の場合には第 1 期にプレイヤー 2 が別の配分 $(y_1, 1-y_1)$ を提示し，そこでプレイヤー 1

はYかNを選択する。Yの場合にはそこでゲームは終了するが，Nの場合には，さらにプレイヤー1が別の配分 $(z_1, 1-z_1)$ を提出する。このようなプロセスはどちらかがYを選ぶまで続けられる。

いま0期にプレイヤー1が x_1 を得る効用を $u_1(x_1)$，一般に t 期に x_1 を得る効用を $\delta_1^t u_1(x_1)$，$\delta_1 < 1$，とする。プレイヤー2についても t 期に x_2 を得る効用を $\delta_2^t u_2(x_2)$，$\delta_2 < 1$ とする。割引率を r_1, r_2 とすれば，$\delta_1 = 1/(1+r_1)$，$\delta_2 = 1/(1+r_2)$ である。

もし個人1が0期に許容される配分 (x_1, x_2) を提案し，個人2がそれを受け入れれば，2の効用は $u_2(x_2)$ となる。また2がそれを拒否して配分 (y_1, y_2) を提案し，それを1が受け入れれば効用は $\delta_2 u_2(y_2)$ となる。したがって両者が無差別であるための条件は

$$u_2(x_2) = \delta_2 u_2(y_2)$$

である。この条件の下では，一般に個人2が t 期に x_2 を受け入れることと，$(t+1)$ 期に y_2 を受け入れることと無差別となる。

個人1に関しても同様に，t 期に x_1 を受け入れることと $(t+1)$ 期に y_1 を受け入れることとが無差別であるのは

$$u_1(x_1) = \delta_1 u_1(y_1)$$

が成り立つときである。

以下では上のゲーム G において $u_1(x_1) = x_1$，$u_2(x_2) = x_2$ となる場合について考察する。このゲームでは個人1に x_1 の効用が与えられれば個人2に $x_2 = 1 - x_1$ の効用が与えられる。

定理 11.3
ゲーム G において部分ゲーム完全均衡として達成される2人の個人の効用の値は一意に定まる。

証明

(ステップ1)
ゲーム G の部分ゲーム完全均衡として達成される個人1の効用の最大値を A_1，最小値を a_1 とおく。つぎに，個人1が0期において最初に提案を行う G と1, 2の立場をいれ換えたゲームを H とし，そのゲームにおいて個

11.4 ルービンシュタインの交渉解

人2にとって達成可能な効用の最大値を B_2, 最小値を b_2 とおく。以下では $A_1 = a_1$ および $B_1 = b_1$ を示す。

(ステップ 2)

G の均衡における個人2の効用は $\delta_2 b_2$ 以下ではない。というのは,個人2はいつでも個人1の提案を拒否することによってゲーム H を第1期から開始させることができ,そうすることによって0時点に割り引かれた効用の最小値は $\delta_2 b_2$ となるからである。そのときの個人1の効用は,財の総量から個人2に与えられる数量 $\delta_2 b_2$ を減らすことによって

$$A_1 \leq 1 - \delta_2 b_2$$

を満足することになる。

(ステップ 3)

個人1の配分 x が $x < 1 - \delta_2 B_2$ となっているなら,それは部分ゲーム完全均衡にはなっていないことを示そう。上の不等式が満たされているとき $x < y < 1 - \delta_2 B_2$ となるように y を選ぶと $1 - y > \delta_2 B_2$ であるから,時点0のとき個人1が $(y, 1-y)$ の提案をすれば個人2によって受諾される。なぜなら,もし拒否し,時点1で個人2が最初に提案を行うゲーム H を開始したとしても,そのときの0時点に割り引かれた均衡利得の最大値は $\delta_2 B_2$ となる。したがって $1 - y$ を0時点で受諾する方が有利となる。

(ステップ 4)

以上のように個人1にとって $(x, 1-x)$ を提案することは,それより有利な提案 $(y, 1-y)$ があるので得策ではない。したがって $x < 1 - \delta_2 B_2$ となる x は均衡の利得ではない。このことより

$$a_1 \geq 1 - \delta_2 B_2$$

となることが判明した。

(ステップ 5)

上の議論で G と H の役割を換えると

$$B_2 \leq 1 - \delta_1 a_1,$$
$$b_2 \geq 1 - \delta_1 A_1$$

が導かれる。先に導いた $A_1 \leq 1 - \delta_2 b_2$ と上の最後の関係より

$$A_1 \leq 1 - \delta_2 b_2 \leq 1 - \delta_2(1 - \delta_1 A_1)$$

となり

$$A_1 \leq \frac{1-\delta_2}{1-\delta_1\delta_2}$$

が導かれる。同様に $-B_2 \geq -(1-\delta_1 a_1)$ と $a_1 \geq 1 - \delta_2 B_2$ より

$$a_1 \geq \frac{1-\delta_2}{1-\delta_1\delta_2}$$

となり

$$a_1 = A_1 = \frac{1-\delta_2}{1-\delta_1\delta_2},$$
$$b_2 = B_2 = \frac{1-\delta_1}{1-\delta_1\delta_2}$$

が得られる。

ここで，特に $\delta_1 = \delta_2 = \delta$ の場合を考えると，

$$a_1 = \frac{1}{1+\delta}, \quad a_2 = \frac{\delta}{1+\delta}$$

となる。さらに，δ が 1 に限りなく近づくならば，a_2 は $\frac{1}{1+\delta}$ に近づく。これは，ナッシュの交渉解に一致している。このように，ナッシュの交渉解は非協力ゲームの解として説明されたことになる。

なお，このゲームの結果には，次のようなきわだった特色がある。

(1) 第 1 の提案者のほうが有利である。
(2) δ が小さいほど，プレイヤー 2 の利得が小さい。

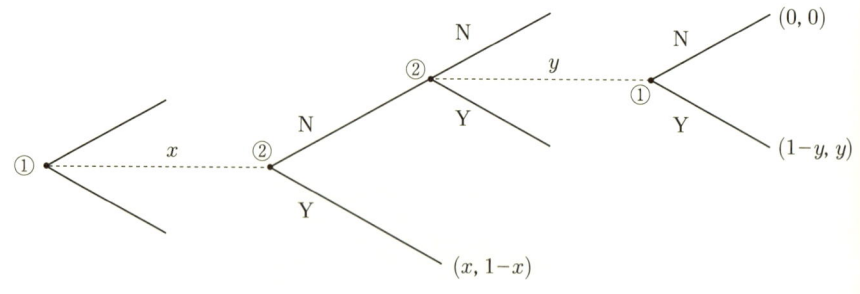

図 11.6 交渉回数が 2 以下の場合

11.5* 双方独占モデル

　伝統的な経済学の分野においても，2人の経済主体の間の交渉モデルはいくつか存在する。たとえば，ヴィクセル-ボーリイの双方独占モデルやレオンティエフの労資交渉モデルがそれである。このようなモデルはナッシュの交渉モデルと異なり，通常はパレート最適性の結果が得られない。また，2人の消費者間の財の取引に関するエッジワースの交換モデルなど，価格を所与として需要量を定めるケースのように，人数が少ない場合には個人の効用最大化に及ぼす影響を十分に考慮していないという問題点を残している。

11.5.1　レオンティエフの労資交渉モデル

　生産要素 (労働) の独占的供給者である組合がその価格 (賃金率) を提示し，その下で任意の需要を満たすと約束する。価格が提示されると，企業はそれを所与とみなして，利潤を最大にするように需要量を決定する。ただし，組合は企業のそのような行動を知って (つまりシュタッケルベルクの先導者としての立場で)，利得 (ここでは賃金総額) を最大にするように賃金を選ぶものとする。

　このような交渉の解の性質を調べるために，いま労働の取引量を L，賃金率を w とし，企業の利潤関数を

$$\pi(L) = f(L) - wL, \qquad f' > 0, \quad f'' < 0$$

と記そう。ここで $f(L)$ は企業の収入関数 (生産物の価格を1としたときには生産関数) であるとする。したがって，企業の利潤最大化行動から，w が与えられると

$$f'(L) = w$$

を満たすように L を定める。これが企業の反応関数を与える。

　他方，組合はシュタッケルベルクのリーダーとして，企業のそのような行動を見こして利得関数を最大にするように行動する。ここでは簡単化のため，利得関数は，生産要素の供給額 wL (賃金総額) であるとする。

　図 11.7 で，組合の無差別曲線が反応曲線と接する点で組合の利得は最大になる。その点を通る2つの曲線がつくるレンズ形の部分は，2人のプレイヤー

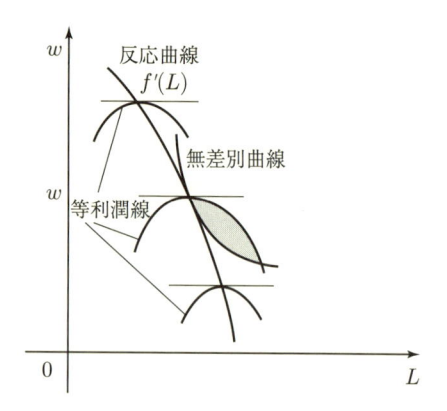

図 11.7 レオンティエフの労資交渉モデルの解

の利得が増す領域を示している。

11.6* 変動基準点の下での交渉解

ナッシュの交渉ゲームにおいては，実現可能な領域と交渉基準点 c が与えられれば，交渉の妥結点 $(\bar{u}, \bar{v})$ が一意に決まる。その様子を示したのが図 11.8 である。

いま**基準点 c** をめぐるかけ引きが行われるとし，利得行列が具体的に与え

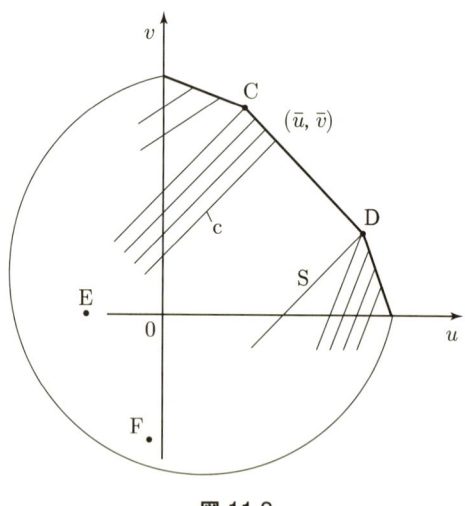

図 11.8

演習問題　　　　　　　　　　　　　　　　　　　　　　　　　175

られれば，そのようなゲームの均衡点を求めることができる．

例 11.3

2人の 2×2 ゲームの利得行列 A, B を

$$\begin{pmatrix} (2,5) & (-\frac{1}{3},-3) \\ (-2,0) & (5,2) \end{pmatrix}$$

と定める．

いまプレイヤー1の混合戦略を p，プレイヤー2のそれを q とするとき，交渉基準点での2人の利得は $c_1 = p'Aq, c_2 = p'Bq$ となる．

また，2人が協力によって達成できる期待利得は $\mathrm{C} = (2.5)$, $\mathrm{D} = (5.2)$, $\mathrm{E} = (-2.0)$, $\mathrm{F} = (-\frac{1}{3}, -3)$ で与えられる4つの点 CDEF の凸包で表わされる．今の場合，CD の傾きは -1 であるから，フロンティアでの2人の利得の和は一定である．そのとき，2人の利得の和を k とおくと，$k = 7$ で妥結点での2人の利得は $\overline{u} = c_1 + \omega, \overline{v} = c_2 + \omega$ で与えられる．ω を消去すると

$$\overline{u} = \frac{x(A-B)y + k}{2}$$
$$\overline{v} = \frac{x(B-A)y + k}{2}$$

となる．

$$A - B = \begin{pmatrix} -3 & \frac{8}{3} \\ -2 & 3 \end{pmatrix}$$

となり，このゲームの均衡は鞍点 -2 で与えられる．このとき $(\overline{u}, \overline{v}) = (\frac{5}{2}, \frac{9}{2})$ となる．

演習問題

11-1 S を $(u-1)^2 + 4(v-b)^2 \leq 4$，交渉基準点を $(1,b)$ とし，ナッシュの交渉解を求めなさい．

11-2 k $(k > 0)$ 円を2人で分配する問題を考える．プレイヤー i $(i = 1,2)$ の獲得する貨幣額を x_i，ベルヌイの効用関数を $u_1(x_1) = (x_1)^\alpha$ $(\alpha < 1)$, $u_2(x_2) = x_2$ とする．このとき，効用可能性集合 U を求めよ．また，交渉の決裂点を $(0,0)$ とするとき，ナッシュの交渉解を求めよ．

11-3 レオンティエフの労資交渉ゲームにおいて，企業の生産関数を $f(x) = (10-x)x$ $(0 \leq x \leq 5)$ とする．このときこのモデルの交渉解を求めよ．

12 提携形ゲーム

　人々の協力によってもたらされる成果が各集団(提携)ごとに知られているとき，全体としての成果をいかに各個人に配分すべきか，あるいは施設の共同利用のための費用が各集団ごとに知られているとき，全体としての費用をどのように各個人に負担させるべきかは，現実に多く遭遇する経済問題である。この種の問題をミクロ経済学の伝統的アプローチにしたがって分析するためには，すべての経済主体の効用関数，費用関数や資源の存在などの情報を用いてある目的関数を設定し，条件付き最大化(ないしは最小化)問題を解くというのが常套手段となっている。しかし，そうした付加的な情報を得ることが困難であったり大きな費用を要する場合がありうるし，また費用逓減産業のように，市場を通じての価格形成がさまざまな難点を持つ場合もある。ゲーム理論の解概念の1つであり，14章で導入するシャープレイ値 (Shapley value) は，そうした状況下における「公平な」配分を示すものである。また13章で導入するコアは，集団の影響力や力関係に応じた成果の分配あるいは費用負担について，別の説明を与えるものである。

　ここでは次章以降にこれらの概念と主要な結果について説明するための準備として，いくつかの基本的概念の定義を与えておこう。

12.1 n 人協力ゲームと特性関数

$N = \{1, 2, \cdots, n\}$ をプレイヤーの集合とするとき，N の非空の部分集合を**提携**あるいは**結託** (coalition) という．いま各提携 S に対して，それがもたらす成果 (worth of S) を示す実数 $v(S)$ が定まっているものとする (空集合 $\emptyset$ については $v(\emptyset) = 0$ を満たすとする)．$v(\cdot)$ を以下では**価値関数** (value function) あるいは**特性関数** (characteristic function) という．このように提携 (結託) 形あるいは特性関数形の n 人ゲーム $G = (N, v)$ は，

(1) プレイヤーの集合 N
(2) 特性関数 $v(S)$ $(S \subset N)$

の 2 つによって特色づけられる．以下では簡単化のため (2) の特性関数 v を n 人ゲームと同一視することがある．

利得ベクトル (payoff vector) とはその第 i 成分 $(i \in N)$ が第 i プレイヤーの利得 (ゲームに参加することにより得られる分け前，賞金等を示す実数) を表す n 次元のベクトルのことをいう．利得ベクトル $x = (x_1, x_2, \cdots, x_n) \in \mathbb{R}^n$ は，任意の $i \in N$ に対して

$$x_i \geq v(i) \tag{12.1}$$

となるとき，**個別合理性** (individual rationality) を満たすという．($v(i)$ は正式には $v(\{i\})$ と記すべきであるが，以下簡単化のため $\{\ \}$ は省略している．) つぎにそれを強めた条件，任意の $S \subset N$ に対して

$$\sum_{i \in S} x_i \geq v(S) \tag{12.2}$$

が成立するとき**集団合理性** (group rationality) を満たすという．また，

$$\sum_{i \in N} x_i = v(N) \tag{12.3}$$

であれば**効率性** (efficiency) を満たすという．

配分 (imputation) とは，(12.1), (12.3) を満たす利得ベクトルをいう．

12.2 特性関数形ゲームの例

例 12.1 布の分配

$N = \{1, 2\}$ として

$$v(1) = 1, \quad v(2) = 1/2, \quad v(1,2) = 1.$$

このゲームはつぎのような状況を定式化したものである。2人の婦人が布の両端をつかみ，プレイヤー1はすべてが自分のものといい，プレイヤー2は半分は自分のものであると主張し譲らない。協力ゲームの解の1つであるシャープレイ値は，このような状況のもとで，布をどのように分配するのが「公平」であるかを定めるものである。

例 12.2 アルバイト・ゲーム

$N = \{1, 2, 3\}$ として

$$v(1) = v(2) = v(3) = v(1,2) = 0,$$
$$v(1,3) = v(2,3) = v(1,2,3) = 1$$

上のゲームはたとえばつぎのように解釈される。(1) プレイヤー3は熟練工で，彼とプレイヤー1, 2のいずれか1人または全員の提携によって成果1を達成することができる。またそれ以外の提携の成果は0である。(2) プレイヤー3がある非分割財 (たとえば机や絵画) の売手で，プレイヤー1およびプレイヤー2のどちらか一方だけが買うことができ，その場合の成果は1である。また (3) 3人で投票を行い多数決で事を決める場合に，プレイヤー3だけが拒否権を持っており，3を含む2人以上のプレイヤーの集まりが勝利する。また，勝利するのはその場合に限る。

例 12.3 飛行場の費用分担

$N = \{1, 2, 3\}$, $0 < a < b < c$ として,

$$v(1) = a,$$
$$v(2) = v(1,2) = b,$$
$$v(3) = v(1,3) = v(2,3) = v(1,2,3) = c$$

この例はたとえばつぎのように解釈できる。飛行機の離着陸には滑走路が必

要で，プレイヤー 1 だけなら a の費用で十分であり，プレイヤー 2 だけあるいはプレイヤー 1 と 2 だけが利用する場合には b の費用で，そしてプレイヤー 3 が利用する場合には，他のプレイヤーの利用いかんにかかわらず c の費用が必要である。

例 12.4 全員一致ゲーム (unanimity game)

$$v(S) = \begin{cases} 1 & (S = N \text{ の場合}) \\ 0 & (\text{その他の場合}) \end{cases}$$

となるゲームを考えよう。このゲームが全員一致ゲームとよばれる理由は明らかである。

例 12.5 n 人多数決ゲーム (n person majority game)
$N = \{1, 2, \cdots, n\}$ として，各 $S \subset N$ について

$$v(S) = \begin{cases} 1 & (|S| \geqq n/2 \text{ の場合}) \\ 0 & (\text{その他の場合}) \end{cases}$$

とする。ここで，$|S|$ は S に属するプレイヤーの数を示すものとする。つまり S がゲームの勝利結託であるのは，それが半数以上である場合である。このゲームが n 人多数決ゲームとよばれる理由は明らかである。

12.3　特性関数の性質

(N, v) を価値関数ゲームとする。このとき，

(1) ゲームが**単調的** (monotonic) であるとは $T \subset S$ なる任意の提携について $v(S) \geq v(T)$ が成り立つことである。

これを強めた条件として，つぎの**優加法性** (super additivity) がある。

(2) 互いに交わらない任意の提携 S と T について $v(S \cup T) \geq v(S) + v(T)$ となる。

(3) ゲームが**本質的** (essential) であるとは $v(N) > v(1) + v(2) + \cdots + v(n)$ が成り立つことである。

12.4　3人以下のゲームの配分の図示

例 12.6　2人ゲームの配分

2人ゲーム (N, v) の配分とは，$(x_1, x_2) \in \mathbb{R}^2$ で

$$x_1 \geq v(1), \qquad x_2 \geq v(2) \tag{12.4}$$

および

$$x_1 + x_2 = v(N) \tag{12.5}$$

を満たすものをいう．

$$h = v(N) - v(1) - v(2) > 0$$

(ゲームが本質的である) と仮定し，$v(1) = v(2) = 0$ と基準化した場合には，条件 (12.4) と (12.5) は

$$x_1 + x_2 = h, \quad x_1 \geq 0, \quad x_2 \geq 0$$

を満たす x_1, x_2 の全体である．したがって，配分は長さ h の線分をどう分けるかで表わすことができる．

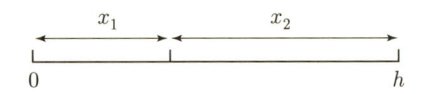

図 12.1　2人ゲームの配分

例 12.7　3人ゲームの配分

3人ゲーム (N, v) の配分とは，$(x_1, x_2, x_3) \in \mathbb{R}^3$ で

$$x_1 \geq v(1), \quad x_2 \geq v(2), \quad x_3 \geq v(3) \tag{12.6}$$

および

$$x_1 + x_2 + x_3 = v(N) \tag{12.7}$$

を満たすものをいう．

$h = v(N) - v(1) - v(2) - v(3) > 0$ と仮定し，$v(1) = v(2) = v(3) = 0$ とおいた場合を図示することを考えよう．P_1, P_2, P_3 を頂点として，高さ h, 1辺の長さ l の正三角形を描く (定義の l と h の間には $h = (\sqrt{3}/2)l$ という関係がある)．また，その内部 (境界をも含めて) に点 x を任意に定め，x か

12.4 3人以下のゲームの配分の図示

ら3つの辺に下ろした垂線の高さを図12.2のようにそれぞれ x_1, x_2, x_3 とする。このとき三角形 $P_1P_2P_3$ の面積は $lh/2$ となり，3つの三角形 xP_1P_2, xP_2P_3, xP_1P_3 の面積の和に等しい。したがって，

$$x_1 + x_2 + x_3 = h$$

となる。じっさい，3つの三角形の面積は $lx_1/2, lx_2/2, lx_3/2$ になるので，この和をはじめの大きな三角形の面積 $lh/2$ に等しいとおくと，上の式が導かれる。

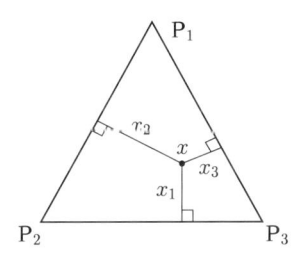

図 12.2　3人ゲームの基本三角形

x が辺 P_1P_2 上にあるときには，その点から他の2辺におろした垂線の長さを x_1, x_2 とすれば，2つの三角形 xP_2P_3 および xP_1P_3 ができ，その面積の和がもとの三角形の面積と等しくなるので，$x_1 = 0$ として上の関係式が成り立つ。x が他の辺上にあるときも同様である。また，とくに x が頂点の1つと一致する場合にも，2つの座標を0として上式が成立することも明らかである。

注意 12.1
(1) ここでの定式化では，提携 S の成果を示す特性関数は $v(S)$ のように S のみに依存するものとしている。一般には，提携 S の価値は S 以外のプレイヤーの結託のしかたや行動にも依存するので，ここでの定式化はその意味での単純化を含むものである。もう1つの解釈として，$v(S)$ は $N \backslash S$ の，あるいは分割のされ方にかかわりなく達成される最大の価値であるとするものもある。
(2) 提携 S に属するプレイヤーの結びつき方 (ネットワークの構造) によっても $v(S)$ の値は変わりうる。たとえば，演習問題7-1の4つの図のもたらす価値は，一般には異なりうる。Kawamata-Tamada (2006) を参照のこと。
(3) 効率性の条件が成立するための十分条件としては，上の優加法性がある。

12.5 破産問題と特性関数

形式上は特性関数の形には示されていなくても，自然な仕方で特性関数を定義することができるようなゲームがある。つぎの例はユダヤ教の経典タルムードに基づくものである。

債権者が 3 人いて (プレイヤー 1，プレイヤー 2 およびプレイヤー 3)，債権額が $(E_1, E_2, E_3) = (100, 200, 300)$ であるとする。タルムードに示された解は

(1) もし遺産が 100 ならば，3 人の取り分は 100/3 ずつとしなさい。

(2) もし遺産が 200 ならば，3 人の取り分は (50, 75, 75) としなさい。

(3) もし遺産が 300 ならば，3 人の取り分は (50, 100, 150) としなさい。

というものであった。これを，表示すると表 12.1 のようになる。

表 12.1

	債権額 100	債権額 200	債権額 300
遺産 100	$\frac{100}{3}$	$\frac{100}{3}$	$\frac{100}{3}$
遺産 200	50	75	75
遺産 300	50	100	150

この解 1 は均等配分を表し，解 3 は比例配分を示している。解 2 はプレイヤー B と C が同じ額をもらうというものであるが，やや不自然に思われる。オーマン-マシュラーは上の表に基づいて 3 つの特性関数型ゲームを

$$v_i(S) = (E_i - d(N\backslash S))^+ \qquad (i = 1, 2, 3)$$

のように定義し，これがある種のゲームの解として求められることを示した。上の特性関数 $v_i(S)$ は，遺産額 E_i から残りの個人の債権額の合計 $d(N\backslash S)$ を差し引いたものが正である場合にはその値を，非正の場合には 0 とすることを意味している。

具体的には，E_1，E_2，E_3 の特性関数はそれぞれ，次のようになる。

$E_1 = 100$ については
$$v_1(1) = v_1(2) = v_1(3) = 0,$$
$$v_1(1,2) = v_1(2,3) = v_1(1,3) = 0,$$
$$v_1(N) = 100,$$

$E_2 = 200$ については
$$v_2(1) = v_2(2) = v_2(3) = 0,$$
$$v_2(1,2) = v_2(1,3) = 0, \quad v_2(2,3) = 100,$$
$$v_2(N) = 200,$$

$E_3 = 300$ については
$$v_3(1) = v_3(2) = v_3(3) = 0,$$
$$v_3(1,2) = 0, \quad v_3(1,3) = 100, \quad v_3(2,3) = 200,$$
$$v_3(N) = 300$$

となる．このゲームの分析は，次章以降で行われる．

12.6* 市場ゲーム

提携形ゲームを定義するには，特性関数，すなわち各提携 S に対する価値が定まっていればよい．たとえば，プレイヤーの集合を $N = \{1, 2, \cdots, n\}$ とし，それらの経済主体の間で $(m+1)$ 種類の財の交換を行う市場経済のモデルを考えてみよう．プレイヤー i の初期保有量のベクトルを w^i $(i \in N)$ とし，効用関数を $u^i(x^i)$ $(i \in N)$ とするとき，提携 S の特性関数を

$$v(S) = \max \left\{ \sum_{i \in S} u^i(x^i) \;\middle|\; \sum_{i \in S} x^i = \sum_{i \in S} w^i \right\}$$

で定義しよう．これを**市場ゲーム** (market game) という．上の特性関数 $v(S)$ は $u^i(x^i)$ に課される条件によってさまざまな性質をもちうる．これについては，以下の練習問題あるいは 13 章でより立ち入った考察をすることにしよう．

演習問題

12-1 (家の販売ゲーム) プレイヤー 1 は一件の家をもち，それを販売したいと考えている。また，プレイヤー 2 と 3 はその家を購入したいと考えている。個人 1 の家の評価額は $v_1 = 1300$ 万円，個人 2 と 3 の評価額を，それぞれ $v_2 = 1500$，$v_3 = 1800$ とする。このゲームの特性関数は，$v(1) = v(2) = v(3) = 0$，$v(2,3) = 0$，$v(1,2) = 200$，$v(1,3) = 500$，$v(1,2,3) = 500$ と表現できる。このゲームは単調性を満たすか。また，優加法性を満たすか。

12-2 企業 i は資源を w_i だけもち，それを用いて生産を行うと $f(w_i)$ だけの生産物が得られる。いま，ゲームの特性関数を各 S について

$$v(S) = \max\left\{ f(y) \,\middle|\, y = \sum_{i \in S} w_i \right\}$$

によって定義する。

(1) $f(y) = \sqrt{y}$ とするとき，$v(1), v(2), v(3)$ と $v(1,2), v(2,3), v(1,3)$ および $v(1,2,3)$ を求めよ。

(2) このゲームは単調性を満たすか。また劣加法性を満たすか。

12-3 同じ技術をもった n 個の企業があり，費用関数を $C(y_i) = cy_i + d$ とする。市場の需要関数を $p = 10 - y$ で与えるとき，

(1) 生産量を y_i として，企業 i の利潤 π_i を生産量の関数として表わしなさい。

(2) この寡占市場のクールノー-ナッシュ均衡を求めよ。

(3) この均衡値は提携 S のメンバーの数 n に依存するので，その最大利得を $v(S) = v[n]$ とおく。また産業全体の最大利得を $V(S) = V[n]$ とおく。このとき，ゲームは単調性を満たすか，また，優加法性を満たすか。

13 コア

$N = \{1, 2, \cdots, n\}$ をプレイヤー (主体) の集合とし,$v(\cdot)$ を特性関数 (価値関数) とする提携形ゲーム (N, v) を考察する。このとき以下に定義するコアは,「競争」が行きついた先における成果の各人への分配を特色づけていると解釈される。ここでいう「競争」とは,各プレイヤーが任意のグループ (結託) S を選び,そこにおいて得られる成果を取り合う状況をいう。

コアは 1950 年代の前半にジリス (D.B. Gillies) によって提示された概念で,競争市場のモデルにおける競争均衡と密接な関係があることが明らかにされた。協力ゲームの解概念としては,次章で述べるシャープレイ値とともに,最も重要な役割を演じてきた。ゲームによっては,コアは空である可能性があるが,存在のための十分条件が示される。

最後の節では,譲渡可能性を仮定しない一般の選好の下に,プレイヤーの数が十分に大きいとき,コアは競争均衡 (ワルラス均衡) に収束することが示される。

13.1 コアの定義

利得ベクトル $x = (x_1, x_2, \cdots, x_n) \in \mathbb{R}^n$ は,任意の $i \in N$ について
$$x_i \geq v(i) \tag{13.1}$$
となるとき**個別合理性**を満たすといい,つぎにそれを強めた条件
$$\sum_{i \in S} x_i \geq v(S) \qquad (S \subset N) \tag{13.2}$$

が成立するとき**集団合理性** (group rationality) を満たすといい，また，

$$\sum_{i \in N} x_i = v(N) \tag{13.3}$$

であれば**効率性** (efficiency) を満たすといい，(13.1), (13.3) を満たす利得ベクトルを**配分** (allocation) というのだった (12.1 節)。

定義 13.1
コア (core) とは集団合理性を満たす配分全体をいい，ゲーム (N, v) のコアを $C(v)$ と記す。

13.2 具体的なモデルにおけるコア

つぎのゲームの例は，12 章で説明したものである。ここではコアの定義に基づいて，それを求めてみよう。

例 13.1 全員一致ゲーム

(1) $n = 2$ の場合，コアは

$$x_1 \geq 0, \quad x_2 \geq 0, \quad x_1 + x_2 = 1$$

となるベクトル $x = (x_1, x_2)$ の全体となる。

(2) $n = 3$ の場合，コアは

$$x_1 \geq 0, \quad x_2 \geq 0, \quad x_3 \geq 0, \quad x_1 + x_2 + x_3 = 1$$

となるベクトル $x = (x_1, x_2, x_3)$ の全体となる。

例 13.2 3 人多数決ゲーム

コアの配分 $x = (x_1, x_2, x_3)$ は，

(1) $x_i \geq 0 \quad (i = 1, 2, 3)$,
(2) $x_1 + x_2 \geq 1, \quad x_1 + x_3 \geq 1, \quad x_2 + x_3 \geq 1$,
(3) $x_1 + x_2 + x_3 = 1$

を満たさなければならない。2 人結託の場合の不等式をすべて足し合わせると配分の和は $3/2$ 以上になるから，このような配分 x は存在しない。したがっ

てコアは空集合である。

なお $v(\cdot)$ が負担額を示す (つまり $-v(\cdot)$ が本来の価値関数を示す) 場合には，負担額のベクトルを y (さきの定義での $-x$) とおくと，コアを定義する不等式の向きはつぎの例のように逆になる。

例 13.3　飛行場の費用分担
例 12.3 のゲームにおけるゲームのコアの配分 $y = (y_1, y_2, y_3) \geq 0$ は

(1) $y_1 \leq a, \quad y_2 \leq b, \quad y_3 \leq c$
(2) $y_1 + y_2 \leq b, \quad y_1 + y_3 \leq c, \quad y_2 + y_3 \leq c$
(3) $y_1 + y_2 + y_3 = c$

を満たさなければならない。したがって，$c > b > a > 0$ の場合にはコアに属する配分は典型的には無数に存在する。ただし $c > 0$，$b = a = 0$ の場合は，コアは配分 $(0, 0, c)$ のみからなる。

例 13.4　公共施設の費用負担
3つの町があり，提携 S だけが公共施設を利用する場合の費用 $v(S)$ が各 $S \subset \{1, 2, 3\}$ について与えられているとする。このとき $y = (y_1, y_2, y_3)$ がコアに属していれば，どの提携 S についても，それを構成する町は提携の費用 $v(S)$ 以下しか負担していない。またコアはそのような条件を満たす配分 y の全体となる。

以上の例から明らかなように，コアは，一般には空集合であること (例 13.2) も，1つの配分であること (例 13.3) も，多数の配分からなること (例 13.1，13.3，13.4) もある。特性関数が各提携に対する成果を示す場合，コアの条件は，各個人がその属する提携の成果をすべて余りなく配分することを要求していると解釈される。そのような要求をすべて満たす配分がコアに属することになる。その意味で，コアは個人間の競争が徹底的に行われた場合の到達結果を示すものと解釈される。

特性関数が各提携に対する費用を示す場合，コアの条件は，各提携 S についてそれを構成する個人の負担額が提携の費用以下であることを要求してい

る。そうでなければ，その提携に属す個人が不満を表明すると考えられるからである。コアは，その意味での不満のない配分から成り立っている。

なお例 13.3，例 13.4 のゲームは，費用負担のゲームと理解することができる。そこでは，公共支出の費用を全員で負担することが問題となっている。費用負担ゲームにおけるコアは，通常の価値関数についての不等式の向きを逆にした条件を満たす配分の全体として特色づけられる。

13.3 コアの別の定義

ここで導入する定義は効用の譲渡可能性の仮定に依存しないもので，のちに 13.9 節でワルラス均衡とコアとの対比を行うさいに重要な役割を演じる。

定義 13.2

x, y を 2 つの配分，S を提携とする。つぎの条件 (1),(2) が満たされるとき「x は S を通じて y を**支配する**」(x dominates y via S) といい，$x \underset{S}{\succ} y$ と記す。

(1) すべての $i \in S$ に対して $x_i > y_i$
(2) $\sum_{i \in S} x_i \leq v(S)$

また，もしある提携 S に対して $x \underset{S}{\succ} y$ となるならば x は y を支配する (x dominates y) といい，$x \succ y$ と記す。支配されない配分の全体を**コア** (core) という。

ゲーム (N, v) は
$$v(S) + v(T) \leq v(S \cup T), \qquad (S \cap T = \phi)$$
となるとき，**優加法性** (super additivity) を満たすという。つぎの定理は，優加法性の下で，ここでのコアの定義が 13.1 節の定義と同等であることを主張するものである。

定理 13.1

優加法性を満たすゲーム (N, v) において，集団合理性を満たす配分の全体 $C(v)$ は支配されない配分の全体と一致する。

証明 まず配分 x が支配されたとすると,ある配分 y と提携 S について $y \underset{S}{\succ} x$ となる。よって
$$\sum_{i \in S} x_i < \sum_{i \in S} y_i \leq v(S)$$
となり,x の集団合理性は満たされなくなる。

つぎに集団合理性を満たさない配分 y が支配されることを示そう。仮定によりある空でない $S \subset N$ について
$$e = v(S) - \sum_{i \in S} y_i$$
は正の値をとる。いま
$$a = v(N) - v(S) - \sum_{i \in N \setminus S} v(i)$$
と定義すれば,優加法性により $a \geq 0$ となる。そこで $s = |S|$ として
$$z_i = \begin{cases} y_i + e/s & (i \in S), \\ v(i) + a/(n-s) & (i \in N \setminus S) \end{cases}$$
とおけば,$z = (z_1, z_2, \cdots, z_n)$ は 1 つの配分であり,しかも $z \underset{S}{\succ} y$ である。

13.4 コアの存在条件 ($n=3$ の場合)

コアは,13.1 節の条件 (13.1), (13.2), (13.3) を満たす利得ベクトル $x = (x_1, x_2, \cdots, x_n)$ として定義された。$n = 3$ で,$v(i) = 0$ $(i = 1, 2, 3)$ と規準化すると,コアは

(1) $x_i \geq 0 \quad (i = 1, 2, 3)$
(2) $h - v(1,2) \geq x_3, \quad h - v(2,3) \geq x_1, \quad h - v(1,3) \geq x_2$
(3) $x_1 + x_2 + x_3 = h, \quad h = v(N)$

を満たす配分である。

上の条件を満たす点は図 13.1 (a) のようになる。図 13.1 (b) はコアが存在

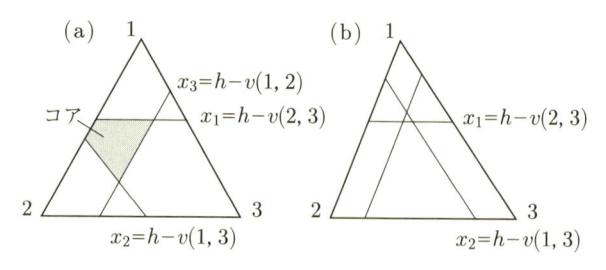

図 13.1 (a) はコアが空でない場合，(b) はコアが空の場合

しないような状況を示している。

13.5 単純ゲームとコア

(0,1) 基準化されたゲーム v は，各 $S \subset N$ について，$v(S) = 0$ あるいは $v(S) = 1$ のとき，**単純ゲーム** (simple game) という。いま v を (0,1) 基準化された単純ゲームとする。ここで

$$v(N - \{i\}) = 0$$

のとき，i は**拒否権** (veto power) をもつという。そのときつぎの定理が成立する。

定理 13.2
(0,1) 基準化されたゲーム v のコアが空でないための必要十分条件は，拒否権をもつプレイヤーが存在することである。

証明 いま拒否権をもったプレイヤーが存在しないとすると，

$$\sum_{j \in N} x_j = v(N) = 1,$$

$$\sum_{j \neq i} x_j \geq v(N - \{i\}) = 1$$

が成り立つ。上の式から下の式を引くことによって，すべての i について，$x_i = 0$ となり，x は配分ではない。したがって，コアは空となる。

逆に，拒否権をもつプレイヤーがいるとしよう。そのとき，S をそのよう

な拒否権をもつプレイヤーの集合としよう。また，x を $i \notin S$ ならば $x_i = 0$ となる非負のベクトルで

$$\sum_{i \in S} x_i = 1$$

を満たすとする。いま，T を勝利提携 (T を含む提携そしてそれのみが勝利する) とすれば $S \subset T$ となる。したがって，

$$\sum_{i \in T} x_i \geq \sum_{i \in S} x_i = 1 = v(T)$$

となる。すなわち，$C(v) \neq \emptyset$ となる。

13.6* 平衡ゲームとコアの存在

定義 13.3

集合 $N = \{1, \cdots, n\}$ の非空な真部分集合族 $C = \{S_1, \cdots, S_m\}$ が**平衡集合族** (balanced collection) であるとは，正の数 $\gamma_1, \cdots, \gamma_m$ が存在して，任意の $i \in N$ について

$$\sum_{j : i \in S_j} \gamma_j = 1$$

が成立することである。このとき，$\gamma = (\gamma_1, \cdots, \gamma_m)$ を平衡集合族 C の重み (ウェイト) のベクトルという。

N の任意の分割 $\pi = (S_1, \cdots, S_m)$ は，$\gamma_{S_i} = 1$ $(i = 1, \cdots, m)$ をウェイトにもつ平衡集合族である。したがって，平衡集合族 $C = \{S_1, \cdots, S_m\}$ は集合の分割の概念を一般化するものといえる。

また，$N = \{1,2,3,4\}$，$C = \{\{1,2\}, \{1,3\}, \{1,4\}, \{2,3,4\}\}$ とするとき，C はウェイト $\left(\frac{1}{3}, \frac{1}{3}, \frac{1}{3}, \frac{2}{3}\right)$ をもつ平衡集合族である。

$(S_1, \cdots, S_m)$ を N の分割とするとき，集団合理性を効率性の条件より，$v(S_1) + \cdots + v(S_m) \leq v(N)$ はコアが非空であるための必要条件である。しかし，十分条件でないことは，次の例より明らかである：$n = 3$，

$$v(S) = \begin{cases} 1 & |S| \geq 2, \\ 0 & 他の場合. \end{cases}$$

定義 13.4
提携形ゲーム (N,v) が，**平衡ゲーム** (balanced game) であるとは，N の任意の平衡集合族 $C = \{S_1, \cdots, S_m\}$ とその任意のウェイト $\gamma_1, \cdots, \gamma_m$ に対して，

$$\sum_{j=1}^m \gamma_j v(S_j) \leq v(N)$$

が成り立つことをいう。

定理 13.3** ボンダレーバーシャープレイ (Bondareva (1963) and Shapley (1967))**
ゲーム (N,v) のコアが非空であるための十分条件は，v が平衡ゲームであることである。

証明

$C = (S_1, \cdots, S_m)$ が平衡集合族であるための条件は

$$\sum_{j=1}^m \lambda_j I_{s_j}(i) \equiv I_N(i)$$

のように記すことができる。ここで $I_s(i)$ は S の特性関数で $i \in S$ ならば $I_s(i) = 1$, $i \notin S$ であれば $I_s(i) = 0$ を満たすものとする。

いま $x = (x_1, \cdots, x_m)$ をコアに属する利得ベクトルであるとする。そのとき

$$\sum_{i \in S_j} x_i \geq v(S_j) \qquad (j = 1, 2, \cdots, m)$$

は解をもち，とくに $m = n$ については等号で満たされる。したがって線形不等式の解の存在定理 (定理 6.1 を参照) によって，そのための条件を求めることができる。

13.6 平衡ゲームとコアの存在

ここでは,それから導かれる線形計画の双対定理を用いて証明を完結させよう。

平衡性の条件より

$$\text{maximize} \quad \sum_{S \subset N} y_s v(S)$$
$$\text{subject to} \quad \sum_{S \subset N} I_s(i) y_s = 1 \quad (i = 1, \cdots, n), \quad y_s \geq 0, \quad S \subset N,$$

は解をもつ。したがって双対問題も解をもつ。それが,コアの存在条件に他ならない (Kannai (1992) 参照)。

定理 13.3 の証明は多少面倒であったので,これを強めた条件を用いて,コアが非空であることを示そう。

定義 13.5
ゲーム (N, v) が凸であるとは,任意の $S, T \subset N$ について,

$$v(S \cup T) + v(S \cap T) \geq v(S) + v(T)$$

となることをいう。

このとき,つぎの定理が成り立つ。

定理 13.4
ゲーム (N, v) が凸ゲームであるならば,非空なコアが存在する。

証明 利得ベクトル $x = (x_1, \cdots, x_n)$ を

$$x_i = v(\{1, \cdots, i-1, i\}) - v(\{1, \cdots, i-1\}) \quad (i = 1, \cdots, n)$$

によって定義する。x が配分であることは,上式とゲームの凸性から明らかである。以下,x が集団合理的であることを示す。$N - S$ に属するプレイヤーを番号の順に並べたものを $j(1), \cdots, j(n-s)$ とする。いま,$T = \{1, \cdots, j(1) - 1, j(1)\}$ とすると,

$$S \cup T = S \cup \{j(1)\}, \quad S \cap T = \{1, \cdots, j(1) - 1\}$$

となるから,凸性の条件より

$$v(S) + v(\{1, \cdots, j(1) - 1, j(1)\}) \leq v(S \cup \{j(1)\}) + v(\{1, \cdots, j(1) - 1\})$$

となる。ここで,定義から

$$x_{j(1)} = v(\{1,\cdots,j(1)-1,j(1)\}) - v(\{1,\cdots,j(1)-1\})$$

であるから,

$$x_{j(1)} \leq v(S \cup \{j(1)\}) - v(S)$$

となる。以下, 同様の手続きを $j(2),\cdots,j(n-s)$ でも行い, 得られた $(n-s)$ 個の不等式を加え合わせると

$$\sum_{i \in N-S} x_i \leq v(N) - v(S).$$

したがって,

$$\sum_{i \in S} x_i \geq v(S)$$

となり, $x \in C(v)$ が導かれる。

13.7* 最小コアと仁

コアをじっさいの経済モデル等に適用する場合の難点は, 1 つにはそれが空集合でありうること, 第 2 にそれが一意に定まらないということである。この難点を回避するために, コアと同様の条件を満たし, つねに配分が一意に定まるゲームの解が考案された。いま, 準配分を

$$A^* = \left\{ x \in \mathbb{R}^n \,\middle|\, \sum_{i \in N} x_i = v(N) \right\}$$

で定義する。これは個人合理性の条件を要求していないので, 配分とは異なりうる。つぎに x における S の不満 (超過要求) を

$$e(x;S) = v(S) - \sum_{i \in S} x_i \qquad (S \subset N \text{ ただし } S \neq \emptyset, N)$$

と定義する。このとき, コアは

$$C = \{x \mid x \in A^*, \text{任意の } S \subset N \text{ について } e(x;S) \leq 0\}$$

のように記される。コアは空集合であっても, すべての提携 S に $\varepsilon > 0$ だけ提携値の不足を許容すれば, その不満が, ε 以下である集合は空でないことがありえる。いま

13.7 最小コアと仁

$C(\varepsilon) = \{x \mid x \in A^*, 任意の S \subset N について e(x;S) \leq \varepsilon, ただし S \neq \emptyset, N\}$
を ε コアという。つまり，ε コアは不満が ε 以下の準配分の全体である。ゲーム (N,v) の**最小コア** (least core) とは，すべての非空な ε コアの共通部分をいう。

ゲーム (N,v) において，配分 x が与えられたとき，提携 S の x に対する不満 (超過) $e(x;S)$ を辞書的順序で大きいものからならべたベクトル，すなわち，
$$\theta(x) = (\theta_1(x), \theta_2(x), \cdots, \theta_k(x))$$
ただし，$\theta_j(x) = e(x;S_j)$ $(j=1,\cdots,k)$, $\theta_1(x) \geq \theta_2(x) \geq \cdots \geq \theta_k(x)$ を**不満ベクトル**とよぶ。利得ベクトル x と y について，不満ベクトル $\theta(x)$ と $\theta(y)$ に関して辞書的順序で小さいベクトルのほうが受け入れやすい (受容的である) と考えられる。

定義 13.6

いかなる配分よりも受容的である配分の集合を**仁** (nucleolus) という。すなわち，ゲーム v の仁は
$$Nu(v) = \{x \in A \mid 任意の y \in A について \theta(x) \leq \theta(y)\}$$
で定義される (D. Schmeidler (1969))。

ゲームが合理的，すなわち
$$v(N) \geq \sum_{i \in N} v(i)$$
を満たす場合には，仁は空でなく，ただ 1 つの要素からなることが示される。しかも，準配分の集合 A^* を配分の集合 A に置き換えてもよいことが知られる。

例 13.5

12.5 節のタルムードの特性関数形ゲームで，仁を計算するとタルムードの表のような解が求められる。じっさい，たとえば $E = 200$ のケースについては，
$$v(N) = 200, \quad v(1,2) = v(1,3) = 0,$$
$$v(2,3) = 100, \quad v(1) = v(2) = v(3) = 0$$

である。不満 (超過要求) は，$x_1 + x_2 + x_3 = 200$,

$$w_{[1]}(x) := v(1) - x_1 = -x_1,$$
$$w_{[2]}(x) := v(2) - x_2 = -x_2,$$
$$w_{[3]}(x) := v(3) - x_3 = -x_3,$$
$$w_{[1,2]}(x) := v(1,2) - (x_1 + x_2) = x_3 - 200,$$
$$w_{[1,3]}(x) := v(1,3) - (x_1 + x_3) = x_2 - 200,$$
$$w_{[2,3]}(x) := v(2,3) - (x_2 + x_3) = x_1 - 100$$

であるので，仁は $(50, 75, 75)$ となる。

13.8 外部効果とコア

本節の分析は，シャープレイとシュービック (L. Shapley and M. Shubik (1969)) によるものである。

例 13.6 ゴミ捨てゲーム

n 人の個人がいる社会において，各個人は 1 個ずつのゴミ袋を所有していて，それを他人の家の前に置くことができる。b 個のゴミ袋を置かれた個人の効用は $-b$ であるとする。このゲームの特性関数は結託 S の人数を s とするとき，

$$v(S) = -(n-s) \quad (s < n \text{ の場合}),$$
$$v(N) = -n$$

で与えられる。

全プレイヤーの集合 N はゴミを各自の家の前に置かねばならないとしているので，特別な形をとっている。他の結託の場合には残りの人数が $(n-s)$ 人であるので，結託 S の家に置かれるゴミ袋の数もその値に等しい。

$n \geq 3$ とするとき，このゲームにコアが存在しないことは以下のようにしてわかる。まず，$x = (x_1, x_2, \cdots, x_n)$ を利得ベクトルとし，S を $(n-1)$ 人の結託とするとき，集団合理性の条件より

$$\sum_{i \in S} x_i \geq v(S) = -1$$

となる。この条件はすべてで n 個あるから，それを加えると

$$(n-1)\sum_{i\in N} x_i \geq -n$$

となる。この左辺は $(n-1)v(N) = -(n-1)n$ となるから，上式より $n \leq 2$ となり，仮定に反する。

例 13.7　湖の汚染ゲーム

ある湖のまわりに n 個の工場があり，(1 つの工場が) 浄化装置をつけるのに b だけの費用がかかる。また S 個の企業が浄化装置をつけていないとき，湖の水を利用するには sc だけの費用がかかるとする。ここで上の係数の間には，$c < b < nc$ の関係があるとする。このゲームにおける結託 S の特性関数は

$$v(S) = \begin{cases} -snc & (s \leq (b/c) \text{ のとき}), \\ -snc + s(sc-b) & (s \geq (b/c) \text{ のとき}) \end{cases}$$

となる。

上の特性関数はつぎのように解釈される。結託 S は，$b \geq sc$ のときは，1 つの工場が浄化装置をつけるための費用よりも s 個の工場のどれも浄化装置をつけないで水を利用する方が得策である。他の工場すべてが装置を取り付けないと，1 工場あたり nc，S に属する工場全体では snc の費用がかかる。他方，$b \leq sc$ の場合には，装置の取り付けにより，1 工場あたり $sc-b$ だけの費用が節減できる。すべての企業が装置を取り付けない場合の費用は 1 工場あたり nc であるから，$nc-(sc-b)$ が S に属したときの 1 工場あたりの費用となり，S に属する工場全体では $snc-s(sc-b)$ となる。

このゲームは凸ゲームとなる。つまり $S \subset T$ とすると

$$v(S \cup \{i\}) - v(S) \leq v(T \cup \{i\}) - v(T)$$

となる。したがって，このゲームのコアは空ではない (定理 13.3)。(一般に凸ゲームでは 14 章で定義するシャープレイ値はコアに属する)。

例 13.8

例 13.7 で $c = 1$, $b = 3$ のとき，

$$v(S) = \begin{cases} -ns & (b \geq sc \quad \text{if} \quad s \leq 3), \\ -ns + s(s-3) & (b \leq sc \quad \text{if} \quad s \geq 4) \end{cases}$$

さらに $n=5$, $|S|=s$, $v\{s\}=v(S)$ として
$v\{1\}=-5$, $v\{2\}=-10$, $v\{3\}=-15$, $v\{4\}=-16$, $v\{5\}=-15$
となり，(シャープレイ値) $(-3,-3,\cdots,-3)$ はコアに属する。

13.9* コアとワルラス均衡

これまでの協力ゲームの分析においては，効用の譲渡可能性が仮定されていた。ここではその仮定をはずし，経済学で通常想定される凸の選好をもつプレイヤーのゲームについて，コアの分析を行う。そのさい用いられるコアの概念は，13.3 節の「支配されない配分」という考えを拡張したものである。

ワルラス (L. Walras) 流の一般均衡理論では，各経済主体がシグナルとみなして行動するとされる (共通の) 価格があると仮定されている。本節では (拡張された) コアの考えにしたがって，その形成に関して理論的基礎が与えられる。

ここで定式化するコアの考えは，エッジワース (F.Y. Edgeworth) によるものである。彼の予想にしたがえば，多数の競争者が自己の利益を求めて任意にグループを形成し交換を続けていくと，交換が行きついた先では，ワルラス均衡と同じ配分が実現するというものである。しかもワルラスのモデルで各人が所与として行動するとされていた価格は，そのようなプロセスを通じて，自然に形成されることになる。この理論では，各人は他人の選好や初期保有等の特性について，完全に知らされてはいないものと想定されている。しかし特定の取引機構や制度についての仮定をおいていない。それにもかかわらず，ワルラス均衡配分と均衡価格が人数が多くなった場合の交換プロセスの極限として実現されるということはきわめて興味深い。

以下の分析は，Mas-Colell 他 (1995) に負うものである。n 人の消費者からなる純粋交換経済を考え，$N=\{1,2,\cdots,n\}$ とおく。これを消費者の集合ということがある。各 i について，消費者 i の消費集合 X^i を l 次元ユー

13.9 コアとワルラス均衡

クリッド空間 $\mathbb{R}^l$ の正象限全体,初期保有ベクトルを $\omega^i > 0$ とし,選好順序 R^i は単調性と強い凸性を満たすものとする。また R^i から導かれる強い選好順序を P^i (2.4 参照) とする。

このとき,すべての個人の消費ベクトルを並べた組 (配分という) $x = (x^1, x^2, \cdots, x^n) \in \mathbb{R}^{ln}$ が**達成可能** (attainable) であるとは,

$$\sum_{i \in N} x^i = \sum_{i \in N} \omega^i$$

を満たすことをいう。付録 A で与えられるワルラス均衡の定義は,いまのモデルではつぎのように表現される。配分 $x^* = (x^{1*}, x^{2*}, \ldots, x^{n*}) \in \mathbb{R}^{ln}$ と価格のベクトル $p^* \in \mathbb{R}^l$ との組 (x^*, p^*) が**ワルラス均衡**であるとは,

(a) 各人に関して,x^{i*} は所得の制約 $p^* x^i \leq p^* \omega^i$ の下で,(効用が飽和しない限り,上式は等号で満たされる) 最も選好される点であり,

(b) x^* は達成可能である

ということである。いまのモデルで配分 x が**パレート最適**であるとは,達成可能な配分の中ですべての個人にとってよりよい配分 x' が存在しないことをいう。

つぎに,消費者 (の添字) の非空の部分集合 S (つまり $S \subset N$ となる非空の集合) を**結託** (coalition) という。このとき結託 $S \subset N$ が配分 $x^* = (x^{1*}, x^{2*}, \cdots, x^{n*})$ を**改善する** (improve upon),あるいは**ブロックする** (block) とは,結託 S の構成員が自分達の初期保有だけを配分することによって,各個人にとって x^{*i} より選好される消費ベクトル x^i を達成できることを意味する。数学的にこのことは,

$$x^i P^i x^{*i} \quad (i \in S), \tag{13.4}$$

$$\sum_{i \in S} x^i = \sum_{i \in S} \omega^i \tag{13.5}$$

となることをいう。

また,達成可能な配分 $x^* = (x^{1*}, x^{2*}, \cdots, x^{n*})$ が**コアの特性** (core property) をもつとは,どのような結託 S もそれを改善できないことをいう。こ

のコアの特性を持つ配分の全体を**コア** (core) という．コアは協力ゲームにおける同じ用語の概念 (定義 13.2) と密接な関係をもっている．全員の結託によって改善されない配分でもあるから，コアはパレート最適でもある．

例 13.9
2 人が初期に財 ω^1, ω^2 を保有する経済を考える．2 人経済での可能な結託は $\{1\}$, $\{2\}$, $\{1,2\}$ の 3 つである．エッジワースのボックス図で 1 人の結託で改善できない配分は，個人 i $(i=1,2)$ については ω^i より効用が高い配分の全体，つまり ω^i を通る無差別曲線の上方の部分である．また，結託 $\{1,2\}$ については 2 人の個人の効用をともに増すことができない配分の全体，図 13.2 では無差別曲線が互いに接する点の全体である．したがって，コアは図の曲線 PQ と一致する．

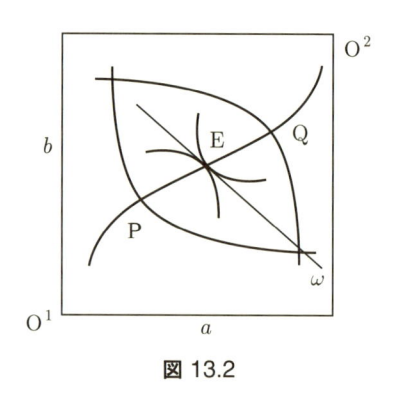

図 13.2

定理 13.5
選好の凸性のもとで，純粋交換モデルのワルラス均衡はコアの特性をもつ．

証明 $x^* = (x^{1*}, \cdots, x^{n*})$ を n 人経済におけるワルラス均衡配分，p^* を均衡価格ベクトルとする．そのとき各個人 i は，p^* と所得 $p^*\omega^i$ の下で効用を最大にしている．ここで仮にある結託 $S \subset N$ とそれに属する個人の消費ベクトル $\{x^i\}$ $(i \in S)$ について，$x^i P^i x^{*i}$ となっていたとしよう．すると均衡の定義から
$$p^* x^i > p^* \omega^i \qquad (i \in S)$$

であるから
$$p^*\left(\sum_{i \in S} x^i\right) > p^*\left(\sum_{i \in S} \omega^i\right)$$
となる。これはコアの第二の条件 $\sum_{i \in S} x^i = \sum_{i \in S} \omega^i$ に反する。

この命題の逆が一般に成立しないことは，エッジワースのボックス図によって知ることができる。先の例において，図 13.2 でのワルラス均衡配分は，ω を通る価格線を引いたとき，それが 2 人の無差別曲線と (図の E 点のように) 背中合わせに接する点で与えられた。コアの配分である曲線 PQ 上でワルラス均衡を特色づけるこの条件を満たさない点が存在する (無差別曲線が接する PQ 上のある点から接線を延長したときに ω を通るとは限らない) ことは明らかである。

以下では有限のタイプ (特性) の個人からなる経済において，各タイプの人数が一定の比率で増すと，コアはワルラス均衡に近づくことを証明する。いま $H = \{1, 2, \cdots, h\}$ を消費者のタイプを示すものとし，各タイプ h の個人はすべて同じ初期保有 ω^h と選好順序 R^h をもつとする。また，タイプ $h (h \in H)$ の個人 K 人ずつからなる経済をもとの経済の **K 重の複製経済** という。

つぎの定理はそのような複製経済のコアの配分では，同じタイプの個人の配分はすべて同一となることを主張するものである。この定理により，各タイプの人数が同じである場合には，図 13.2 と同様の図を用いてその大きな複製経済の均衡を図示することができる。

定理 13.6* 均等待遇条件の充足

h タイプの第 k 個人の配分を x^{hk} $(h = 1, 2, \cdots, H; k = 1, 2, \cdots, K)$ で示し，それをならべたベクトル $x = (x^{11}, \cdots, x^{1k}, \cdots, x^{h1}, \cdots, x^{hk}, \cdots, x^{H1}, \cdots x^{HK})$ が K 重複製経済のコアに含まれるならば，均等待遇条件

$$x^{hi} = x^{hj} \quad (h = 1, 2, \cdots, H, \quad i, j = 1, 2, \cdots, K)$$

が満たされる。

証明 もし上に示した形の実現可能な配分 x が均等待遇条件を満たさず，たとえば $x^{1i} \neq x^{1j}$ $(i \neq j)$ であったとする。このとき各タイプ h ごとにその

選好で評価して，もっとも低い順位をもつ個人の番号を (一般性を失うことなく) 1 とし，各 h について $x^{hi}R^h x^{h1}$ であるとする．

次に各タイプ h の個人について，その平均の消費量を $\bar{x}^h = (1/K)\sum_k x^{hk}$ とする．このとき，選好の強義凸性より (同じ満足を与えるいくつかの消費量より平均の消費量の方が同等以上に好まれ，すべてが同じでなければもっと劣ったものより平均消費量の方が厳密に好まれるから)

$$\bar{x}^h R^h x^{h1} \quad (h = 1, 2, \cdots, H) \quad \text{かつ} \quad \bar{x}^1 P^1 x^{11}$$

となる．以下では，各タイプのもっとも低い選好順位をもつ財ベクトルを消費する個人からなる結託 $S = (11, \cdots, h1, \cdots, H1)$ と，各タイプの平均の消費ベクトルを集めた $\bar{x} = (\bar{x}^1, \cdots, \bar{x}^H)$ を考えよう．すると，S は初期配分を用いて $\bar{x}$ を実現することができる．なぜなら x の達成可能性 (複製経済の財の需給バランス条件) により，

$$\sum_h \sum_k x^{hk} = K \sum_h \omega^h$$

であるから，両辺を K で除すと

$$\sum_h \bar{x}^h = \sum_h \omega^h$$

となるからである．したがって x は結託 S によって改善されるので，コアに含まれない．

この命題により，コア配分は複製の数 K にかかわりなく，新たに $x = (x^1, \cdots, x^H)$ のような財の数 l とタイプの数 H の積だけの次元をもった各タイプ 1 人ずつからなる配分 x を考察すればよいことになる．上の配分を**縮約経済の配分**と呼ぼう．複製経済の配分が実現可能であるのは，どのような数 K の複製についても

$$\sum_h x^h = \sum_h \omega^h$$

となることである．なぜなら，この両辺を K 倍したものが K 重複製経済の実現可能性の条件となるからである．

いま K 重複製経済のコアの配分に対応する縮約経済の配分を C_K とおく．

13.9 コアとワルラス均衡

このとき，
$$C_{K+1} \subset C_K$$
となる。なぜなら，K 重経済でブロックされる配分 (を縮約形で示したもの) は $(K+1)$ 重経済においても K 重経済とまったく同じ構成員からなる結託によってブロックされるからである。

上の包含関係より，複製の数 K が増すにつれて縮約経済でのコアは同じかまたは小さくなることがわかる。しかしワルラス均衡は (縮約経済の中でも) コアに含まれるので，K が増しても C_K がなくなることはない。つぎの定理は K が増した場合ワルラス均衡以外の配分はなくなること，すなわちワルラス均衡とコアが一致することを主張するものである。

定理 13.7**
もし縮約経済の実現可能な配分 $x^* = (x^{*1}, \cdots, x^{*H})$ が，すべての K について C_K に属するならば，x^* はワルラス均衡配分となる。

証明 $x = (x^1, \cdots, x^H)$ をワルラス均衡でない実現可能なコアの配分であるとする。以下では K が十分大きい場合，この配分が改善されうることを示そう。いま x はすべて正の要素からなる (内点解である) と仮定する。

(ステップ 1)

コア配分はパレート最適であるから，ある価格 $p = (p_1, \cdots, p_l)$ の下で (x, p) は効率均衡 (x をどのように配分しても，px より少ない支出額でその状態よりパレートの意味で好ましい配分が達成できない状態) になっている。また x がワルラス均衡でないとしたから，ある消費者 (それを 1 とする) について，$p(x^1 - \omega^1) > 0$ となる。つまり初期資産の価値より大きな価値を消費する個人がいる。なぜなら，(個人の予算制約条件の和として得られる) ワルラス法則より

$$\sum_i p(x^i - \omega^i) = 0$$

で，もし全員について $p(x^i - \omega^i) = 0$ となっていれば，コアの条件 (13.1) を 1 人の個人について適用したものより，x^i は p の下でそれを購入するための支出 $p\omega^i$ を最小にしている。したがって，強い単調性により，価格 p と所得

$p\omega^i$ の下での効用最大化条件を満たしている. 市場の需給バランス条件がもともと満たされていることを考慮すると, x がワルラス均衡でないことに反するからである. したがって, $p(x^i - \omega^i) \neq 0$ となる個人が存在する. ワルラス法則により, その値が正になる個人がいるとしてよい.

例 13.10　2財・2タイプのケース

証明の中心はつぎの (ステップ2) と (ステップ3) である. ここでは2財2タイプのケースについて, まずその証明の考えを紹介しよう.

　$x = (x^1, x^2)$ がコアに含まれる (したがってパレート最適である) としよう. そのときの2人の共通の限界代替率がその比に等しくなる (効率) 価格ベクトルを $p = (p_1, p_2)$ とする. もし (x, p) がワルラス均衡でないとすると, $p(x^1 - \omega^1)$ または $p(x^2 - \omega^2)$ のいずれか一方はゼロでない. なぜならともにゼロなら各 i について x^i は p の下でそれを購入するための支出 $p\omega^i$ を最小にしている (したがって価格 p と所得 $p\omega^i$ の下での効用を最大にしている) から, 市場の需給バランス条件がもともと満たされていることを考慮すると, ワルラス配分であることに反するからである. しかもワルラス法則により, $p(x^1 - \omega^1)$ と $p(x^2 - \omega^2)$ の和はゼロであるから, 一般性を失うことなく $p(x^1 - \omega^1) > 0$ とすることができる.

　つぎにタイプ1の消費者 $(K-1)$ 人とタイプ2の消費者 K 人からなる結託 S_K を考えよう. その構成員の数を s_K とすると, $s_K = 2K - 1$ である. このとき結託 S_K 内の各人に当初の配分に $x^1 - \omega^1$ を均等に分けた量を加える配分を $x' = (x'^1, x'^2)$ とする. 定義から $i = 1, 2$ について

$$x'^i = x^i + (x^1 - \omega^1)/s_K \qquad s_K = 2K - 1$$

で, しかも全員についての和は,

$$(K-1)x'^1 + Kx'^2 = (K-1)x^1 + Kx^2 + x^1 - \omega^1$$
$$= (K-1)\omega^1 + K\omega^2$$

となり, x' は S_K にとって達成可能である.

　つぎに, K が十分大きいときには, x^h から x'^h への変化は S_K の構成員全員にとって効用の増加をもたらすことを示そう. まず $p(x^1 - \omega^1) > 0$ でしかも価格と限界効用が比例することにより, 各 h について

13.9 コアとワルラス均衡

$$\nabla u^h(x^1 - \omega^1) > 0$$

となる。ただし，$\nabla u^h = (u_1^h, u_2^h)$ は個人 h の 2 財の限界効用ベクトルである。したがって各 h について十分に小さい $\overline{\alpha}$ が存在して

$$u^h(x^h + \alpha(x^1 - \omega^1)) > u^h(x^h) \qquad (0 < \alpha < \overline{\alpha})$$

となる。S_K の構成員の数を s_K の構成員とおくと，上のことより $1/s < \overline{\alpha}$ となるすべての K について S_K はもとの配分 x を改善することが知られた。

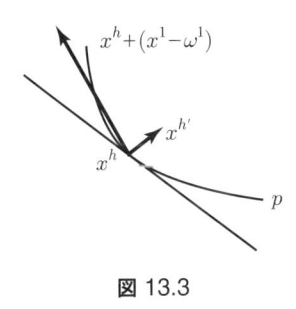

図 13.3

(ステップ 2)

以下では K が十分に大きいと，$(K-1)$ 人のタイプ 1 の個人と結託することが，$K(H-1)$ 人からなるすべての他のタイプの個人の集合について，有利であることを示そう。じっさい $(K-1)$ 人のタイプ 1 の個人と $K(H-1)$ 人の他の個人からなる結託 S_K 内の各個人が当初の配分に $(x^1 - \omega^1)$ を均等に分割した量をつけ加えた場合を考えてみよう。結託 S_K の人数を s_K とおくと，そのときのタイプ h の個人の配分は

$$x'^h = x^h + \frac{x^1 - \omega^1}{s_K} \qquad (s_K = (K-1) + K(H-1))$$

となる。しかもこの結託にとっての初期資産の合計は $(K-1)\omega^1 + K(\omega^2 + \cdots + \omega^H)$ となるから，S に属するすべての個人の消費量 x'^h の合計に一致することがわかる。したがって，x' は S_K にとって達成可能である。

(ステップ 3)

$x = (x^1, \cdots, x^H)$ をワルラス均衡でない縮約経済の配分とする。すると K が十分大きいときには x はブロックされることを示そう。まず，(ステップ 2) に示したように，x' は S_K にとって達成可能である。つぎに K が十分

大きいときには x^h から x'^h への変化は S_K の構成員全員にとって効用の増加をもたらすことを示そう。(**ステップ1**) より $p(x^1 - \omega^1) > 0$ であり，しかも価格と限界効用が比例することより，各 h について

$$\nabla u^h(x^1 - \omega^1) > 0$$

となる。ここで，$\nabla u^h = (u_1^h, \cdots, u_l^h)$ は消費者 h の各財の限界効用をならべたベクトルである。したがって，$\overline{\alpha}$ を十分小さくとると，各 h について

$$u^h(x^h + \alpha(x^1 - \omega^1)) > u^h(x^h) \qquad (0 < \alpha < \overline{\alpha})$$

となる。上のことより $1/s_K < \overline{\alpha}$ となるすべての K について，S_K はもとの配分 x を改善することが知られた。

定理 13.8 コアのワルラス均衡への収束定理

すべての縮約経済の実現可能な配分 $x^* = (x^{1*}, \cdots, x^{H*})$ が，すべての K 重複製経済 ($K = 1, 2, \cdots$) のコアに含まれているならば，つまり $x^* \in C_K$ ($K = 1, 2 \cdots$) となっているならば，x^* はワルラス均衡となる。

定理の証明は上の議論で完結している。ここでは共通の取引価格の存在をあらかじめ仮定することなく，各人が勝手な結託を組むことによって交換を行い，改善の余地がない状態——コア——が存在すること，そして各タイプの人数が十分大きくなるとコアが競争均衡に収束することを示した。

演習問題

13-1 $N = \{1, 2, 3\}$, $0 \leq a \leq b \leq c$ として，

$$v(1) = a, \quad v(2) = v(1,2) = b,$$
$$v(3) = v(1,3) = v(2,3) = v(1,2,3) = c$$

と定めるとき，コアが空でないための条件を求めなさい。

13-2* n 人提携形ゲームで，特性関数が $v(S) = s$ のように S のメンバーの数だけに依存するとする。このとき，コアが空集合でないための条件は，任意の $S \subset N$ について

$$\frac{v(S)}{s} \leq \frac{v(N)}{n}$$

であることを証明しなさい。

13-3 ($0 - 1$ 正規化された 3 人ゲーム)

演習問題

$$v(N) = 1, \qquad v(i) = 0 \qquad (i = 1, 2, 3)$$

を満たすゲームにおいて，コアが空でないための条件は，任意の異なる $i, j \in N$ に対して

$$v(i, j) \leq 1$$

および

$$2 \geq v(1, 2) + v(2, 3) + v(3, 1)$$

が成立することであることを示しなさい。

13-4 プレイヤー 1 は非分割財を 1 単位保有しているが，彼の効用はゼロである。しかし，プレイヤー 2 と 3 はそれぞれ $a \geq 0$, $b \geq a$ の効用を得ることができる。この問題を提携型ゲームとして，次のように定式化しよう。

$$\begin{aligned} v(1) &= v(2) = v(3) = v(2,3) = 0, \\ v(1,2) &= a, \\ v(1,3) &= b, \\ v(1,2,3) &= b. \end{aligned}$$

このゲームのコアを求めなさい。

13-5 3 人のゲームにおいて，つぎの集合族とウェイト γ は平衡集合族を定めることを示せ。

(1) $S = \{\{1\}, \{2\}, \{3\}\}$, $\gamma = (1, 1, 1)$

(2) $S = \{\{1\}, \{2, 3\}\}$, $\gamma = (1, 1)$

(3) $S = \{\{1, 2\}, \{1, 3\}, \{2, 3\}\}$, $\gamma = (1/2, 1/2, 1/2)$

13-6 $(n+m)$ 人からなる交換経済において，すべての個人 i の効用関数が

$$u^i(a^i, b^i) = a^i \cdot b^i$$

で与えられている。そのうち n 人の初期保有量のベクトルが $(1, 2)$，残り m 人の初期保有量のベクトルが $(2, 1)$ であるとする。このとき競争 (ワルラス) 均衡を求めなさい。

14
シャープレイ値

　第2章で定義したような $v(\cdot)$ を特性関数とする n 人協力ゲームがあるとき，そこにおける全体の成果の各個人への「公平な配分」(あるいは全体の費用の各個人への「公平な負担」)を示す n 個の実数を与えるものがシャープレイ値である。以下では上の「公平性」の内容を明確にし，シャープレイ値を厳密に定義するための準備をしよう。シャープレイ値は各特性関数について一意に定まり，その値を容易に計算することができる。概念を規定する公理の自然さと簡潔さゆえに，協力ゲームの解概念としてはコアとともに最も広く用いられているものである。

14.1　シャープレイ値の定義

　n 人ゲーム v において，すべての $S \subset N$ について
$$v(S \cup \{i\}) = v(S) \tag{14.1}$$
となるとき，プレイヤー i は**ダミー** (null player) であるという。このとき，プレイヤー i はどのような提携 S に対しても何の貢献もしていない。また $i, j \in N$ を含まないすべての $S \subset N$ について
$$v(S \cup \{i\}) = v(S \cup \{j\}) \tag{14.2}$$
となるとき，i と j とはゲーム v において**代替プレイヤー** (substitutes) であるという。

14.1 シャープレイ値の定義

最後に 2 つの n 人ゲーム v, w が与えられたとき，それらの和 $v+w$ をその特性関数が各 $S \subset N$ について

$$(v+w)(S) = v(S) + w(S) \tag{14.3}$$

である n 人ゲームによって定義する。

定義 14.1

$N = \{1, 2, \cdots, n\}$ をプレイヤーの集合とする特性関数形ゲーム $v(\cdot)$ の集合を G^N とする。このとき**シャープレイ値** (Shapley value) とは，各ゲーム v に配分 $(x_1, x_2, \cdots, x_n)$ を対応させる関数で，つぎの条件を満たすものをいう (以下ではゲーム v のシャープレイ値 $\phi(v)$ をたんに ϕv で示し，その第 i 座標，つまり第 i プレイヤーのシャープレイ値を $(\phi v)_i$ と記す)。

(1) **対称性**　$i \in N$ と $j \in N$ がゲーム v における代替プレイヤーならば $(\phi v)_i = (\phi v)_j$ となる。

(2) **ダミーの条件**　$j \in N$ がゲーム v におけるダミーであるならば $(\phi v)_i = 0$ となる。

(3) **効率性**　$\sum_i (\phi v)_i = v(N)$ となる。

(4) **加法性**　v, w を G^N に属する 2 つのゲームとするとき，$(\phi(v+w))_i = (\phi v)_i + (\phi w)_i$ となる。

これらの条件が，さきにシャープレイ値が「公平性」の基準を示す配分であるといったことの内容である。いまシャープレイ値が定める n 次元のベクトルを個人の配分ということにすると，(1) 対称性 (symmetry) の条件は，同じ役割を果たす個人は同じ配分を受けることを，(2) ダミーの条件は，いかなる提携 S に対しても貢献をしない個人には与えられる配分がゼロであることを示している。(3) 効率性 (efficiency) の条件は，全体の成果が全員に分配されることを意味している。成果が個人に完全に配分しつくされるという意味で，完全帰属性という言葉の方が従来の経済学上の慣用に近い。しかしここでは通常の使用法にしたがって効率性という言葉をあてている。最後の (4) 加法性 (additivity) の条件は，2 つのゲームを合わせたものを 1 つのゲームとみなすとき，各プレイヤーの単独のゲームにおけるシャープレイ値の和が，

合わせたゲームのシャープレイ値に等しくなるということを示すものである。

14.2 2人ゲームのシャープレイ値

例 14.1 包含に関する基本ゲーム

(1) $v(1) = 1, \ v(2) = 0, \ v(1,2) = 1$
となるゲーム $\delta_{\{1\}}$ では，プレイヤー 1 のみが正の貢献をなし，プレイヤー 2 はダミーである。したがって，効率性より，シャープレイ値は $(x_1, x_2) = (1, 0)$ となる。

(2) $v(1) = 0, \ v(2) = 1, \ v(1,2) = 1$
となるゲーム $\delta_{\{2\}}$ では，プレイヤー 2 のみが正の貢献をし，プレイヤー 1 はダミーである。したがって，上と同様，シャープレイ値は $(x_1, x_2) = (0, 1)$ となる。

(3) $v(1) = v(2) = 0, \ v(1,2) = 1$
となるゲーム $\delta_{\{1,2\}}$ では，2 人がともに結託に加わるときのみ正の価値を生む。したがって，対称性と効率性より，シャープレイ値は $(x_1, x_2) = (1/2, 1/2)$ となる。

(4) 上の (1) のケースと同様に，$\delta_{\{1\}}$ のスカラー倍のゲームのシャープレイ値は，もとのゲームのシャープレイ値のスカラー倍になることがわかる。(2), (3) についても同様である。

以上のことより，一般に $v(1) = a_1, \ v(2) = a_2, \ v(1,2) = a_3$ となるゲームは，シャープレイ値が知られているゲームに分解して考えることができる。

$$\begin{pmatrix} a_1 \\ a_2 \\ a_2 \end{pmatrix} = a_1 \begin{pmatrix} 1 \\ 0 \\ 1 \end{pmatrix} + a_2 \begin{pmatrix} 0 \\ 1 \\ 1 \end{pmatrix} + (a_3 - a_1 - a_2) \begin{pmatrix} 0 \\ 0 \\ 1 \end{pmatrix}.$$

ここで，例 14.1 の結果とゲームの加法性の公理を用いると，左辺のゲームのシャープレイ値は，

$$(\phi v)_1 = a_1 + 0 + \frac{a_3 - a_1 - a_2}{2},$$

14.2 2人ゲームのシャープレイ値

$$(\phi v)_2 = 0 + a_2 + \frac{a_3 - a_1 - a_2}{2}$$

のようになる。つまり,

命題 14.1

2人ゲーム v のプレイヤー i のシャープレイ値は

$$(\phi v)_i = \frac{v(1,2) + v(i) - v(j)}{2} \qquad (i \neq j)$$

となる。

注意 14.1
この結果はつぎの表のようにして求めることもできる。2つの順列それぞれについて,自分より前に位置するプレイヤーの提携(自分が先頭なら$\emptyset$)に対するプレイヤーの貢献の平均を求めるとシャープレイ値に一致する。

表 14.1

順列	1 の貢献	2 の貢献
1,2	$v(1)$	$v(1,2) - v(1)$
2,1	$v(1,2) - v(2)$	$v(2)$
平均	$(v(1,2) + v(1) - v(2))/2$	$(v(1,2) - v(1) + v(2))/2$

例 14.2 布の分配

例12.1に掲げたゲーム(布の分配)において $v(1) = 1, v(2) = 1/2, v(1,2) = 1$ を上の表に代入して計算すると,シャープレイ値は $(3/4, 1/4)$ となる。

この結果はつぎのように解釈することができる。プレイヤー1に優先権を与えその意見を聞けば,分配は $(1,0)$ となる。また,プレイヤー2の意見に従えば,分配は $(1/2, 1/2)$ となる。シャープレイ値の集合が公平な分配とは,2人のプレイヤーに $1/2$ の確率で判断の優先権を与えることと考えれば,上の配分の平均をとることによって,ゲームのシャープレイ値 $(3/4, 1/4)$ が求められる。

14.3 3人ゲームのシャープレイ値とその一般化

n 人ゲームの中で,

$$v_T(S) = \begin{cases} 1 & (T \subset S) \\ 0 & (他の場合) \end{cases} \quad (14.4)$$

の形のものを，包含関係に関する**基本ゲーム**という．この形のゲームは T の定め方だけあるので，$n=3$ のときは，全部で 7 とおりになる．つぎに，任意の 3 人ゲームは 7 個の実数によって定まるが，それらが (14.4) の形の基本ゲームによって一意に表現されることを示そう．

任意の 7 次元のベクトルは

$$\begin{pmatrix} v(1) \\ v(2) \\ v(3) \\ v(1,2) \\ v(1,3) \\ v(2,3) \\ v(N) \end{pmatrix} = v(1) \overset{v_{\{1\}}}{\begin{pmatrix} 1 \\ 0 \\ 0 \\ 1 \\ 1 \\ 0 \\ 1 \end{pmatrix}} + v(2) \overset{v_{\{2\}}}{\begin{pmatrix} 0 \\ 1 \\ 0 \\ 1 \\ 0 \\ 1 \\ 1 \end{pmatrix}} + v(3) \overset{v_{\{3\}}}{\begin{pmatrix} 0 \\ 0 \\ 1 \\ 0 \\ 1 \\ 1 \\ 1 \end{pmatrix}} + b_{12} \overset{v_{\{1,2\}}}{\begin{pmatrix} 0 \\ 0 \\ 0 \\ 1 \\ 0 \\ 0 \\ 1 \end{pmatrix}} + b_{13} \overset{v_{\{1,3\}}}{\begin{pmatrix} 0 \\ 0 \\ 0 \\ 0 \\ 1 \\ 0 \\ 1 \end{pmatrix}}$$

$$+ b_{23} \overset{v_{\{2,3\}}}{\begin{pmatrix} 0 \\ 0 \\ 0 \\ 0 \\ 0 \\ 1 \\ 1 \end{pmatrix}} + b_N \overset{v_N}{\begin{pmatrix} 0 \\ 0 \\ 0 \\ 0 \\ 0 \\ 0 \\ 1 \end{pmatrix}}$$

の形に表現できる．この第 4, 5, 6 行目の関係より，b_{12}, b_{13}, b_{23} の値はつぎのように計算される．じっさい，

14.3　3人ゲームのシャープレイ値とその一般化

$$v(1) + v(2) + b_{12} = v(1,2) \quad \Rightarrow \quad b_{12} = v(1,2) - v(1) - v(2),$$
$$v(1) + v(3) + b_{13} = v(1,3) \quad \Rightarrow \quad b_{13} = v(1,3) - v(1) - v(3),$$
$$v(2) + v(3) + b_{23} = v(2,3) \quad \Rightarrow \quad b_{23} = v(2,3) - v(2) - v(3)$$

となる。また，最後の行の関係 $v(1)+v(2)+v(3)+b_{12}+b_{13}+b_{23}+b_N = v(N)$ より

$$b_N = v(N) - v(1,2) - v(1,3) - v(2,3) + v(1) + v(2) + v(3)$$

となる。このように，任意の3人ゲーム v (7次元ベクトル) は，7個の基本ゲーム (基本ベクトル) によって一意に表現できることがわかる。基本ゲームのシャープレイ値は，ダミーの条件と効率性および対称性の条件より容易に計算される。

注意 14.2
例 14.1 の場合と同様に，(14.4) の基本ゲームでは $i \notin T$ はダミーであるから，シャープレイ値は 0 である。また各 $i, j \in T$ は代替的であるから，そのシャープレイ値は等しい。つまり，$(\phi v_T)_i = (\phi v_T)_j$ となる。したがって公理の効率性の条件 (3) からつぎの結果を得る。

例 14.3
n 人ゲーム v_T のシャープレイ値は

$$(\phi v_T)_i = \begin{cases} \dfrac{1}{|T|} & (i \in T), \\ 0 & (i \notin T) \end{cases}$$

となる。ここで $|T|$ は T を構成するプレイヤーの数を示すものとする。また，このゲームにおいては，任意の実数 α について

$$(\psi(\alpha v_T))_i = \begin{cases} \dfrac{\alpha}{|T|} & (i \in T), \\ 0 & (i \notin T) \end{cases}$$

となることも明らかである。

以上の結果を用いると，3人ゲーム v のシャープレイ値はつぎのように求められる。

$$(\phi v)_1 = v(1) + \frac{b_{12}}{2} + \frac{b_{13}}{2} + \frac{b_N}{3}$$
$$= \frac{2v(N) + v(1,2) + v(1,3) - 2v(2,3) + 2v(1) - v(2) - v(3)}{6}.$$
(14.5)

じっさい，基本ゲーム (14.4) においてプレイヤー 1 がダミーでないものは 4 つあり，プレイヤー 1 のみがダミーでないゲームにおける彼のシャープレイ値は 1, 2 人がダミーでないゲームにおけるシャープレイ値は 1/2, 全提携だけが価値を持つゲームにおけるプレイヤー 1 のシャープレイ値は 1/3 である。同様の結果は

$$(\phi v)_2 = v(2) + \frac{b_{12}}{2} + \frac{b_{23}}{2} + \frac{b_N}{3},$$
$$(\phi v)_3 = v(3) + \frac{b_{13}}{2} + \frac{b_{23}}{2} + \frac{b_N}{3}$$

を用いて，(14.5) 式のように具体的に示される。以上をまとめるとつぎの命題が得られる。

命題 14.2　3 人ゲームのシャープレイ値

3 人ゲーム v におけるプレイヤー i のシャープレイ値は

$$(\varphi v)_i = \frac{2v(N) + v(i,j) + v(i,k) - 2v(j,k) + 2v(i) - v(j) - v(k)}{6}$$
(14.6)

で与えられる。ここで，j と k は i と異なる 2 人のプレイヤーの添え字とする。

注意 14.3

この結果は表 14.2 のようにして求めることができる。P_i はプレイヤー i を意味する。各順列についてのプレイヤーの貢献の平均を求めるとシャープレイ値に一致する。

表 14.2

順列	P_1 の貢献	P_2 の貢献	P_3 の貢献
1,2,3	$v(1)$	$v(1,2) - v(1)$	$v(N) - v(1,2)$
1,3,2	$v(1)$	$v(N) - v(1,3)$	$v(1,3) - v(1)$
2,1,3	$v(1,2) - v(2)$	$v(2)$	$v(N) - v(1,2)$
2,3,1	$v(N) - v(2,3)$	$v(2)$	$v(2,3) - v(2)$
3,1,2	$v(1,3) - v(3)$	$v(N) - v(1,3)$	$v(3)$
3,2,1	$v(N) - v(2,3)$	$v(2,3) - v(3)$	$v(3)$
平均	1 のシャープレイ値	2 のシャープレイ値	3 のシャープレイ値

14.3 3人ゲームのシャープレイ値とその一般化

表14.2で，各プレイヤーの貢献の平均を求めると，たとえば，プレイヤー1については，

P_1の貢献の平均
$$= \frac{2v(N) + v(1,2) + v(1,3) - 2v(2,3) + 2v(1) - v(2) - v(3)}{6}$$

となり，(14.5)と同じ結果が導かれる。

14.3.1 アルバイト・ゲーム

例12.2の3人ゲームの特性関数は
$$v(1) = v(2) = v(3) = v(1,2) = 0,$$
$$v(1,2,3) = v(1,3) = v(2,3) = 1$$

のようになる。このゲームのシャープレイ値は$(1/6, 1/6, 2/3)$となる。これらは，公式(14.6)を用いることなく，シャープレイ値の定義から求めることもできる。

このゲームでプレイヤー1の貢献がプラスであるのは，プレイヤー3のみがいるときに1が加わる場合，つまり順列$(3, 1, 2)$のケースだけであり，その貢献は1である。それに順列$(3, 1, 2)$が生じる確率$1/6$を乗じると$(\phi v)_1 = 1/6$となる。$(\phi v)_2 = 1/6$となることも同様である。またプレイヤー3の貢献がプラスになる順列は$(1,2,3), (1,3,2), (2,1,3), (2,3,1)$の4通りあり，それぞれにおけるプレイヤー3の貢献は1である。したがって，それらが生じる確率を乗じると$(\phi v)_3 = 4 \times (1/6) = 2/3$となる。なお$(\phi v)_3$は値の合計が$v(N) = 1$となることより，1からプレイヤー1と2のシャープレイ値を引いて$(\phi v)_3 = 1 - 2 \times 1/6 = 2/3$と計算することもできる。

この結果はプレイヤー3の分け前が大きいと感じる読者も多いかもしれない。しかし，上の表よりプレイヤー1が正の貢献をするのは5番目の順列の場合のみであり，プレイヤー2については同じく6番目の順列についてのみである。その他の4つの順列では，プレイヤー3が正の貢献をしている。

14.3.2 飛行場の費用分担

例 12.3 の飛行場の費用分担のゲームは，$0 < a < b < c$ として
$$w(1) = a, \qquad w(2) = w(1,2) = b,$$
$$w(3) = w(1,3) = w(2,3) = w(1,2,3) = c$$

と表わされる。このゲームのシャープレイ値は $(a/3, (3b-a)/6, (6c-3b-a)/6)$ となる。ここでの特性関数 $w(S)$ は，各提携 S に費用を対応させるものなので，正の価値を示す特性関数 $v(S)$ に -1 倍したものに対応する。

この結果はつぎのように解釈することもできる。プレイヤーが 1, 2, 3 の順に滑走路の費用分担をしなければならないとするときの 3 人の費用分担は $(a, b-a, c-b)$ となる。プレイヤーが 1, 3, 2 の順に費用分担をする場合には，3 人の費用分担は $(a, 0, c-a)$ となる。各順列について同様の考察を行えば，プレイヤー 1 が費用分担するのは最初の 2 つの順列だけである。したがって，彼が費用を分担するのは，1, 2, 3, の順列 6 通りのうち最初の 2 つだけであり，その平均を求めれば，彼のシャープレイ値が $a/3$ となることがわかる。同様の考察をプレイヤー 2, 3 について行うと，上の結果が導かれる。

なお，ここでのゲームは a までの費用分担，b と a の間の費用分担，c と b の間の費用分担の 3 つのゲームの和として定義できる。そのように考えるとダミーの条件および対称性の条件より，プレイヤー 1 のシャープレイ値は $a/3$，プレイヤー 2 のシャープレイ値は $a/3 + (b-a)/2$，そしてプレイヤー 3 のシャープレイ値は $a/3 + (b-a)/2 + (c-b)$ のように計算される。

14.3.3 公共財の費用分担

3 つの町 A, B, C が，共同で公共財の供給を行う計画に同意している。そのゲームの特性関数はつぎのとおりである。
$$w(A) = 2, \qquad w(B) = w(C) = 3,$$
$$w(A,B) = w(A,C) = 4, \qquad w(B,C) = 5,$$
$$w(A,B,C) = 6$$

シャープレイ値は表 14.3 のように計算される。C 町は B 町と同じ利得関数をもつので，シャープレイ値は等しい。

14.3 3人ゲームのシャープレイ値とその一般化

表 14.3 シャープレイ値 $(4/3, 7/3, 7/3)$

順列	A 町の費用負担		B 町の費用負担	
A,B,C	$w(A)$	2	$w(A,B) - w(A)$	2
A,C,B	$w(A)$	2	$w(A,B,C) - w(A,C)$	2
B,A,C	$w(A,B) - w(B)$	1	$w(B)$	3
B,C,A	$w(A,B,C) - w(B,C)$	1	$w(B)$	3
C,A,B	$w(A,C) - w(C)$	1	$w(A,B,C) - w(A,C)$	2
C,B,A	$w(A,B,C) - w(B,C)$	1	$w(B,C) - w(C)$	2
平均	8/6		14/6	

14.3.4 タルムードの解

12.5 節のタルムードの問題は,特性関数 $v_i(S)$ $(i=1,2,3)$ を用いてつぎのように定式化された.

(1) $E_1 = 100$ については
$$v_1(1) = v_1(2) = v_1(3) = 0,$$
$$v_1(1,2) = v_1(2,3) = v_1(1,3) = 0$$
$$v_1(N) = 100$$

(2) $E_2 = 200$ については
$$v_2(1) = v_2(2) = v_2(3) = 0,$$
$$v_2(1,2) = v_2(1,3) = 0, \quad v_2(2,3) = 100,$$
$$v_2(N) = 200$$

(3) $E_3 = 300$ については
$$v_3(1) = v_3(2) = v_3(3) = 0,$$
$$v_3(1,2) = 0, \quad v_3(1,3) = 100, \quad v_3(2,3) = 200,$$
$$v_3(N) = 300$$

表 14.2 よりシャープレイ値を求めると (1) $E_1 = 100$ については $(100/3, 100/3, 100/3)$ となり,(3) の $E_3 = 300$ についても $(50, 100, 150)$ となり,タルムードの解と一致する.(2) の $E_2 = 200$ については,シャープレイ値は $(100/3, 250/3, 250/3)$ となるが,これはタルムードの解とは異なる.13 章

(例13.5) で示したように，この3つのゲームの解はシャープレイ値とは異なる解概念である仁を用いて整合的に説明される．

14.4* n 人ゲームのシャープレイ値

一般の n 人ゲームのシャープレイ値については，つぎの注目すべき結果が知られている．$n = 2$ および $n = 3$ の場合については，すでに公式を示してある．

定理 14.3
各 N について n 人ゲーム (N, v) の集合 G^N の上で定義されたシャープレイ値は一意であり，公式

$$(\phi v)_i = \frac{1}{n!} \sum (v(S_i(P) \cup \{i\}) - v(S(P)))$$

によって与えられる．ただし P は N の上の順列の1つを，また $S_i(P)$ はその順列 P の中で i より前に存在するプレイヤーの集合 (i が先頭のときは $S_i(P) = \emptyset$) を示し，和はすべての $n!$ 個の順列について求められるものとする．

注意 14.4
(1) $v(S_i(P) \cup \{i\}) - (v(S_i(P))$ は，プレイヤー i が $S_i(P)$ に与える貢献の大きさを示すものと解釈される．したがって $(\phi v)_i$ は，$n!$ 個の順列が等確率で起こるとした場合の個人 i の貢献の期待値を示すことになる．

(2) $S_i(P)$ の数は具体的に計算できるから，上の公式は

$$(\phi v)_i = \sum_s r_s(v(S \cup \{i\}) - v(S)),$$

ここで

$$r_s = \frac{s!(n-s-1)!}{n!}$$

のように示すこともできる．ただし，上の和は $i \notin S$ となるすべての $S \subset N$ についてのそれとする．

証明 与えられた公式が効率性を満たすことは，各順列についてプレイヤーの貢献の和が $v(N)$ に等しいことおよび順列の数が $n!$ 個あることより明らかである (たとえば3人ゲームの表において，各順列のプレイヤーの貢献の合計

は $v(N)$ に等しいことを確かめよ)。上の公式がシャープレイ値の他の条件も満たすことは明らかである。以下では Aumann-Shapley (1974) にしたがってシャープレイ値の一意性を示す。

n 人ゲームの集合 G^N は $2^n - 1$ 次元のユークリッド空間に対応する。また (14.4) 式で定義したゲーム v_T の全体
$$V = \{v_T \mid T \neq \emptyset, T \subset N\}$$
は, T の選び方によってゲームの数が $2^n - 1$ 個ある。したがって, もしそれらの v_r が 1 次独立であることが示されるなら, $\emptyset$ の加法性の条件によって, G^N のすべてのゲーム v についてのシャープレイ値 ϕv を知ることができる。

上の V の 1 次独立性を示すために, かりにすべてが 0 ではない α_i の V の元の 1 次結合 $\sum \alpha_i v_{T_i}$ で 0 となるものがあったとしてみよう。$\alpha_i \neq 0$ でしかもその要素の数 $|T_i|$ が最小となる T_i を T_0 とすれば, すべての T_i について $|T_0| \leq |T_i|$ であって, しかも
$$v_{T_0} = \sum \beta_i v_{T_i}$$
と示される。ここで右辺の和に含まれる T_i はすべて $T_i \not\subset T_0$ を満たすから,
$$1 = v_{T_0}(T_0) = \sum \beta_i v_{T_i}(T_0) = 0$$
となり, 矛盾が生ずる。

14.5* 加重多数決ゲーム

プレイヤーのウエイトを各 $i \in N$ について $w^i \geq 0$, $\sum w^i = 1$ とし, 勝利のための割り当て数を q とするとき, n 人多数決ゲームは以下のように定義される。
$$v(S) = \begin{cases} 1 & (\sum_{i \in S} w^i \geq q) \\ 0 & (\sum_{i \in S} w^i < q) \end{cases}$$
ここで, 各 $i \in N$ のウエイトが $1/n$ である場合が通常の多数決ゲームである。

例 **14.4**

(1) 対称性と効率性により，通常の n 人多数決ゲームにおける各プレイヤーのシャープレイ値は $1/n$ となる．

(2) $$n=7, \quad w=\left(\frac{1}{3}, \frac{1}{9}, \frac{1}{9}, \cdots, \frac{1}{9}\right), \quad q=\frac{1}{2}$$

のとき，シャープレイ値は
$$\phi v = \left(\frac{3}{7}, \frac{2}{21}, \cdots, \frac{2}{21}\right)$$

となる．この場合には，ウエイト $1/3$ をもつプレイヤーのシャープレイ値は $3/7$ となり，見かけ以上に大きい．

証明 $\alpha=1/3, \beta=1/9$ とおくとき，つぎのような順列のタイプがあり，それらは同様に確からしい．

$$\alpha, \beta, \beta, \beta, \beta, \beta, \beta$$
$$\beta, \alpha, \beta, \beta, \beta, \beta, \beta$$
$$\beta, \beta, \alpha, \beta, \beta, \beta, \beta$$
$$\beta, \beta, \beta, \alpha, \beta, \beta, \beta$$
$$\beta, \beta, \beta, \beta, \alpha, \beta, \beta$$
$$\beta, \beta, \beta, \beta, \beta, \alpha, \beta$$
$$\beta, \beta, \beta, \beta, \beta, \beta, \alpha$$

この中で α がキープレイヤーとなる (左端からの和がはじめて $1/2$ を越える) のは，3 とおりである．β をすべて区別するとき，上の 7 つの型の順列はすべて 6! とおりだけある．したがって上のように β を区別しないときに，各順列が全体に占める割合は，β をすべて異なるものとして求めた結果と同じである．

(3) $$n=100, \quad w=\left(\frac{1}{3}, \beta, \cdots, \beta\right), \quad \beta=2/\{3(n-1)\}, \quad q=\frac{1}{2}$$

のとき，シャープレイ値は

14.5 加重多数決ゲーム

$$\phi v = \left(\frac{1}{2}, \beta, \cdots, \beta\right), \qquad \beta = 1/\{2(n-1)\}$$

となる。証明は (2) の場合と同様である。この場合もウエイトの大きなプレイヤーのシャープレイ値 $1/2$ は，ウエイト $1/3$ よりかなり大きい。

(4) $n=5$, $w = \left(\dfrac{1}{3}, \dfrac{1}{3}, \dfrac{1}{9}, \dfrac{1}{9}, \dfrac{1}{9}\right)$, $q = \dfrac{1}{2}$ のとき，シャープレイ値は

$$\phi v = \left(\frac{3}{10}, \frac{3}{10}, \frac{2}{15}, \frac{2}{15}, \frac{2}{15}\right)$$

証明 $\alpha = 1/3$, $\beta = 1/9$ とおくとき，つぎのような順列のタイプがある。

$$\alpha, \alpha, \beta, \beta, \beta$$
$$\alpha, \beta, \alpha, \beta, \beta$$
$$\alpha, \beta, \beta, \alpha, \beta$$
$$\alpha, \beta, \beta, \beta, \alpha$$
$$\beta, \alpha, \alpha, \beta, \beta$$
$$\beta, \alpha, \beta, \alpha, \beta$$
$$\beta, \alpha, \beta, \beta, \alpha$$
$$\beta, \beta, \alpha, \alpha, \beta$$
$$\beta, \beta, \alpha, \beta, \alpha$$
$$\beta, \beta, \beta, \alpha, \alpha$$

この中で α が加わることで左端からの和が初めて $1/2$ を越えるのは 6 とおりである。α の 1 人がキープレイヤーとなるのは 3 とおりである。したがって，例 14.4 と同様の議論によってシャープレイ値は $3/10$ になる（この場合は $3/10 < 1/3$ となっている）。

例 14.5
国連の安全保障理事会 15 か国のうち 5 常任理事国は実質事項の決定において拒否権をもつ。

5 常任理事国の 1 つのシャープレイ値は $421/2145$, 5 大国全体で $421/429$

非常任理事国 1 つのシャープレイ値は $4/2145$, 10 か国全体で $8/429$ となっている (演習問題 14-5 を見よ)。

演習問題

14-1 $c > b > a > 0$ とし，つぎのゲームのシャープレイ値を計算しなさい。
$$v(1) = v(2) = 0, \quad v(3) = a,$$
$$v(1,2) = v(1,3) = v(2,3) = b,$$
$$v(1,2,3) = c$$

14-2 特性関数が優加法性を満たすとき，シャープレイ値は個人合理性 $(\varphi v)_i \geq v(i)$ を満たすことを示しなさい。

14-3 (手袋ゲーム) 各プレイヤーが左手用または右手用の手袋をもっていて，左右のペアを作れば成功するゲームである。ここでは，プレイヤー 1, 2 が左手の手袋をもち，プレイヤー 3 が右手の手袋をもっている状況を考える。すなわち，以下が成立する。
$$N = \{1,2,3\}, \quad v(S) = \begin{cases} 1 & \text{if } S = \{1,3\}, \{2,3\}, \{1,2,3\} \\ 0 & \text{他の場合} \end{cases}$$

(1) このゲームのシャープレイ値を求めなさい。

(2) このゲームのコアを求めなさい。

14-4* (1 人の売り手と n 人の買い手の市場) $N = \{0, 1, 2, \cdots, k\}$ で，$k \geq 1$ とし，特性関数 $v(S)$ を，S が売り手と買い手を少なくとも 1 人を含む場合は 1 で，他の場合は 0 であるとする。このときのシャープレイ値を求めよ。

14-5* 例 14.5 の結果を証明しなさい。

付録 A
市場経済のモデル

本章では経済を記述するための基本的概念について述べ，いくつかの経済モデルについて考察する。具体的には，まず消費者と生産者の特性について説明し，かれらの行動について考察する。続いてそのような行動の結果としてもたらされる均衡を特色づける。ここで求めているのは，競争市場の均衡 (ワルラス均衡) と独占の均衡の 2 つである。これらの均衡解はナッシュ均衡やクールノー均衡を含むゲーム理論の解とは同一ではないが，それらと比較するための基準となるものである。

なお，ここで扱ったモデルはミクロ経済学の基礎を形成するものである。自足的であるように努めたが，ここでの説明が不十分と思われる読者は，参考文献にあるミクロ経済学のテキスト (武隈 (1999)，西村 (1996)，福岡 (2011) 等) を参照されたい。マクロ経済学や国際貿易論等の関連することがらについては，P. クルーグマン-R. ウェルズ (2009) や G. マンキュー (2003) 等の中の項目を参照されたい。

A.1 経済環境

食物・衣服のような消費財，原材料・機械・設備等の資本財，そして労働や土地等の生産要素を総称して**財** (commodity) という。また耐久性をもつ財については，それがある期間内にもたらす用益を**サーヴィス** (service) とよぶ。

現実の経済は消費者 (家計)，生産者 (企業)，政府等の多くの経済主体 (経済活動の担い手・プレイヤー) の間で財・用役 (サーヴィス) の取引が行わ

れることによって機能している。その中で消費財の需要者ならびに生産要素 (労働, 土地, 資本財) の用役の供給者としての役割を担っているのが**消費者** (consumer) であり, 生産物の供給者, 生産用役の需要者としての役割を担っているのが**生産者** (producer) である。ここでは, 分析の基礎として消費者および生産者の重要な特性を記述し, 経済環境を特色づける。

ある財 1 単位と交換される基準となる財 (たとえば米や金等がそれとして選ばれる) の数量は, その財によって定まっていることが多い。この交換比率を, 後者を**価値尺度財** (numéraire) としたときの前者の**価格** (price) という。

いま l 個の財があるとし, 財 i の数量を $x_i (i = 1, 2, \cdots, l)$, 価格を $p_i (i = 1, 2, \cdots, l)$ で示す。財ベクトル $x = (x_1, x_2, \cdots, x_l)$ を価格ベクトル $p = (p_1, p_2, \cdots, p_l)$ で評価したときの価値額は

$$\sum p_i x_i = p_l x_l + p_2 x_2 + \cdots + p_l x_l$$

となり, 本書ではその値, すなわち p と x の内積を px と記すことが多い。

A.2 消費者の特性

各財の数量と家計がその財の組合せに認める満足の度合 (効用) を対応づけた実数値関数を**効用関数** (utility function) という。たとえば, いま財 1 の数量を x_1, 財 2 の数量を x_2 として, 家計がその財の組合せに認める効用の度合 u が

$$U = u(x_1, x_2)$$

で与えられるものとしよう。この場合の関数 U が効用関数とよばれるものである。他の財の数量を一定として, 第 i 財を 1 単位増すことによってもたらされる効用の増加分 (厳密には u の x_i についての偏微分) を**限界効用** (marginal utility, MU) とよぶ。消費者は, 彼の初期 (交換が行われる前) に保有する財の数量 $\omega = (\omega_1, \omega_2)$ と, 彼の効用関数 u によって特色づけられる。

例 A.1
以下に示す効用関数は本書でもしばしば用いられる。

A.3 生産者の特性

(1) **コブ−ダグラス (Cobb-Douglas) 形効用関数**
$$u(x_1, x_2) = x_1^\alpha \cdot x_2^\beta \qquad (\alpha, \beta > 0, \quad \alpha + \beta \leq 1)$$

(2) **準線形 (guasi–linear) の効用関数**
$$u(x_1, x_2) = v(x_1) + x_2 \qquad (v(\cdot) \text{ は単調増加な凹関数})$$

(3) 2次の効用関数
$$u(x_1, x_2) = -ax_1^2 + bx_1 + x_2 \qquad \left(a, b > 0, x_1 < \frac{b}{2a}\right)$$

これは，(2) の特殊なケースである．

A.3　生産者の特性

生産者 (企業) は，一方において消費者から労働や土地の用役を需要すると同時に，他方において消費者に生産物を供給する．また生産者間では原材料や機械・設備のような資本財の取引が行われることもある．いま 1 人の典型的な生産者についてみると，原材料や資本財のような投入物を用いて生産を行い，何種類かの生産物を産出している．

生産者にとって (技術的) に可能な生産計画は，一般には多数存在する．それの集合を**生産集合** (production set) という．可能な生産計画を記述するための便利な方法は，たとえば投入物 (x_1, x_2) を用いて，最大限可能になる生産物の量 y を与えることである．その関係は，たとえば $y = f(x_1, x_2)$ のように表わすことができる．それを**生産関数** (production function) という．生産関数が与えられれば，生産要素の価格 q_1, q_2 を所与とするとき，一定量の生産物を産出するのに必要な投入物の価値額 $C(y)$，すなわち y を生産するために最小限必要な費用 (支出額) を求めることができる．これを y を生産するための費用関数という．また，y の生産を 1 単位増やすために必要な費用の増加分である $C'(y)$ を**限界費用** (marginal cost, MC) という．

例 A.2

(1) 生産関数の具体例として，**コブ−ダグラス形生産関数**
$$y = x_1^\alpha \cdot x_2^\beta \qquad (\alpha, \beta > 0)$$

がよく用いられる。

(a) $y = \sqrt{x}$ のケース (ここでは $x_1 = x$ としている)。
投入物の価格を 1 としたときの費用 x は $C(y) = y^2$ と表わせる。

(b) $y = \sqrt{x_1 x_2}$ のケース (投入物の価格を (3,2) としたとき)。
支出額は $3x_1 + 2x_2$ となる。生産関数の制約 $y^2 = x_1 x_2$ の下で, 支出額の最小値を求めると, $C(y) = 2\sqrt{6}y$ となる。

(2) 費用関数の具体例として,
$$C(y) = ay^2 + by + c, \quad a,b,c > 0$$
があげられる。

A.4 競争市場の部分均衡モデル

A.4.1 消費者

x を消費量, p を価格とし, 貨幣単位の効用 (x がいくらの相当するか) を $v(x)$ (v は増加, 凹関数) とする。消費者は x がもたらす効用 $v(x)$ と x の購入に要する支出額 px の差 $v(x) - px$ を最大化するとしよう。内点解の存在を仮定すれば, その条件は
$$p = v'(x) : 価格 = MU \text{ (限界効用)}$$
となる。これより, **需要関数** (demand function)
$$x = D(p)$$
が求められる。需要関数は各価格に消費者の効用を最大にする需要量を対応させた関数である。

例 A.3

$v(x) = -x^2 + 14x + 2 \ (7 > x)$ とすると, 上の最大化条件は
$$p = v'(x) \quad \Leftrightarrow \quad p = -2x + 14$$
となる。これより, 需要関数は $x = -\frac{p}{2} + 7$ のように定まる。ただし生産量が非負となるためには, p に関して $p \leq 14$ という条件を加える必要がある。

A.4.2 生産者

費用関数を $C(y)$ (C は増加，凸関数) とする。利潤 $\pi = py - C(y)$ の最大化より，

$$p = C'(y) \quad : \quad 価格 = MC \text{ (限界費用)}$$

となり，これより，供給関数

$$y = S(p)$$

が導かれる。

例 A.4

$C(y) = y^2 + 2y + 1$ とすると，$p = MC$ より

$$p = 2y + 2$$

となり，これより供給関数は

$$y = \frac{p-2}{2} \qquad (p \geq 2)$$

のように定まる。

A.4.3 市場均衡

価格の調整により，

$$x = y \quad \Leftrightarrow \quad D(p) = S(p)$$

となるというのが，市場均衡 (需給バランス) の条件である。上の例 A.3，例 A.4 の下では

$$7 - \frac{p}{2} = \frac{p}{2} - 1$$

となる。これを解くと

$$p^* = 8, \qquad x^* = y^* = 3$$

となる。これが**競争均衡** (competitive equilibrium) ないしは**ワルラス均衡** (Walrus equilibrium) とよばれるものである。

均衡の条件は，(1) 消費者は与えられた価格の下で，利得を最大にしている，(2) 企業は同じ価格の下で，利潤を最大にしている，(3) 市場の需給がバランスしていることである。

A.5 2人・2生産物の純粋交換モデル

　ここでは簡単な2人・2生産物のモデルを用い，競争市場における価格と消費量の決定について説明しよう。個人1と個人2が初期に保有するA財とB財(リンゴとバナナ)の量はそれぞれ非負のベクトル $(\overline{a^1}, \overline{b^1}), (\overline{a^2}, \overline{b^2})$ で与えられるとし，

$$a = \overline{a^1} + \overline{a^2}, \quad b = \overline{b^1} + \overline{b^2} \tag{A.1}$$

とおく。いま2財の総量 a, b を2辺とする長方形を描き，図 A.1 のように個人1の消費量 (a^1, b^1) を原点 O^1 として右上方に，個人2の消費量 (a^2, b^2) を原点 O^2 として左下方に測る。それらが非負の値をとるとすると，2人に配分する場合に達成可能な2財の量は非負象限で

$$a = a^1 + a^2, \qquad b = b^1 + b^2 \tag{A.2}$$

を満たすものとなり，それを示す点は図の P 点のようにボックス内の一点として示される。図 A.1 の点 ω は2人の初期保有量 $(\overline{a^1}, \overline{b^1}), (\overline{a^2}, \overline{b^2})$ を示すものとする。この図は，それを用いて2人・2生産物モデルの分析を行った経済学者の名にちなんでエッジワース (F.Y.Edgeworth) のボックス・ダイアグラム (box diagram) とよばれる。

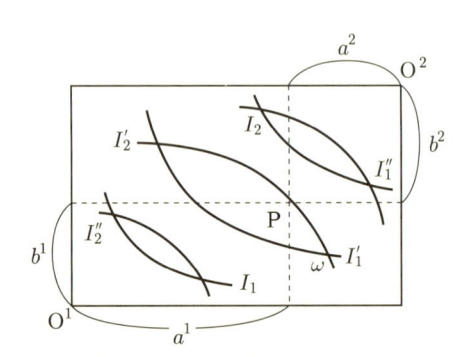

図 A.1 エッジワースのボックス

　2人の選好を表現する効用関数をそれぞれ

$$U^1 = u^1(a^1, b^1), \quad U^2 = u^2(a^2, b^2) \tag{A.3}$$

A.5　2人・2生産物の純粋交換モデル

とすれば，効用関数は単調増加で擬凹 (B.4 節参照) であるとする。このとき選好関係は凸性を満たすという。またその選好関係は，図では個人 1 については無差別曲線 $I_1, I'_1, I''_1, \cdots$ によって，個人 2 については無差別曲線 $I_2, I'_2, I''_2, \cdots$ によって表わされているとする。ω を通る 2 人の無差別曲線が交換前の 2 人の効用水準を示している。

注意 A.1
一般に無差別曲線は各 i について，k^i を一定として

$$u^i(a^i, b^i) = k^i \tag{A.4}$$

を満たす (a^i, b^i) の軌跡として定義される。満足の水準 k^i に対応する 2 財の組合せを示すもので，その傾き (の絶対値) を限界代替率 (marginal rate of substitution, 略して MRS) という。無差別曲線にそう b^i の動きを a^i の関数とみて，a^i で (A.4) を微分すると

$$\frac{\partial u^i}{\partial a^i} + \frac{\partial u^i}{\partial b^i} \frac{db^i}{da^i} = 0$$

つまり，限界代替率は

$$-\frac{db^i}{da^i} = \frac{u_a^i(a^i, b^i)}{u_b^i(a^i, b^i)}$$

となる。これより，限界代替率は 2 財の限界効用の比に等しいことがわかる。

つぎにこのモデルでの競争均衡がどこに定まるかを示そう。いま第 1 財と第 2 財の価格をそれぞれ任意に定めて，p_a, p_b とすると，その下での個人 1 と 2 の初期保有量の価値額は，それぞれ

$$M^i = p_a \overline{a^i} + p_b \overline{b^i} \qquad (i = 1, 2) \tag{A.5}$$

となる。この M^1 と M^2 がここでの 2 人の所得を与えることになる。

さて，2 人が価格と初期保有量 (したがって所得) を所与として行動するかぎり，その消費量 (a^1, b^1) と (a^2, b^2) は予算制約条件 (A.4) を満たさねばならない。2 人がこの予算制約の下に効用の最大化を行うものとすると，その (内点解のための) 条件は，無差別曲線の傾きとして定義される限界代替率が価格比に等しいことである。個人 i については，その条件は

$$\frac{u_a^i(a^i, b^i)}{u_b^i(a^i, b^i)} = \frac{p_a}{p_b} \qquad (i = 1, 2) \tag{A.6}$$

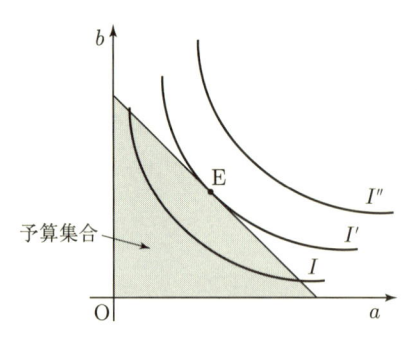

図 A.2 最適消費量の決定 (内点解)

となり，予算制約式とこの条件より 2 財の需要量が決定される．それを $a^i = a^i(p_a, p_b, M^i)$, $b^i = b^i(p_a, p_b, M^i)$ と記そう．

与えられた初期保有 (したがって所得) と価格の下で，効用を最大にする (つまり (A.4), (A.6) を満たす) 2 人の財の組合せは，ω を通り p_a/p_b の傾き (の絶対値) をもつ予算線と，無差別曲線との接点で示される．その例は図 A.2 に示してあるが，一般には図 A.3 (a) のように与えられた価格の下での予算線と 2 人の無差別曲線が接する点 (P と Q) は異なっている．図の例では，$a_1 + a_2 > a$, $b_1 + b_2 < b$ となって A 財に超過需要が，B 財に超過供給が生じており，別の価格が取引の条件として採択される．図 A.3 (b) の価格の下では E 点で両財の需給はバランスしており，それが均衡の取引量を定める．

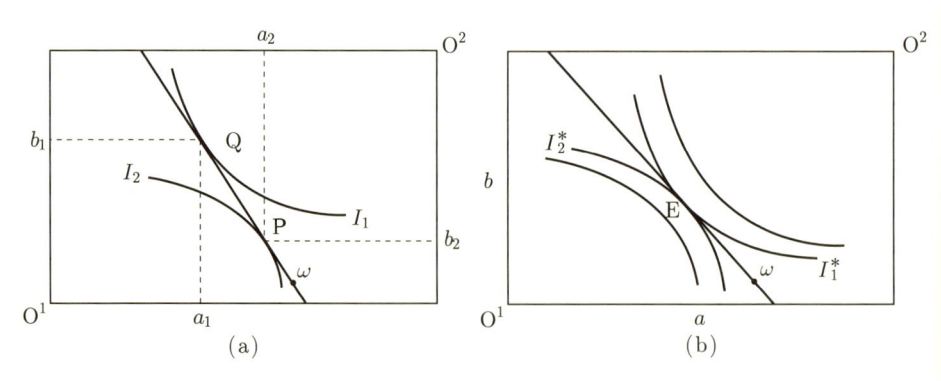

図 A.3

例 A.5　純粋交換モデルにおけるワルラス均衡

2人の効用 u^i $(i=1,2)$ が A 財と B 財の消費量 a^i, b^i の関数として

$$U^1 = (a^1)^2 \cdot b^1, \qquad U^2 = a^2 \cdot (b^2)^2$$

のように示されるとする。個人1の A 財と B 財の限界効用は，それぞれ

$$MU_a^1 = 2a^1 \cdot b^1, \qquad MU_b^1 = (a^1)^2$$

であるから，財1の財2に対する限界代替率(無差別曲線の傾き)は $2b^1/a^1$ となる。したがって上の限界代替率と価格比の均等条件 (A.6) は

$$p_a a^1 = 2 p_b b^1$$

と書ける。この式では，A 財に対する支出額は B 財に対する支出額の2倍であることを意味している。この条件と予算制約式を用いると (ここでの b^1 を予算制約式に代入すると，まず a^1 が求まることに注意)，個人1の需要関数は，

$$a^1 = \frac{2M^1}{3p_a}, \qquad b^1 = \frac{M^1}{3p_b}$$

のように求まる。また個人2についても同様に，需要関数は

$$a^2 = \frac{M^2}{3p_a}, \qquad b^2 = \frac{M^2}{3p_b}$$

のように求まる。ここで M^1, M^2 は，(A.4) によって初期保有量と価格によって定まるので，2人の財1にたいする需要関数は

$$a^1 = \frac{2\overline{a^1} + p\overline{b^1}}{3}, \qquad a^2 = \frac{\overline{a^2} + 2p\overline{b^2}}{3}$$

のように示される。ただし，ここで $p = p_b/p_a$ である。したがって需給均衡条件 (A.6) にこれらを代入すると，

$$p = \frac{\overline{a^1} + 2\overline{a^2}}{\overline{b^1} + 2\overline{b^2}}$$

のように価格比が定まることになる。これらを3行上の需要関数に代入すれば，2人の財1に対する需要量が求められる。財2に対する需要量についても同様である。

A.6 独占の経済モデル

1つの産業の生産物 (あるいは投入物) が1つの企業によって供給 (あるいは需要) されている**状態が独占** (monopoly) である。そのような独占は他企業の参入を阻止することによって生じることもあるが，ここでは技術的あるいは制度的理由で産業内に唯一つの企業しか存在しえない場合を想定する。さらに他の産業の状態に影響されないような状況を想定し，当該の財の市場のみを考慮する部分均衡モデルの枠組みの中で独占者の行動を分析することにしよう。

A.6.1 独占企業の収入と支出

いま独占企業の生産物が一種類であるとしてその価格を $p \in \mathbb{R}$，生産量を $y \in \mathbb{R}$ とするとき，市場における需要側の条件が

$$p = P(y), \qquad P'(y) < 0 \tag{A.7}$$

のように与えられるものとしよう。これは通常の需要関数の定める関係を産出量から価格への対応としてながめたもので，逆需要関数あるいは需要価格関数の名で呼ばれる。この後者の呼び名は，市場において需要量 y をもたらす価格 $P(y)$ を需要価格ということに基づく。

一般には，ある財に対する需要量は，競争市場の場合のように，消費者と生産者の最適化行動の結果として，さまざまな財の価格および消費者の所得の分配等に依存して定まる。しかし，ここでは簡単化のため，需要量は独占者の決める価格のみによって一義的に定まるとの仮定をおく。また需要曲線 (したがって逆需要曲線) は，なめらかな右下がりの曲線であり，独占者はその形状を正確に知っているとしよう。さらに詳しい仮定は以下に述べる。

つぎに，独占企業の直面する生産要素の市場について考察しよう。独占者がそこで価格支配力を持つ場合も考えられるが，ここでは簡単化のため，市場が競争的，すなわち要素価格が一定であるとの仮定を導入する。すると，総費用関数

$$C = C(y) \tag{A.8}$$

A.6 独占の経済モデル

は，A.3 におけるとまったく同様の方法で導出される．ここでは固定費用 $C(0)$ はプラス，そして企業が計画として考える産出量の範囲内では限界費用がプラスでそれが逓増していることを仮定しよう．この最後の仮定は多少ゆるめられる．

逆需要関数 $P(y)$ が与えられると，各 y について，**総収入** (total revenue, TR) は，定義によって価格と産出量の積，すなわち

$$R(y) = P(y)y \tag{A.9}$$

で与えられることになる．

さて，A.4 で想定した完全競争市場においては，$P(y)$ は y にかかわりなく一定であったから，その値を p と記せば，総収入 py は産出量に比例して一定率 p で増すことになる．しかし，企業が価格支配力を有する場合には，産出量を y から1単位増すときの総収入の変化 (厳密には $R(y)$ を産出量 y で微分した値) は一定ではない．その値を**限界収入** (marginal revenue, 略して MR) ということにすると，産出量が y のときの限界収入 MR は

$$R'(y) = P(y) + P'(y)y \tag{A.10}$$

となる．したがって，(逆) 需要曲線が右下がり ($p'(y) < 0$) である限り，各 y について $R'(y)$ は $p(y)$ より小さいことがわかる．

例 A.6

(逆) 需要関数が線型で，a, b を定数として

$$P(y) = a - by \qquad (a, b > 0)$$

と書ける場合には，

$$R(y) = (a - by)y$$
$$R'(y) = a - 2by$$

となり，MR 曲線は逆需要曲線と同じ切片を持ち，2倍の傾きを持つことがわかる．

さて総収入は明らかに $y = 0$ のときは 0 となる．そして，上の場合のように，最初は y を増すにつれて増加して最大値に達し，その先では減少し，十分大きな y については負になるのが普通であると考えられる．なお，(A.10)

式で示される MR を y で微分することにより，

$$R'(y) = 2P'(y) + P''(y)y \tag{A.11}$$

が導かれるから，この右辺が負であることが総収入関数が凹関数であるための条件を与える。需要関数が線形である場合には，この条件はさきに計算した $R(y)$ の形より，明らかに満たされている。

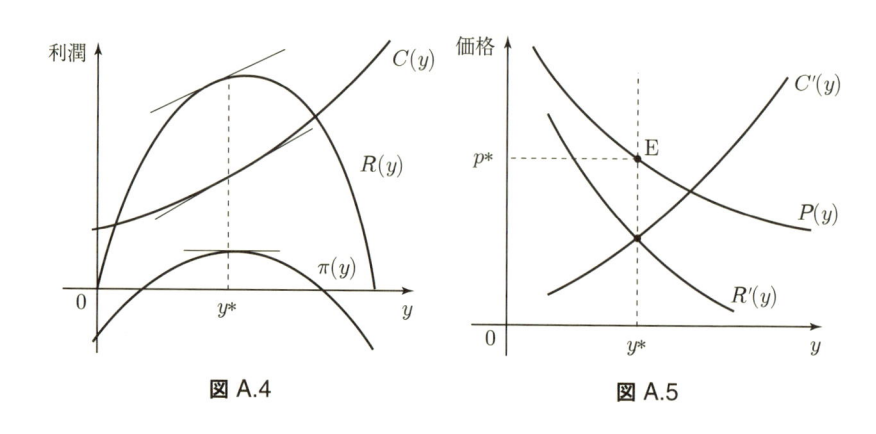

図 A.4

図 A.5

A.6.2 独占利潤の最大化

総収入関数 $R(y)$ と総費用関数 $C(y)$ が与えられると，両者の差として利潤関数

$$\pi(y) = R(y) - C(y) \tag{A.12}$$

が規定される。$y = 0$ のときの利潤 $\pi(0)$ は $-C(0)$ に等しいから，固定費用が正である限り，その値は負である。また産出量が十分大きいときにも，費用に比して収入はさほど大きくなく，利潤は負になると考えられる。そして，独占企業が存続可能であるためには，その中間のある産出量で利潤が正にならなければならない。

利潤が最大になる産出量 y では利潤曲線の傾きがゼロ $(\pi'(y) = 0)$ である。この条件は

$$R'(y) = C'(y) \tag{A.13}$$

A.6 独占の経済モデル

すなわち，限界収入 MR と限界費用 MC が均等するという形に表現することができる．この式によって，y の均衡値 y^* が定まり，それを逆需要関数に代入して均衡価格 $p^* = p(y^*)$ が求められる．

例 A.7

c, d, e を正の定数として費用関数と

$$C(y) = cy^2 + dy + e$$

例 A.1 の 2 の逆需要関数が与えられた場合，(A.13) 式は，

$$a - 2by = 2cy + d$$

となる．これより均衡産出量は $y^* = (a-d)/2(b+c)$ と計算され需要関数に代入すると，均衡価格 $p^* = (ac+bd)/2(b+c)$ となる．上の解が正に定まるためには，$a > d$，すなわち価格がゼロの場合の需要量 (限界効用) は供給量 (限界費用) を上まわっていることが仮定されればよい．

付録 **B**
数学付録：凸集合，凸関数と線形不等式

本書で用いられた数学上の概念と命題のほとんどすべては，代数学，解析学等においてよく知られた標準的なものである．ここでは経済学とゲーム理論の分析のために有用な凸集合，凸関数および線形不等式に関して立ち入った説明を加えている．ここでの中心テーマである線形代数および凸解析の基礎に関しては佐武 (1974) あるいは Lax (2007)，高橋 (1988)，小宮 (2012)，そして経済学との関連では 神谷・浦井 (1996) と丸山 (2002) 等を参照されたい．

B.1 集　　合

集合 (set) とは，「明確にその内容が規定されたものの集まり」のことをいう．そして，集合を構成する個々のものを集合の元あるいは**要素** (element) という．

一般に X を集合とするとき，「x が X の元である」ことを $x \in X$ と記す．上のことを「x が X に属す」ということもある．また「x が X の元でない」ことを $x \notin X$ と記す．

実数の集合を $\mathbb{R}$ で，また，n 次元ユークリッド空末を $\mathbb{R}^n$ で示す．そこでは 2 点 $x = (x_1, x_2, \cdots, x_n)$, $y = (y_1, y_2, \cdots, y_n)$ の間の距離 $d(x,y)$ は
$$d(x,y) = \sqrt{(x_1, y_1)^2 + (x_2 - y_2)^2 + \cdots + (x_n - y_n)^2}$$
で定義される．

B.2 凸集合

x, y を n 次元ユークリッド空間 $\mathbb{R}^n$ の 2 点とするとき，ある $0 \leq t \leq 1$ について
$$z = (1-t)x + ty$$
という形に表現できる点は，それら 2 点を結ぶ線分上にあるという。このとき，z は x と y の**凸結合**であるという。n が 2 あるいは 3 の場合には，これは通常の定義と同じである。

一般に $S \subset \mathbb{R}^n$ が**凸集合** (convex set) であるとは，S の任意の 2 点を結ぶ線分上の点をすべて含むこと，すなわち「$x, y \in S$ ならば，任意の $0 \leq t \leq 1$ について $((1-t)x + ty) \in S$ となる」ことをいう。

2 次元の空間では，三角形や円およびそれらが交わるときの共通部分，そして第 1 象限の点の全体等は凸集合である。3 次元の空間では，立方体や円錐は凸集合である。しかし，球面や立方体の面の全体そして，ドーナツ形は凸集合でない。

B.3 凸関数

C を $\mathbb{R}^n$ の凸集合とする。関数 $f : C \to \mathbb{R}$ が，すべての $x, y \in C$ とすべての $t \in [0, 1]$ に対して不等式
$$f((1-t)x + ty) \leq (1-t)f(x) + tf(y)$$
を満たすとき，f は**凸関数** (convex function) であるという。また，$-f$ が凸関数であるとき f を**凹関数** (concave function) という。

例 1　　$y = x_1^{1/3} \cdot x_2^{1/3}$　は　$x = (x_1, x_2)$　の凹関数である

例 2　　$y = x_1 \cdot x_2$　は　$x = (x_1, x_2)$　の凸関数である

B.4 擬凹関数

C を $\mathbb{R}^n$ の凸部分集合とする。関数 $f : C \to \mathbb{R}$ が，任意の実数 a について
$$\{x \in C | f(x) > a\} \text{ は (空または) 凸集合}$$

ならば、f は**擬凹関数** (quasi-concave function) であるという。例1、例2で示したものは擬凹関数でもある。消費者行動理論で用いられる単調増加で連続な効用関数を f とするとき、上の条件は無差別曲線の上方の集合が凸であることを意味するものである。また、実区間で定義された単調増加 (あるいは減少) 関数は擬凹である。

B.5 凸 包

S を $\mathbb{R}^n$ の部分集合とする。このとき S を含む最小の凸集合を S の**凸包** (convex hull) という。$\mathbb{R}^2$ において、一直線上にない3点の凸包は、それらの点が作る三角形の辺を含めた内部となる。また一般に、$\mathbb{R}^2$ で穴がある凸多角形の凸包は、もとの多角形に等しい。

B.6 クーン-フーリエの定理

線形不等式系の解の存在についての基本的見方を与えてくれるのがクーン-フーリエ (H. Kuhn-J. Fourier) の定理である。つぎの二つの定理は**クーン-フーリエの定理**の特殊なケースである。とくに定理 B.2 は、6章の分析の基本となるものである。

いま、A を $m \times n$ 次の行列、x を n 次のベクトル、b を m 次のベクトルとしよう。また、以下における行列とベクトルの次数は行列の演算が可能なように定まっているとする。このとき次の命題が成り立つ。

定理 B.1 線形方程式系に関するクーン-フーリエの定理
A, b を所与として、
$$Ax = b$$
を満たす x が存在するための条件は、
(M1) $p'A = 0'$ となる任意のベクトル p に対して $p'b = 0$ となることである。

この命題は線形方程式の解の存在に関する基本的結果であり、行列 A とそ

B.7 定理 B.1 と B.2 の証明

れにベクトル b を加えた行列 (A,b) が同じランクをもつという条件と同等である。また B.1 の証明に関しては次項を参照されたい。

線形不等式系に関しては，同様な形式のつぎの命題が成り立つ。

定理 B.2　線形不等式系に関するクーン-フーリエの定理
A, b を所与として，
$$Ax \geq b$$
を満たす x が存在するための条件は，
(M2)　$p'A = 0'$ となる任意のベクトル $p' \geq 0$ に対して $p'b \leq 0$ となる
ことである。

注意 B.1
線形等式系・不等式系に関するゲイル (D. Gale) の定理は，定理 B.1, B.2 と実質的に同等の内容をもつものでる。定理 B.1 に対応するゲイルの定理は上の条件 (M1) の代わりに，その否定の条件 ($\overline{\text{M1}}$) あるいは $Ax = b$ のいずれか一方，そして一方のみが成り立つことをいうものである。また，定理 B.2 についても同様に，$Ax \geq b$ あるいは (M2) の否定の条件 ($\overline{\text{M2}}$) のいずれか一方，そして一方のみが成り立つことをいう。ゲイルの定理の証明に関しては，竹中 (1984) あるいは丸山 (2002) 等を参照されたい。

B.7* 定理 B.1 と B.2 の証明

ここでは，つぎの命題を証明する。条件 (M1) は，この条件の記号の置き換えに対応することが容易にわかる。これに関しては二階堂 (1961, pp55-57) や竹中，丸山の上掲書等を参照。

命題 B.3
n 次元ベクトル b が $m \times n$ 次の行列 B の m 個の行の一次結合になるためには，
(M3)　方程式 $Bp = 0$ の任意の解 p に対して $b'p = 0$ となる
ことが，必要十分条件である。

証明 B の m 個の行ベクトルを $b'_i (i = 1, \cdots, m)$ とすれば, $Bp = 0$ の解は

(M4)　$b'_i p = 0$　$(i = 1, \cdots, m)$

のように書くことができる。ここでもし $b' = \sum_{i=1}^{m} \lambda_i b'_i$ と書けるならば, (M4) より $b'p = 0$ となるので, 上の条件は必要である。逆に上の条件が満たされているとすれば, 方程式 (M4) の解と (M4) と $b'p = 0$ を連立させたときの解は一致する。ゆえにそれらの基本解の個数は等しい。よって

$$\mathrm{rank} B = \mathrm{rank} \begin{bmatrix} B \\ b' \end{bmatrix}$$

となる。ここで $\begin{bmatrix} B \\ b' \end{bmatrix}$ は, 行列 B にベクトル b' を付加し, したがって行が 1 つ増加した行列を表わしている。じっさい, n と各辺の差は基本解の個数に等しい。したがって b' は B の行ベクトルの一次結合となる。

B.8* 定理 B.2 の証明

クーンの定理において $\geq$ のみを含むケースの証明を行おう。そのために, 上に示した定理 B.1 を用いる。定理 B.1 において, (M1) の p には制限がなかったが, $p' \geq 0$ という制限を加えても, 定理 B.1 が成り立つことを示そう。

じっさい, $Ax = b$ の i 番目の方程式の両辺を (-1) 倍した方程式 (A と b の i 行を (-1) 倍した方程式) を考えると, それはもとの方程式と同値である。したがって, その方程式体系 $(T_{[i]})$ が解をもつことは, $(S)_=$ が解をもつことと同値である。より一般に S を集合 $M = \{1, 2, \cdots, m\}$ の部分集合とするとき, すべての $(i \in S)$ について, $(S)_=$ の i 番目の方程式の両辺を (-1) 倍した方程式体系を (T_S) とおくと, それが解をもつことは, $(S)_=$ が解をもつことと同値である。

ここで, 定理 B.1 の p に関して, p のうち負のものがあれば, その符号を変えたものを p^+ とする。この p^+ については, $(p^+)' A[s] = 0$ ならば, $(p^+)' b[s] = 0$ が成り立つ。ここで $A[s]$ および $B[s]$ は, すべての $(i \in S)$ について A および b の i 行を (-1) 倍したものである。この p^+ および $A[s]$,

$B[s]$ について，定理 A の帰結が非負条件を加えても成立する。

さて，不等式体系 $(S)_{\geq}$ の証明に移ろう。

$Ax \geq b$ が解をもつ

$$\begin{aligned}
&\Leftrightarrow\quad Ax = b+e, \quad e \geq 0 \quad \text{が解をもつ。}\\
&\Leftrightarrow\quad p'A = 0, \quad p \geq 0 \;\Rightarrow\; p'(b+e) = 0\\
&\Leftrightarrow\quad p'A = 0, \quad p \geq 0 \;\Rightarrow\; p'b \leq 0
\end{aligned}$$

となり，定理が成立する。

B.9* クーン-フーリエの定理の一般形

A を $m \times n$ 行列，B を $k \times n$ 行列，C を $l \times n$ 行列とする。クーン-フーリエの定理は，つぎの等式および不等式で定義される関係

$$(S)\begin{cases} Ax = a \\ Bx \geq b \\ Cx > c \end{cases}$$

が，解をもつための条件を与えるものである。

たとえば，線形の不等式

$$b_1 x_1 + \cdots + b_n x_n \geq b_0$$
$$b'_1 x_1 + \cdots + b'_n x_n \geq b'_0$$

が与えられたとき，それらを λ 倍および μ 倍して加えた関係式

$$(\lambda b_1 + \mu b'_1)x_1 + \cdots + (\lambda b_n + \mu b'_n)x_n \geq \lambda b_0 + \mu b'_0$$

は，λ および μ が非負である限り，つねに成立する。このような関係式を適正な (legal) 関係式という。より一般に，(S) の中で，等号で結ばれた関係式の 1 次結合を (A,a)，不等号 $\geq$ で結ばれた関係式の 1 次結合を (B,b)，厳密な不等号 $>$ で結ばれた関係式の 1 次結合を (C,c) と置く。このとき

$$(D,d) = \eta(A,a) + \lambda(B,b) + \mu(C,c), \quad \lambda, \mu \geq 0$$

が，適正な 1 次結合であるというのは，

$$Dx = d_1 x_1 + \cdots + d_n x_n \quad R \quad d, \quad \text{ただし} \quad R = \begin{cases} = & \text{if } \lambda, \mu = 0 \\ \geq & \text{if } \lambda \neq 0, \mu = 0 \\ > & \text{if } \mu \neq 0 \end{cases}$$

を満たすことである。

定理　クーン-フーリエ

(S) の関係式の 1 次結合 (D,d) のうち, $D = (d_1, d_2, \cdots, d_n) = 0'$ となる任意のケースについて (D,d) が適正な 1 次結合となるならば, すなわち

$$0x_1 + \cdots + 0x_n \quad R \quad d$$

が恒等的に正しい関係として表わされるならば, この体系 (S) には解があり, そうでなければ解はない。

文献ノート

本書は，ゲーム理論の基礎について戦略形ゲーム，展開形ゲームおよび提携形ゲームに関して，多くの例を示しながら，解説したものである．ここでは，さらに深くゲーム理論を学びたい方々のために，本書と並行して，あるいはその後，読まれるとよいと思われる文献をあげておこう．

(A) 本書と同様の内容を扱ったゲーム理論の邦文の一般的参考書としては，以下のものがある．
(1) 鈴木 (1981), (2) 鈴木 (1994), (3) 武藤 (2001), (4) 中山 (2005), (5) 中山 (1997), (6) 中山，船木，武藤編著 (2000), (7) 佐々木 (2003)．難易度は，本書の＊なしの部分と同程度である．これらよりやや上級者向けのものとしては，(8) 岡田 (1996) がある．
(1) は 1980 年代から存在するほとんど唯一の邦文のゲーム理論の参考文献である．解説が自足的で，ゲーム理論の多くの分野がバランスよく扱われている．(2) には協力ゲームのやさしい解説がある．(3)～(8) はそれぞれ特色をもった優良書である．
最近のミクロ経済学の教科書では，ゲーム理論についての詳しい説明を与えているものが多い．たとえば，奥野 (2008), 梶井・松井 (2000), 塩沢・石橋・玉田 (2006) および山崎 (2006) 等がそれである．

(B) 非協力ゲームの参考書としては，上の (A) の中の文献に加えて以下のものがある．ギボンズ，R., 福岡，須田 (訳) (1995), 神戸 (2004), グレーヴァ (2011).
これらにおいては本書で十分に扱い得なかった最近の展開形ゲームの発展と応用面が詳しく解説されてしている．

(C) 協力ゲームに関しては，上記の (3)～(8) のほか，やや上級者向けではあるが，オーマン (1991) およびトピックスは異なるが，鈴木・武藤 (1985) が優れている．

(D) 経済学とゲーム理論の関係については，コアの競争均衡への収束定理およびクールノー均衡の競争均衡への収束定理が重要である．前者の問題については，本文でも言及したが，以下の英文の文献を参照されたい．Debreu-Scart (1963) は，この分野の研究の出発点となった古典である．Hildenbrand and Kirman (1976) はコアの競争均衡への収束定理を簡潔に説明したものとして貴重である．これらの問題を扱うには，Aumann 流に無限の消費者を許容する測度空間を最初から考察するのが自然であるが，邦文の文献で測度空間でのモデル分析を扱ったものは少ない．それに関しては，市石 (1980) を参照されたい．

(E) 上級のミクロ経済学のテキストでゲームの基礎について扱った文献の中で代表的なものには Mas-Colell, Whinston and Green (1995), および Jehle and Reny

(2001) がある。ゲーム理論の一般的参考書としては, Osborne (2004), Osborne and Rubinstein (1994) および Binmore (1992) が理論的にしっかり書かれている。

Dixit and Skeath (1999) および Watson (2008) は, 高度な数学を用いることなく, 非協力ゲームを中心に概念と応用をていねいに説明してある。

Fudenberg and Tirole (1991), Myerson (1991), Owen (1995) は数学的に厳密に書かれたゲーム理論の上級書である。Aumann and Hart (1992), Aumann and Hart (1994), Aumann and Hart (2002) はゲーム理論の現代的な立場からのサーベイである。

von Neumann and Morgenstern (1944) はゲーム理論の古典である。ナッシュ均衡によって彩られた現代のゲーム理論への移行期の状況を伝えるものとして, Luce and Raiffa (1957), Kuhn (2003), 等が貴重である。

(F) ゲーム理論, とくに 10 章で議論した不完備情報ゲームの重要な応用として, 私的情報をもつプレイヤーたちのインセンティブを適切なゲームをデザインすることでコントロールするという問題がある。このような問題意識にもとづいて, メカニズムデザイン論, オークション理論, 契約理論, マッチング理論といった研究分野が発展し, 経済学の中でも重要な位置を占めるようになっている。これらについては, Roth and Sotomeyer (1990), 坂井 (2010), P. Milgrom (2004), V. Krishna (2002), 伊藤 (2003) を参照して欲しい。

参 考 文 献

※ 文献の後の [ ] 内の数字は，引用されている本文のページを示す．

市石達郎 (1980), 数理経済学Ⅲ, 熊谷, 篠原編『経済学大事典』, 東洋経済新報社. [243]
伊藤秀史 (2003),『契約の経済理論』, 有斐閣. [244]
今井晴雄・岡田章編 (2002),『ゲーム理論の新展開』, 勁草書房.
岡田章 (1996),『ゲーム理論』, (新版 2011), 有斐閣. [243]
奥野正寛 編著, (2008),『ミクロ経済学』, 東京大学出版会. [243]
オーマン, R. J., 丸山徹, 立石寛 (訳), (1991),『ゲーム論の基礎』勁草書房. [243]
梶井厚志・松井彰彦, (2000),『ミクロ経済学戦略的アプローチ』, 日本評論社. [243]
金子守, (2003)『ゲーム理論と蒟蒻問答』, 日本評論社. [14]
神谷和也・浦井憲 (1996),『経済学のための数学』, 東京大学出版会. [236]
川又邦雄, (1991),『市場機構と経済厚生』, 創文社. [60]
神戸伸輔 (2004),『入門ゲーム理論と情報の経済学』, 日本評論社. [243]
ギボンズ,R., 福岡正夫・須田伸一（訳）(1995),『経済学のためのゲーム理論入門』, 創文社. [243]
クルーグマン,P., R. ウェルス, 大山道広他 (訳), (2009),『ミクロ経済学』, 東洋経済新報社. [223]
グレーヴァ香子 (2011),『非協力ゲーム理論』, 知泉書館. [128, 243]
小宮英敏 (2012),『最適化の数理Ⅰ』, 知泉書館. [236]
坂井豊貴 (2010),『マーケットデザイン入門』, ミネルヴァ書房. [244]
酒井泰弘 (1982),『不確実性の経済学』, 有斐閣. [22]
佐々木宏夫 (2003),『入門ゲーム理論，戦略的思考の科学』, 日本評論社. [243]
佐武一郎 (1974),『線型代数学』増補改題，裳華房. [236]
塩澤修平, 石橋孝次, 玉田康成編 (2006),『現代ミクロ経済学—中級コース』, 有斐閣. [243]
鈴木光男 (1981),『ゲーム理論入門』, 共立出版. [243]
鈴木光男・武藤滋夫 (1985),『協力ゲームの理論』, 東京大学出版会. [243]
鈴木光男 (1994),『新ゲーム理論』, 勁草書房. [243]
高橋渉 (1988),『非線形関数解析学—不動点定理とその周辺—』, 近代科学社. [236]
武隈慎一 (1999),『ミクロ経済学』, 新世社. [223]
竹中淑子 (1984),『最適値問題』, 培風館. [239]
中山幹夫 (1997),『はじめてのゲーム理論』(有斐閣ブックス), 有斐閣. [243]

中山幹夫 (2005),『社会的ゲームの理論入門』, 勁草書房. [243]

中山幹夫, 船木由喜彦, 武藤滋夫編 (2000),『ゲーム理論で解く』(有斐閣ブックス), 有斐閣. [243]

二階堂副包 (1961),『経済のための線型数学』, 培風館. [51,239]

西村和雄 (1996),『ミクロ経済学』, 岩波書店. [223]

福岡正夫 (2011),『経済学入門』第 4 版, 日本経済新聞社. [223]

一松信 (1968),『石とりゲームの数理』, 数学ライブラリー, 森北出版. [11]

松井彰彦 (2002),『慣習と規範の経済学——ゲーム理論からのメッセージ』, 東洋経済新報社.

丸山徹 (2002),『経済数学』, 知泉書館. [51,236,239]

マンキュー, N.G., 足立英之・地主敏樹・中谷武・柳川隆（訳）(2003),『マンキュー・マクロ経済学Ⅰ・Ⅱ』東洋経済新報社. [223]

武藤滋夫 (2001),『ゲーム理論入門』, 日本経済新聞社. [243]

柳川範之 (2000),『契約と組織の経済学』, 東洋経済新報社. [11]

山崎昭 (2006),『ミクロ経済学』, 知泉書館. [243]

Akerlof,G.A., (1970), "The market for 'Lemons' :Quality Uncertainty and the Market Mechanism," *The Quarterly Journal of Economics*, Vol.84, No.3, 488-500.

Anscombe,F.J. and R.J.Aumann, (1963), "A Definition of Subjective Probability," *Ann. Math. Stat.,* Vol.34. [20]

Aumann,R.J. and S. Hart, eds., (1992), *Handbook of Game Theory with Economic Applications vol.1*, North-Holland.

Aumann,R.J. and S. Hart, eds., (1994), *Handbook of Game Theory with Economic Applications vol.2*, North-Holland.

Aumann,R.J. and S. Hart・eds., (2002), *Handbook of Game Theory with Economic Applications vol.3*, North-Holland.

Axelrod, R. (1984), *The Evolution of Cooperation*, Basic Books.（邦訳：松田裕之 (1998)『つきあい方の科学——バクテリアから国際関係まで』(Minerva 21 世紀ライブラリー), ミネルヴァ書房.) [119]

Aumann,R.J. and L.Shapley, (1974), *Values of Non-Atomic Games*, Princeton University Press. [219]

Binmore,K.G., (1992), *Fun and Games*, Lexington,MA:Heath. [244]

Binmore,K.G., (2007), *Playing for Real: A Text on Game Theory*, Oxford Univesity Press.

Bondareva,O.N., (1963), "Some Applications of Linear Programming Methods to the Theory of Games," *Problemy Kibernetiki (Problems of Cybernetics)*, Vol.10, 119-139. [192]

Border, K.C., (1985),*Fixed Point Theorems with Applications to Economics and Game Theory*, Cambridge University Press. [51]

Brouwer,L.E.J., (1912), "Über Abbildung von Mannigfaltigkeiten," *Mathematische*

参 考 文 献   247

   Annalen, Vol.71, 97-115. [50]
Cho, I. and D.M. Kreps, (1987), "Signaling Games and Stable Equilibria," *The Quarterly Gernal of Economics*, Vol.102, No.2, 179-222. [153,157]
Cournot,A.A., (1838), *Recherches sur les principes mathématiques de la théorie des richesses*, Hachette.
Debreu,G. and H.Scarf, (1963), "A Limit Theorem on the Core of an Economy," *International Economic Review*, Vol.4.
Dixit, A.K., and B. Nalebuff, (1992), *Thinking Strategically*, WW Norten & Company. (邦訳：菅野隆, 嶋津祐一 (1991), 『戦略的思考とはなにか』, TBS ブリタニカ.)
Dixit, A.K. and Skeath, S., (1999), *Games of Strategy*, WW Norten & Company. [244]
Edgeworth,F.Y., (1881), *Mathematical Psychics*, Kegan Paul. [198]
Fourier, J.-B.J., (1826), "Solution d'une question particuliére du calcul des inégalités," *Oeuvres II*, 317-328.
Fudenberg,D. and J. Tirole, (1991), *Game Theory*, MIT Press. [157,244]
Gibbons, R., (1992), *Game Theory for Applied Economists*, Princeton University Press. (邦訳：福岡正夫, 須田伸一 (1995), 『経済学のためのゲーム理論入門』, 創文社.) [243]
Gillies,D.B., (1953), "Solutions to General Non-zero-sum Games," in *Contributions to the theory of games, Vol.IV, Annals of Mathematics Studies*, 40, A.W.Tucker and R.D.Luce,eds., 47-85, Princeton University Press. [185]
Guillemin, V. and A. Pollack, (1974), *Differential Topology*, Prentice-Hall. [51]
Hardy, G.H. and E.M. Wright, (1979), *An Introduction to the Theory of Numbers*, 5th ed., Oxford Univ. Press. [11]
Harsanyi, J.C., (1967-68), "Games with Incomplete Information Played by 'Bayesian' Players, I−III," *Management Science*, Vol.14, No.3, 159-182. [129,149]
Hildenbrand, W., and A.P.Kirman, (1976) *Introduction to Equilibrium Analysis*, North-Holland/American Elsevier. [243]
Holmes,R.B., (1975), *Geometric Functional Analysis and its Applications*, Springer-Verlag.
Jehle,G.A. and P.J.Reny, (2001), *Advanced Microeconomic Theory*, 2nd ed., Addison Wesley. [244]
Kalai,E. and M.Smorodinsky, (1975), "Other Solutions to Nash's Bargaining Problem," *Econometrica*, Vol.43, 513-518. [168]
Kandori,M., G.Mailath and R.Rob, (1993), "Learning, Mutation, and Long-Run Equilibria in Games," *Econometrica*, Vol.61, 29-56. [128]
Kannai, Y., (1992), "The Core and Balancedness" Chapter 12, in *Handbook of Game Theory with Economic Applications vol.1*, edited by R.J. Aumann and Sergiu Hart, North-Holland. [193]

Kawamata, K. and Y. Tamada, (2006), "Direct and Indirect Connections, the Shapley Value, and Network Formation," *Advances in Mathematical Economics*, Vol.8, 315-348, Springer. [181]

Kohlberg,E. and J.F.Mertens, (1986), "On the Strategic Stability of Equilibria," *Econometrica* Vol.54, No.5, 1003-1038. [157]

Kreps,D. and R.Wilson, (1982), "Sequential Equilibrium," *Econometrica*, Vol.50, No.4. 253-279. [147]

Krishna, V., (2002), *Auction Theory*, Academic Press. [244]

Kuhn, H.W., (1953), "Extensive Games and the Problem of Information," H.W.Kuhn-A.W.Tucker eds., *Contributions to the Theory of Games*. [135]

Kuhn,H.W. (1956), "Solvability and Consistency for Linear Equations and Inequalities," *Amer. Math. Monthly*, Vol.63, 217-232.

Kuhn, H.W., (2003), *Lectures on the Theory of Games*, Princeton University Press. [244]

Lax, P., (2007), *Linear Algebra*. 2nd ed., Wiley. [236]

Luce,R. and H. Raiffa, (1957), *Games and Decisions, Introduction and Critical Survey*, John Wiley & Sons. [135,244]

Mas-Colell,A., M.D.Whinston and J.R.Green, (1995), *Microeconomic Theory*, New York, Oxford University Press. [17,198,244]

Maynard Smith, J., (1982), *Evolution and the Theory of Games*, Cambridge University Press.

McMillan, J., (1992), *Games, Strategies and Managers*, Oxford University Press.（邦訳：伊藤秀史，林田修 (1995)，『経営戦略のゲーム理論——交渉・契約・入札の戦略分析』，東洋経済新報社.）

Milgrom, P., (2004), *Putting Auction Theory to Work*, Princeton University Press,（邦訳：川又邦雄・奥野正寛（監訳），計盛英一郎・馬場弓子訳 (2007)，『オークション理論とデザイン』，東洋経済新報社.) [244]

Myerson, R.B., (1991), *Game Theory–Analysis of Conflict*, Harvard University Press. [244]

Nash, J.F., (1950), "The Bargaining Problem," *Econometrica*, Vol.18, 155-162. [44]

Osborne,M.J. and A.Rubinstein, (1994). *A Course in Game Theory*, Cambridge: MIT Press. [244]

Osborne,M.J., (2004), *An Introduction to Game Theory*, Oxford University Press. [244]

Owen, G., (1995), *Game Theory (3rd edition)*, Academic Press. [244]

Pratt,J.W., (1964), "Risk Aversion in the Small and in the Large," *Econometrica*, Vol.32, 122-136. [22]

Roth, A.E. and M.A.O. Sotomeyer, (1990). *Two-Sided Matching: A Study in Game-*

Theoretic Modeling and Analysis, Cambridge University Press.

Rubinstein,A., (1982), "Perfect Equilibrium in a Bargaining Model," *Econometrica*, Vol.50, 513-518.

Schmeidler, D., (1969), "The Nucleolus of a Characteristic Function Game," *SIAM Journal of Applied Mathematics*, Vol.17, No.6, 1163-1170. [195]

Selten, R., (1975), "Reexamination of the Perfectness Concept for Equilibrium Points in Extensive Games," *International Journal of Game Thneory*, Vol.4, No.1,25-55.

Shapley, L.S., (1953), "A Value for N-person Games," in *Contributions to the Theory of Games II*, H.Kuhn and A.W. Tucker, eds., Princeton University Press.

Shapley, L.S., (1967), "On Balanced Sets and Cores," *Journal of Economic Theory*, Vol.1, 9-25. [192]

Shapley, L.S. and M.Shubik, (1969), "On the Core of an Economic System with Externalities," *American Economic Review*, Vol.59, 678-684. [196]

Spence, M., (2003), "Job Market Signalling," *Quarterly Journal of Economics*, Vol.87, 355-374. [155]

Stoer,J. and C. Witzgall, (1970), *Convexity and Optimization in Finite Dimensions*, Springer. [76]

von Neumann, J. and Morgenstern, O., (1944), *Theory of Games and Economic Behavior*, Princeton University Press. [2,244]

Vorob'ev, N.N., (1977), *Game Theory, Lectures for Economists and System Scientists*, Springer.

Walras, L., (1874-77), *Éléments d'écomie politique pure*, (邦訳：久武雅夫訳 (1983), 『純粋経済学要論』, 岩波書店). [198]

Watson, J., (2008), *STRATEGY*, 2nd edition, WW Norton & Company. [244]

Webb,J.N., (2006), *Game Theory, Decision, Interaction and Evolution*, Springer Undergraduate Mathematics Series, Springer.

Young, H.P., (1998), *Individual Strategy and Social Structure*, Princeton University Press. [128]

Zermelo, E., (1912), "Über eine Anwendung der Mengenlehre auf die Theorie des Schachspiels," in *Proceedings of the Fifth International Congress of Mathematicians*, E.W.Hobson and A.E.H.Love (eds.), Cambridge University Press, Vol.II, 501-504. [108]

演習問題解答

1 章
1-1 省略
1-2 省略
1-3
$$x_1 = v(1) + \frac{v(1,2) - v(1) - v(2)}{2} = \frac{v(1,2) + v(1) - v(2)}{2}$$
x_2 についても同様。

1-4 演習問題 1-3 の公式に $v(1) = 2$, $v(2) = 3$, $v(1,2) = 7$ を代入すると, $x_1 = 3$, $x_2 = 4$ が解となる。

2 章
2-1 テストをしない場合の期待値は $11p+1$, 部分テストをした場合の期待値は $3p+2$, 完全点検をした場合の期待値は $-13p+4$。よって, $0 \leq p \leq 1/8$ のときはテストをしないのが最適。$1/8 \leq p \leq 1$ のときは完全点検を行うのが最適。

2-2

	(1) 期待値	(2) 期待効用
計画 1	25	5/2
計画 2	26.5	9/2
計画 3	40.5	9/2

よって, (1) 計画 3 (2) 計画 2 と計画 3 が最適。

2-3 (1) 期待効用は 4 (2) 16

2-4 (1) 期待効用を S とおくと,
$$S = \frac{1}{2}\log 2 + \frac{1}{2^2}\log 2^2 + \cdots + \frac{1}{2^n}\log 2^n + \cdots \tag{1}$$
であるから,
$$\frac{S}{2} = \frac{1}{2^2}\log 2 + \frac{2}{2^3}\log 2 + \cdots + \frac{n}{2^{n+1}}\log 2 + \cdots \tag{2}$$

となる。よって，(1), (2) より
$$\frac{S}{2} = \frac{1}{2}\log 2 + \frac{1}{2^2}\log 2 + \cdots + \frac{1}{2^n}\log 2 + \cdots = \log 2$$
となる。よって，$S = \log 4$ となる。

(2) n 回目の賞金を $x_n = 2^{2^n}$ とする（本文では $x_n = 2^n$）。すると，$u(x) = \sqrt{x}$ としたとき，期待効用は
$$\frac{1}{2}\sqrt{4} + \frac{1}{4}\sqrt{16} + \frac{1}{8}\sqrt{64}\cdots = 1 + 1 + 1 + \cdots = \infty$$
となり，パラドックスは解消されない。このように，効用関数が有界でなければ，賞金の額を増していくことによって期待効用を無限大にできる。

2-5 効用関数を $u(x)$ として期待効用を計算すると（単位は億円），
(1) a の期待効用は $u(5)$, a' の期待効用は $0.1 \times u(6) + 0.89 \times u(5) + 0.01 \times u(0)$, b の期待効用は $0.11 \times u(5) + 0.89 \times u(0)$, b' の期待効用は $0.1 \times u(6) + 0.90 \times u(0)$ となる。
(2) a を a' より，b を b' より好む個人は，上の期待効用についての計算結果と大小関係が逆になっている。

2-6 効用関数を $u(x)$ として期待効用を計算すると（単位は億円），
(1) a の期待効用は $(1/3) \times u(1) + (2/3) \times u(0)$, b の期待効用は $p \times u(1) + ((1/3) + q) \times u(0)$, c の期待効用は $((1/3) + q) \times u(1) + p \times u(0)$, d の期待効用は $(2/3) \times u(1) + (1/3) \times u(0)$ となる。
(2) a を b より，c を d より好む個人は，上の期待効用についての計算結果と大小関係が逆になっている。

2-7 2.6 節の公式を用いて計算すればよい。

2-8 $u_2(x) = k(u_1(x))$ のとき，両辺を x で微分すると，
$$u_2'(x) = k'(u_1(x))u_1'(x)$$
$$u_2''(x) = k''(u_1(x))(u_1'(x))^2 + k'(u_1(x))u_1''(x)$$
となる。これより
$$R_a(x, u_2) - R_a(x, u_1) = -\frac{k''(u_1(x))}{k'(u_1(x))} \cdot u_1'(x)$$
を得る。

2-9 B または C どちらか 1 人（たとえば B）の顔が汚れているとしよう。もし A の顔が汚れていないとすれば，B は自分の顔が汚れていることを知るだろう。B が平静でいることをみた A は，自分の顔が汚れていることを知るだろう。表 2.1 で全員の顔がよごれていないということは，仮定によって考えられない。1 人だけが汚れている場合はその人は自分の顔が汚れているということを知るだろう。2 人だけが顔が汚れている場合には，上の議論によって，排除される。したがって，残るケースは，3 人ともが汚れている場合のみである。

3 章

3-1
1. α_4 は α_2 を支配する。α_2 を消去。
2. すると，β_3 は β_1 を支配する。β_1 を消去。
3. すると，α_4 が α_1 を支配する。α_1 を消去。
4. すると，α_3 は α_4 を支配する。α_4 を消去。

演習問題解答　253

5. α_3 が選ばれるとすると，プレイヤー 2 にとって，β_2 が最適。
したがって，ナッシュ均衡は (α_3, β_2) となる。

3-2 (1) $x < 3$　(2) $y \leq 2$

3-3 (1)

				行の最小
1	3	2	5	1
3	6	1	7	1
5	2	3	1	1
列の最大 5	6	3	7	

(2)

				行の最小
7	3	2	6	2
3	1	5	2	1
0	4	1	5	1
列の最大 7	4	5	6	

(1) 存在しない　(2) 存在しない

3-4 (1), (2) たか・はとゲーム，男女のいさかいゲーム等。

4 章

4-1 (1) C が自白する，N を黙秘するを意味するものとし，プレイヤー i の反応関数を BR_i とするならば，各 i について
$$C = BR_i(C), \qquad C = BR_i(N)$$
となる。

(2) B を野球，C をコンサートとするとき，反応関数は各 i について
$$B = BR_i(B), \qquad C = BR_i(C)$$
となる。したがって，ナッシュ均衡は (B,B)，(C,C) の 2 つが存在する。

4-2 (1) (D,L), (U,R)　(2) 命題 4.1 の公式を用いて計算すれば，$p = 2/3$，$p = 1/3$ となる。

4-3 (1) $(1/2)(3,6) + (1/2)(0,10) > (1,7)$ より，$(1/2)L + (1/2)R > M$ となる。

(2) もし，M が p の確率で用いられたとすれば，$p/2$ の確率で L，$p/2$ の確率で R を用いることによって，利得を増すことができる。

4-4 (1) 利得行列を π とするとき，(a) $\min\max \pi = 80 = \max\min \pi$，純粋戦略の均衡は（反対，反対）。(b) $\min\max \pi = 70 < 80 = \max\min \pi$，純粋戦略の均衡はなし。

(2) プレイヤー 1 の最適混合戦略は $(7/13, 6/13)$，プレイヤー 2 の最適混合戦略は $(8/13, 5/13)$ である。

4-5 たとえば，2 人ゲームを考える。(p^*, q^*) がナッシュ均衡であるとする。すると，任意の $p \in \Delta(S_1)$, $q \in \Delta(S_2)$ について
$$\pi_1(p^*, q^*) \geq \pi_1(p, q^*) \text{ と } \pi_2(p^*, q^*) \geq \pi_2(p^*, q)$$
が成立する。すると，新しい利得についても，
$$\kappa_1 \pi_1(p^*, q^*) + c_1 \geq \kappa_1 \pi_1(p, q^*) + c_1,$$
$$\kappa_2 \pi_2(p^*, q^*) + c_2 \geq \kappa_2 \pi_2(p^*, q) + c_2$$
が成立し，やはり戦略的に同等なゲームのナッシュ均衡である。逆方向についても同様に証明すればよい。

4-6 (1) 定義域が実直線 $\mathbb{R}$ のすべてで $f(x) = x+1$.
(2) $[0,1)$ で定義された関数 $f(x) = \frac{1}{2}x + \frac{1}{2}$.
(3) $[0,1]$ から $[0,1]$ への関数
$$f(x) = \begin{cases} -x & \text{if } x \neq 1/2 \\ 1 & \text{if } x = 1/2 \end{cases}$$
も不動点が存在しない.

5 章

5-1 (1) $\pi_1(y_1, y_2) = [20 - (y_1 + y_2)]y_1 - 5y_1$,
$\pi_2(y_1, y_2) = [20 - (y_1 + y_2)]y_2 - (3y_2 + 2)$.
(2) $y_1 = (15 - y_2)/2$, $y_2 = (17 - y_1)/2$.
(3) $y_1 = 13/3$, $y_2 = 19/3$.
(4) $y_1 = 13/2$, $y_2 = 21/4$.

5-2 各企業の利潤は
$$\pi_i = (20 - y)y_i - (3y_i^2 + k)$$
となる. これを y_i について極大にするための条件は
$$(20 - y) - y_i - 6y_i = 0.$$
これを n 個の企業について合計すると
$$(20 - y)n = 7y$$
となる. したがって,
$$y = \frac{20n}{n+7}, \quad y_i = \frac{20}{n+7}, \quad p = \frac{140}{n+7}$$
となる. これらをもちいて極大利潤を計算すると
$$\pi_i^* = \frac{1600}{(n+7)^2} - k$$
となる. これを正にする整数 n が 7 となる k を求めればよい. $k = 8.16$.

5-3 逆需要関数を $p = f(y)$ とおくと, 1 つの企業の利潤は
$$\pi_i = py_i - C_i(y_i) = f(y_i + y_{-i})y_i - C_i(y_i)$$
と書ける. ここで他の企業の生産量の合計 y_{-i} は f の中にだけ入っているので, f が y の減少関数である限り, π_i は y_i の減少関数ということになる.

5-4 (1) 独占の均衡では $MR = MC$, すなわち
$$p\left(1 + \frac{p'}{p}y\right) = p\left(1 - \frac{1}{\epsilon}\right) = C'(y_i) > 0$$
となる. これより $\epsilon > 1$ となる.
(2) クールノー寡占の均衡では, (1) と同様
$$p\left(1 + \frac{p'}{p}y_i\right) = p\left(1 - \frac{s_i}{\epsilon}\right) = C'(y_i) > 0$$
となる. これより, $\epsilon > s_i$ が導かれる.

5-5 クールノー均衡では, 利潤
$$\pi_i = p(y)y_i - C_i(y_i)$$
の y_i についての最大化条件

演習問題解答 255

$$p(y) + p'(y)y_i - C'_i(y_i) = 0$$

が満たされる。したがって,

$$m_i = \frac{p - C'_i}{p} = \frac{-p'y}{p} \cdot \frac{y_i}{y} = \frac{s_i}{\epsilon}$$

となる。これより,

$$H = \sum_i s_i^2 = \sum_i \epsilon s_i m_i = \epsilon \sum_i s_i m_i$$

となる。

6 章

6-1 (1) (α_1, β_2).
(2) プレイヤー 1 は α_1, プレイヤー 2 は β_2。

6-2 (a) プレイヤー 1 にとって, 1 行目の戦略は 2 行目の戦略によって支配される。残ったゲームは (8 7 6 5) となる。その中で, プレイヤー 2 の利得が最大なものは 4 列目の 5 である。これが鞍点である。
(b) 保証水準は 5。

6-3 $(0,0)$ が鞍点である。

6-4 (1) プレイヤー 1 にとっての保証水準は 3, プレイヤー 2 については -3。ゲームの値は 3。
(2) プレイヤー 1 にとっての保証水準は 2, プレイヤー 2 については -2。ゲームの値は 2。

6-5 (1) $b \cdot c \leq 0$。
(2) 一般性を失うことなく a が鞍点であるとできる。したがって $c \leq a \leq b$ が成立するとしよう。このとき, $c \leq b$ が成立する。いま, 転置行列 $\begin{pmatrix} a & c \\ b & d \end{pmatrix}$ を考えよう。仮に, $d \leq c \leq b$ ならば, $d \leq c \leq a$ が成立するので, c が鞍点となる。同様に, $c \leq d \leq b$ ならば d が, $c \leq b \leq d$ ならば b が鞍点となる。
(3) $\begin{pmatrix} 0 & 1 & 0 \\ -1 & 0 & 1 \\ -1 & 0 & 1 \end{pmatrix}$.

7 章

7-1 右の 2 つはサイクルを含むため木ではない。

7-2 (1)

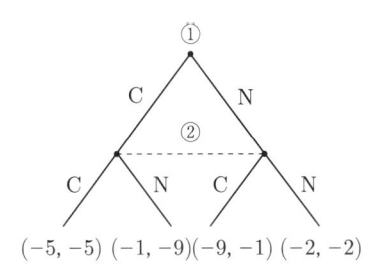

(2)

```
              ①
         野球／＼コンサート
              ②
         ┌─コンサート─┐
      野球／     ＼／ ＼コンサート
              野球
      (2,1) (0,0) (0,0) (1,2)
```

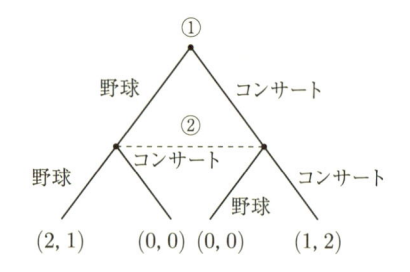

7-3

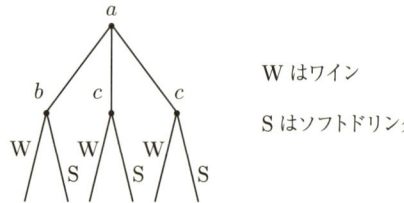

```
              a
          ／  |  ＼
         b   c   c
        /\  /\  /\
       W S W S W S
```

W はワイン

S はソフトドリンク

7-4 (1) まず，すべての点で C が選ぶことはナッシュ均衡ではない．なぜなら，プレイヤー 2 は最後の点で S を選択するからである．同様に，C がゲームの始点から 2 回以上続けて選択され，その後，プレイヤー i が S を選ぶようなナッシュ均衡はやはり存在しない．その前の点で，プレイヤー j が S を選ぶことになるからである．したがって，ナッシュ均衡においてはプレイヤー 1 が始点で S を選択している必要がある．そして，それが均衡であるためには，プレイヤー 2 は次の点でやはり S を選ぶ．その後の点は到達されないので選択は任意であり，したがってナッシュ均衡は無数に存在する．たとえば，2 人の手番が 2 つずつの場合には，プレイヤー 1 の戦略は，第 1 の分岐点で C を選ぶか S を選ぶか．および第 2 の分岐点で同様に C あるいは S を選ぶかの 4 つである．プレイヤー 2 の戦略は，S を選ぶか C を選ぶかの 2 つである．したがって，戦略形ゲームは次の表のように書ける．

		プレーヤー 2	
		S	C
プレーヤー 1	SS	0,0	0,0
	SC	0,0	0,0
	CS	−1,3	2,2
	CC	−1,3	1,5

これによりナッシュ均衡，(SS,S), (SC,S), (SS,C)．

(2) どちらのプレイヤーもあらゆる点で S を選択することが部分ゲーム完全均衡．

7-5 (1) 図 7.13 は 3 個．図 7.14 は 3 個．図 7.15 は 4 個．

(2) 図 7.13 のゲームについては (D,EH) と (D,FH)．

図 7.14 のゲームについては，(i) プレイヤー 1 が L を選択し，プレイヤー 2 が F をふくむ任意の戦略を選択，(ii) プレイヤー 1 が M を選択し，プレイヤー 2 が I をふくむ任意の戦略を選択，(iii)(R,FHK), (R,GHK), の 3 種類のナッシュ均衡がある．

演習問題解答 257

図 7.15 のゲームについては，(CH,E), (DC,E), (DH,E)。
(3) 図 7.13 のゲームについては (D,EH)。
図 7.14 のゲームについては (L,FHK) と (L,FIK), (M,FIK)。
図 7.15 のゲームについては (CG,E)。

8 章
8-1 (1) 結果の系列：(C,D),(C,D),(C,D),⋯
利得の系列：(0,3),(0,3),(0,3),⋯
(2) 本文参照のこと。
8-2 例えば「引き金戦略」と「つねに D」が会えば，
結果の系列：(C,D),(D,D),(D,D),⋯
利得の系列：$(3,0), (1,1), (1,1), \cdots$
となる。
8-3 ナッシュ均衡は
- $\delta < 1/2$ のとき：(つねに B，つねに B) がナッシュ均衡。
- $\delta \geq 1/2$ のとき：(つねに C, 引き金), (つねに C, おうむ返し), (引き金, 引き金), (引き金, おうむ返し), (おうむ返し, おうむ返し), (おうむ返し, 引き金)。

9 章
9-1 証明の方法はいくつかある。例えば，定理 9.1 を適用すると，$\pi(D,D) > \pi(Q,D)$ と $\pi(Q,Q) > \pi(D,Q)$ がともに成立しているので，(D,D) と (Q,Q) はともに ESS である。
9-2 (1) 混合戦略においてプレイヤー 1 が H を選択する確率を p，D を選択する確率を $1-p$ とする。混合戦略によるナッシュ均衡では，プレイヤー 2 の期待利得について，H を選択した場合と D を選択した場合とで等しくなければならない。したがって，
$$p\frac{v-c}{2} + (1-p)v = (1-p)\frac{v}{2}$$
が成立し，$p^* = v/c$ を得る。
(2) いま，$\pi(H,H) = (v-c)/2$, $\pi(D,H) = 0$, $\pi(D,D) = v/2$, $\pi(H,D) = v$ が成立するので，$\pi(H,H) < \pi(D,H)$ と $\pi(D,D) < \pi(H,D)$ が成立し，混合戦略の均衡は ESS である。
9-3 純戦略を 1,2 とし，利得を π_{ij} $(i,j = 1,2)$ によって表記する。$\pi_{11} > \pi_{21}$ ならば，純戦略 1 は厳密なナッシュ均衡を形成し，したがって ESS である。$\pi_{22} > \pi_{12}$ の場合についても同様。よって，$\pi_{11} < \pi_{21}$ と $\pi_{22} < \pi_{12}$ を想定する。この場合は，ただ 1 つの混合戦略均衡が存在し，混合戦略均衡では戦略 1 を確率 p で，戦略 2 を確率 $1-p$ で選択するとしよう。そして，この混合戦略に対して戦略 1 を選択した場合の期待利得は $p\pi_{11} + (1-p)\pi_{12}$，戦略 2 を選択した場合の期待利得は $p\pi_{21} + (1-p)\pi_{22}$ となる。この 2 つは一致するので，
$$p = \frac{\pi_{22} - \pi_{12}}{\pi_{11} - \pi_{21} + \pi_{22} - \pi_{12}}$$
が得られ，ここで，$\pi_{22} - \pi_{12} < 0$, $\pi_{11} - \pi_{21} + \pi_{22} - \pi_{12} < 0$ である。そし

て，$1 > p > 0$ が成立する。

さて，戦略 1 を確率 $q \neq p$ で選ぶような突然変異のプレイヤーを考える。いま，それぞれの純戦略は p に対する最適反応なので，q もまた最適反応となっている。よって，相手プレイヤーが混合戦略 p を選択している場合，q と p は同じ期待利得をもたらす。したがって，p が ESS であることを示すためには，相手プレイヤーが混合戦略 q を選択しているときに，q ではなく p を選ぶことでより高い期待利得を獲得できなければならない。その条件は

$$p(q\pi_{11} + (1-q)\pi_{12}) + (1-p)(q\pi_{21} + (1-q)\pi_{22})$$
$$-q(q\pi_{11} + (1-q)\pi_{12}) + (1-q)(q\pi_{21} + (1-q)\pi_{22}) > 0$$

であるが，実際に計算すると左辺は $-(p-q)^2(\pi_{11} - \pi_{21} + \pi_{22} - \pi_{12})$ となり，これは負値である。

10 章

10-1 (1) 利得表をもちいてゲームを表現すると表 10.4 のようになる。ナッシュ均衡は ((L,U),ℓ), ((R,U),r), ((R,D),r)。

表 10.4

		プレイヤー 2	
		ℓ	r
プレイヤー 1	(L,U)	(5,4)	(3,2)
	(L,D)	(1,3)	(2,4)
	(R,U)	(4,5)	(4,5)
	(R,D)	(4,5)	(4,5)

(2) 部分ゲームはプレイヤー 1 が L を選択した径路から始まるものである。部分ゲーム完全均衡は ((L,U),ℓ)。

10-2 L に $p \in [0,1]$ の確率を与えるような行動戦略を考えると，(L,L) という径路は p^2 で，(L,R) という径路は $p(1-p)$ で，R という径路は $1-p$ で実現する。よって，これら径路を (4/9, 3/9, 2/9) で選ぶ p は存在しない。

10-3 ベイズの定理にもとづいて計算すればよい。4/7。

10-4 図 10.14 のゲームにおいては，プレイヤー 1 が L を選択し，プレイヤー 2 が選択する情報集合においては $\mu(U_2)(M) = 1$ という信念 (プレイヤー 2 が選択行うような経路が実現したら，プレイヤー 1 は M を選択していると信じる) にもとづいて ℓ を選択することが逐次均衡である。それをチェックするためには，プレイヤー 1 が L, M, R をそれぞれ $1 - \epsilon - \epsilon^2$, ϵ, ϵ^2 で選択し，プレイヤー 2 が ℓ と r をそれぞれ $1 - \epsilon$, ϵ で選択するような行動戦略を考えればよい。逐次均衡での利得は (3,3) である。

図 10.15 ゲームにおいては，プレイヤー 1 が C を選択した経路から始まる部分ゲームでは，プレイヤー 1 について L は R に支配されているので，プレイヤー 1 は R を選択し，したがってプレイヤー 2 は r を選択する。そのことを予想すると，プレイヤー 1 は C を選択する。これは部分ゲーム完全均衡であり，逐次均衡でもある。利得は (5,1) となる。

図 10.14 のゲームでは，プレイヤー 1 が M を選択したのか R を選択したのかについてのプレイヤー 2 が形成する信念は，プレイヤー 1 の選択から影響を受けない。それに対し，図 10.15 ではプレイヤー 1 が L を選択したのか R を

選択したのかについてのプレイヤー 2 が形成する信念は，プレイヤー 1 の C の選択の影響を受ける．違いはこの事実による．

10-5 (1)
$$\text{Prob}\{b_1 \geq a_2\theta_2\}(\theta_1 - b_1) = \frac{b_1}{a_2}(\theta_1 - b_1)$$

(2) $b_1(\theta_1 - b_1)$ を最大化する b_1 は $b_1 = \theta_1/2$．

(3) 買い手 1 が $b_1 = \theta_1/2$ にしたがって入札するとき，評価が θ_2 である買い手 2 の最適な入札は，やはり $b_2 = \theta_2/2$ となる．したがって，ベイジアン・ナッシュ均衡では買い手 i ($i=1,2$) が $b_i = \theta_i/2$ という入札戦略にしたがって入札する．

10-6 (1) 一括均衡では消費者は財のタイプを区別できないので，第 1 期に pv_H まで支払う用意があり，企業は支払額を $t = pv_H$ に設定する．第 1 期にタイプ L を購入した消費者は第 2 期にはその企業から購入しない．すると，タイプ L の企業の利潤は $pv_H - c_L$ となり，これはマイナスなので，タイプ L 企業は販売しない．したがって一括均衡は成立しない．

(2) 次のような分離均衡を考える．
 1. タイプ H は第 1 期に $t_1 = c_L$ で財を販売する．
 2. タイプ L は財を販売しない．
 3. 第 1 期に消費者は $t_1 = c_L$ で販売された財はタイプ H と考えて購入する．それ以外の価格の財はタイプ L と考えて購入しない．
 4. 第 1 期に販売されなかった財についてもタイプ L と評価される．

タイプ H にとって $p_1 = c_L$ を設定することが合理的であるための条件は
$$(t_1 - c_H) + (v_H - c_H) = (c_L - c_H) + (v_H - c_H) \geq 0$$
であるが，$v_H - c_H > c_H - c_L$ よりこの条件は成立する．（第 1 期には費用割れの価格を設定しているのでマイナスの利得が発生．第 2 期には高価格を設定できるので赤字を回収してプラスの利得が発生．）

タイプ L が t_1 の価格で生産・販売するよりも，生産・販売しないことが合理的であるための条件は
$$0 + 0 \geq (t_1 - c_L) + 0$$
であるが，$t_1 = c_L$ はこの条件を満たす最大の t_1 である．

11 章

11-1 効用可能性集合の制約のもとで，$(u-1)(v-b)$ を最大化する問題を考えればよい．$(u,v) = (\sqrt{2}+1, \sqrt{2}+b)$．

11-2 効用可能性曲線は $x_1^{1/\alpha} + x_2 = k$ となる．ナッシュ交渉解は，$(x_1, x_2) = (\alpha k/(1+\alpha), k/(1+\alpha))$．$\alpha$ が大きい程プレイヤー 1 の配分は大きくなる．

11-3 $f'(L) = 10 - 2L$ より，賃金は率 $w = 10 - 2L$ となる．したがって，
$$L = \frac{10-w}{2}$$
が成立する．組合の目的関数は
$$wL = w\frac{10-w}{2}$$
であり，これを最大化する賃金は $w = 5$．

12 章

12-1 単調性と優加法性はともに満たす。

12-2 (1) $v(i) = \sqrt{w_i}$ $(i = 1, 2, 3)$。
$v(i, j) = \sqrt{w_i + w_j}$ $(i, j = 1, 2, 3, \ j \neq i)$。
$v(1, 2, 3) = \sqrt{w_1 + w_2 + w_3}$。

(2) このゲームは明らかに単調性を満たす。また劣加法性を満たすことは、たとえば
$$\sqrt{w_1} + \sqrt{w_2} \geq \sqrt{w_1 + w_2}, \quad \sqrt{w_1 + w_2} + \sqrt{w_3} \geq \sqrt{w_1 + w_2 + w_3}$$
となることであり、この条件も明らかに満たされる。

12-3 (1) $\pi_i = [10 - (y_1 + y_2 + \cdots + y_n)]y_i - (cy_i + k)$。

(2) ナッシュ均衡は $y_i^* = (10 - c)/(n + 1)$ のように定まる。

(3) 企業の利潤は
$$v[n] = \frac{(10 - c)^2}{(n + 1)^2} - k,$$
産業全体の利潤は
$$V[n] = \frac{n(10 - c)^2}{(n + 1)^2} - kn$$
となる。単調性は明らかに満たされない。

13 章

13-1 (x_1, x_2, x_3) がこのゲームのコアに属するとき、x_1, x_2, x_3 は非負で
$$x_1 \geq a, \quad x_2 \geq b, \quad x_3 \geq c, \quad x_1 + x_2 + x_3 = c$$
が成立する。これより、$(x_1, x_2, x_3) = (0, 0, c)$ のみがコアに属することが分かる。

13-2 (十分性)
$$\frac{v(N)}{n} \geq \frac{v(S)}{s}$$
とする。ここで、$\bar{x} = v(N)/n$ とし、それを各人に均等に分ける配分を $x = (x_1, x_2, \cdots, x_n) = (\bar{x}, \bar{x}, \cdots, \bar{x})$ とおく。すると仮定よりすべての S に対して
$$\sum_{i \in S} x_i = s\frac{v(N)}{n} \geq v(S)$$
となる。
(必要性) $x \in C(v)$ とする。すると、
$$\sum_{i \in S} x_i \geq v(S), \quad {}^\forall S \subset N$$
$$\sum_{i \in N} x_i = v(N)$$
である。ここで、$|S| = s$ となるすべての S について和を求めると、
$$\binom{n}{s} \sum_{i \in S} x_i \geq \binom{n}{s} v(S),$$

演習問題解答

$$\begin{pmatrix} n-1 \\ s-1 \end{pmatrix} \sum_{i \in N} x_i \geq \begin{pmatrix} n \\ s \end{pmatrix} v(S)$$

となり，$v(N)/n \geq v(S)/s$ が導かれる。

13-3 (十分性) 仮定より
$$2 = v(1,2) + v(2,3) + v(3,1) + 3\epsilon$$
となる $\epsilon \geq 0$ が存在する。ここで，
$$x_1 = 1 - v(2,3) - \epsilon$$
$$x_2 = 1 - v(3,1) - \epsilon$$
$$x_3 = 1 - v(1,2) - \epsilon$$
とおけば，$x_1 + x_2 + x_3 = 1$ となり，集団合理性も満たされることが分かる。
(必要性) $(x_1, x_2, x_3) \in C(v)$ とすれば，集団合理性の条件より
$$x_1 + x_2 \geq v(1,2)$$
$$x_2 + x_3 \geq v(2,3)$$
$$x_3 + x_1 \geq v(3,1)$$
となる。両辺を加えると
$$2(x_1 + x_2 + x_3) \geq v(1,2) + v(2,3) + v(3,1)$$
となり，求める条件が得られる。

13-4 (x_1, x_2, x_3) がコアに属しているとすると，$x_1, x_2, x_3 \geq 0$ で
$$x_1 + x_2 \geq a$$
$$x_2 + x_3 \geq b$$
$$x_3 + x_1 \geq b$$
となる。よって，コアは
$$C(v) = \{t, 0, b-t \mid a \geq t \geq 0\}$$
となる。

13-5 (1) それぞれのプレイヤーはただ 1 つの提携にのみ属しているので明らか。
(2) それぞれのプレイヤーはただ 1 つの提携にのみ属しているので明らか。
(3) プレイヤー 1 について考えると，プレイヤー 1 は 2 つの提携に属し，それぞれの提携のウェイトが $1/2$ である。したがって，ウェイトの合計は 1。他のプレイヤーについても同様。

13-6 初期保有量が $(1,2)$ である n 人の消費者をタイプ 1，$(2,1)$ である m 人の消費者をタイプ 2 と呼ぶことにする。財 a の価格を 1，財 b の価格を p とすると，タイプ 1 の需要関数は $a^1 = (1+2p)/2$，$b^1 = (1+2p)/2p$ となり，タイプ 2 の需要関数は $a^2 = (2+p)/2$，$b^2 = (2+p)/2p$ となる。

競争均衡では受給が一致するので，たとえば財 a について
$$n \times \frac{1+2p}{2} + m \times \frac{2+p}{2} = n + 2m$$
が成立し，これを解くと $p = (n+2m)/(2n+m)$ を得る。これを需要関数に代入すれば競争均衡配分が得られ，
$$(a^1, b^1) = \left(\frac{4n+5m}{2(2n+m)}, \frac{4n+5m}{2(n+2m)} \right),$$

$$(a^2, b^2) = \left(\frac{5n+4m}{2(2n+m)}, \frac{5n+4m}{2(n+2m)} \right)$$

となる。

14 章

14-1 表 14.3 にならって計算すればよい。シャープレイ値は
$$\psi(v) = \left(\frac{2c-a}{6}, \frac{2c-a}{6}, \frac{a+c}{3} \right)$$
となる。

14-2 優加法性により, $i \in S$ とするとき, プレイヤー i の貢献は
$$v(S \cup \{i\}) - v(S) \geq v(i)$$
を満たす。シャープレイ値は左辺の形の貢献の平均であるから, 個人合理性を満たす。

14-3 (1) 特性関数は例 12.2 と同じである。したがって, 14.3.1 よりシャープレイ値は $(1/6, 1/6, 2/3)$ となる。
(2) コアは $(0, 0, 1)$ となる。

14-4 売り手のシャープレイ値は $k/(k+1)$。買い手のシャープレイ値は $1/k(k+1)$。

14-5 決議が成立するには, 結託 S に常任理事国 5 カ国すべてと, 非常任理事国 4 カ国以上が参加することが必要である。したがって, いま理事国 15 カ国の順列を $P: p_1, p_2, \cdots, p_{15}$ とおくと, 非常任理事国 i について, 以下の関係が成り立つ。
$$v(S(P) \cup \{i\}) - v(S)$$
$$= \begin{cases} 1 & p_9 = i \text{ かつ } p_1 \sim p_8 \text{ に 5 常任理事国がすべて含まれるとき} \\ 0 & \text{他の場合} \end{cases}$$

いま, $v(S(P) \cup \{i\}) - v(S) = 1$ のとき, プレイヤー (国) i をキープレーヤーと呼ぶことにする。非常任理事国 i がキープレーヤーとなる順列の個数は以下の積として計算できる。(i) $p_1 \sim p_8$ の 8 カ所のうち, 5 常任理事国が占める位置の組み合わせ ${}_8C_5$, (ii) 5 常任理事国内での順列 $5!$, (iii) 非常任理事国 i を除く 9 非常任理事国内での順列 $9!$。したがって, 非常任理事国 i のシャープレイ値は,

$$(\phi v)_i = \frac{1}{n!} \sum_P [v(S(P) \cup \{i\}) - v(S)] = \frac{{}_8C_5 5! 9!}{15!} = \frac{4}{2145}$$

となる。

常任理事国については, 常任理事国 j がキープレーヤーとなるのは, すでに他の常任理事国 4 カ国を含む 8 カ国以上が賛成しており, 自分が p_k $(k \geq 9)$ の位置に位置に来る場合である。各 k について個数を考えると, それは

(i) $p_1 \sim p_{k-1}$ の $k-1$ カ所のうち, 他の 4 常任理事国が占める位置の組み合わせ ${}_{k-1}C_4$,
(ii) j を除く 4 常任理事国内での順列 $4!$,
(iii) 10 非常任理事国内での順列 $10!$, の積となるので, 常任理事国 j のシャープレイ値は,

$$(\phi v)_j = \frac{\sum_{k=9}^{15} {}_{k-1}C_4 4! 10!}{15!} = \frac{421}{2145}$$

となる．この値は，非常任理事国のシャープレイ値が求まれば，効率性と対称性からも求めることができる．

索　引

数　字

1 期逸脱の原理　120
2 段階ゲーム　111
2 人 2 戦略のケース　46
2 人ゲーム　3
2 人ゲームのシャープレイ値　210
2 人ゲームの配分　180
2 人ゼロ和ゲーム　72, 75, 86
(2 人ゼロ和ゲームの)
　解の存在定理　86
　戦略の互換性　90
　利得の均等性　90
2 人ゼロ和の対称ゲーム　91
2 人戦略形ゲーム　29
2 人有限ゲーム　72
3 人ゲームの基本三角形　181
3 人ゲームのシャープレイ値　212
3 人ゲームの配分　180
3 目並べ　8

欧　文

ε コア　195
ESS　125, 126, 128
K-S 解の個人単調性　168
K 重の複製経済　201
n 人ゲームのシャープレイ値　218
n 人多数決ゲーム　179, 219

あ 行

アクセルロッド, R　119
後戻り推論法　24, 108, 110
アルバイト・ゲーム　10, 178, 215

アレーのパラドックス　19, 25
アンスコンベ–オーマン　20
鞍点　76, 87, 92

家の販売ゲーム　184
威嚇点 → 基準点 (交渉の)
一括均衡　154, 159

受け手　152
馬形ゲーム　147

枝　101
エッジワース, F　198
エッジワースの交換モデル　173, 200, 228
エルスベルクのパラドックス　19, 26

おうむ返し戦略　118
オークション　159
送り手　152
オーマン, R　219

か 行

改善する　199
外部効果　196
確実性等価　22
確定性　88
確率測度　140
確率プレミアム　22
加重多数決ゲーム　219
寡占理論　62
価値関数　177, 188
加法性　209
カライ-スモロディンスキーの解　168

カラ脅し　110
完全記憶ゲーム　133, 135
完全均衡 → 部分ゲーム完全均衡
完全情報　133
完全情報ゲーム　102
完全ベイジアン均衡　144, 146
完備情報ゲーム　148

木　93, 101
危険愛好者　21
危険愛好的　21
危険回避　21
危険回避の尺度　20
危険中立者　21
危険中立的　21
基準化されたゲーム　190
基準点 (交渉の)　163, 174, 175
期待効用　14, 15
期待効用理論　15, 16
期待利得　18, 74
基本ゲーム　212
逆需要関数　54
客観的な確率分布　149
キューンの定理 → クーンの定理
狭義の不確実性　12
供給関数　55
競争解　59
競争均衡　227
共有知識　23
共有地の悲劇　69
協力解　160
協力ゲーム　3
拒否権　190
許容解　79, 84
均衡　4
均衡戦略　69
銀行取り付け　111
均等待遇条件　201

偶然手番　103
くじ　13
繰り返しゲーム　115–118, 121
クールノー, A.　2

クールノー形寡占　53, 63
クールノー形ゲーム　151
クールノー形の差別化複占　2, 65
クールノー均衡　55, 58, 59
クールノー-ナッシュ均衡 → クールノー均衡
クレプス-ウィルソンの逐次均衡　147
クーン, H.　ii, 135
クーンの定理　135–137
クーン-フーリエの定理　76, 238, 239, 241, 242

継続ゲーム　157
ゲイルの定理　239
径路　101, 102, 132
結果　3
結託　9, 177, 199
結託形ゲーム　3
決闘のゲーム　38
ゲーム　2
ゲーム的状況　1
ゲームの値　88
ゲームの確定性　88
ゲームの木　93, 95, 129
ゲームの結果　27
ゲームの混合拡大　44
ゲーム理論　1
限界貢献度　211, 218
原問題　80

コア　185, 186, 188, 193, 196, 200, 206, 207
コアの存在　189, 191
コアの特性　199
恋人のいさかい　113
コイン合わせ　5, 7, 33, 130
公共財の費用分担　216
公共施設の費用負担　187
交渉解　163
交渉ゲーム　160
交渉の公準　163
行動　102, 132
行動戦略　105, 134–139

行動の集合　150
公平性　208
効用　224
効用可能性集合　163
効用の譲渡可能性　198
合理性　16
効率均衡　203
効率性　177, 186, 209
国防のジレンマ　31
国連安全保障理事会　221
個人合理性　163
コブ–ダグラス形関数　225
個別合理性　177, 185
ゴミ捨てゲーム　196
コモン・プールの問題　69
混合戦略　6, 43, 74, 134

さ 行

最後通牒ゲーム　99
最小コア　195
最適解　79, 84
最適混合戦略　44
最適戦略　40
最適反応　30
参入ゲーム　96

シグナリング・ゲーム　152, 153, 159
シグナルとしての教育　155
事象　140
市場ゲーム　183
辞書式順序　195
自然の状態　13
自然のプレイヤー　100
実現可能解　79
始点　101
支配される戦略の消去　37
支配する　36, 41, 188
支配戦略　36, 41
弱順序　16
弱整合的　144
シャープレイ, L. → シャープレイ値
シャープレイ値　176, 208, 218, 222

じゃんけん　6, 35, 96, 126
囚人のジレンマ　4, 29, 113, 118
収束定理　206
集団合理性　177, 186
終点　101
自由貿易　31
縮約経済の配分　202
熟練工と未熟練工　178
シュタッケルベルク均衡　60, 61, 173
需要関数　54, 55
受容的　195
純粋交換経済　198
純戦略　6, 27, 29, 74, 103
条件付確率　140
情報　3
情報集合　7, 95, 101, 104, 105, 130, 132
情報分割　132
食餌問題　79, 81
所得の最大化　79, 82
ジリス, D.　185
仁　195
進化ゲーム　124
進化的に安定　124, 125
信念　142, 150
信念の体系　142

スペンス, M.　155

正 次変換からの独立性　163
整合性の条件　154
整合的　147, 149
生産の費用最小化　80, 83
製品差別化　64
絶対的危険回避度　22
ゼルテン, R.　2, 117
ゼロ和ゲーム　6, 34, 73
全員一致ゲーム　179, 186
線形計画の双対定理　84
線形計画法　77
線形不等式の定理　76
選好順序　16
先導者　60

セント・ペテルスブルグのパラドックス　13, 25
戦略　3, 18, 27, 103, 134
戦略形ゲーム　3, 27, 28
戦略的に同等　52

相関戦略　162
双行列ゲーム　73
相対的危険回避度　22
双対定理　84
双対問題　81
双方独占モデル　173

た　行

対称性　164, 209
代替財　64
代替プレイヤー　208
タイプ　149
タイプに依存した利得関数　150
タイプライター・ゲーム　125, 128
たか・はとゲーム　32, 128
多数決ゲーム　186
ダミー　208, 209
タルムード (の解)　182, 195, 217
段階ゲーム　115
単純ゲーム　190
男女のいさかい　33, 161
単調性　184
単調性 (効用関数の)　17
単調性 (特性関数の)　179

チェインストア・ゲーム　116, 117
チェインストア・パラドックス　117
逐次均衡　147, 157
逐次合理性　141
超過要求　194
調整ゲーム　33
直観的基準　157

追従者　60
ツェルメロ　108
ツェルメロの後戻り推論法　108

ツェルメロの定理　108
強く支配する　36

提携　9, 177
提携形ゲーム　3, 9, 206
ディナーパーティのゲーム　93
手番　101
手袋ゲーム　222
点　101
展開形ゲーム　3, 101, 131

投資ゲーム　111
投手と打者のかけひき　34
到達可能　136
投票ゲーム → 加重多数決ゲーム
等利潤曲線　57
特性関数　10, 177
特性関数形ゲーム　177
独占解　59
独立性　17, 164
凸関数　237
凸ゲーム　193, 197
凸集合　237
突然変異　124

な　行

ナッシュ, J.　2
ナッシュ均衡　28, 41, 44, 68, 74, 75, 103, 126
ナッシュ均衡の存在定理　47, 49–50
ナッシュ交渉解　163, 165, 175
ナッシュ積　165
ナッシュ・プログラム　169

抜き打ち試験のパラドックス　23
布の分配　178, 211

は　行

配分　177, 186, 198
破産問題 → タルムード
ハーフィンダール指数　71

索 引

ハルサニー, J. 2, 129, 168
パレート最適性 163, 200
反応関数 40, 56

引き金戦略 118, 121
非協力解 160
非協力ゲーム 3
飛行場の費用分担 178, 187, 216
非ゼロ和ゲーム 73
必勝戦略 10
費用関数 54
標準最小化問題 78
標準最大化問題 78
標本空間 139

フォーク定理 121
フォン・ノイマン, J. i, 2, 72
フォン・ノイマン–モルゲンシュテルンの効用理論 14, 15, 163
不確実性 12
不完全情報 129
不完全情報下の展開形ゲーム 131
不完全情報ゲーム 149
不完備情報 129
不完備情報ゲーム 148, 149
複製経済 201
不動点定理 50, 51
部分ゲーム 106
部分ゲーム完全均衡 109, 110, 114, 139, 146, 157
不満 195
ブラウワーの不動点定理 50
フーリエ, J. 238, 241
プレイヤー 1, 3
プレイヤー関数 102, 132
プレーヤーの (純) 戦略 150
ブロックする 199
分割 140
分離均衡 154, 159

平衡ゲーム 192
平衡集合族 191, 207
ベイジアン・ゲーム 150–152

ベイジアン・ナッシュ均衡 148, 150, 152
ベイズ・ルール 140, 141, 144
ベルトラン競争 66
ベルヌイ (の効用関数) 14, 15, 25
変動基準点 174

包含に関する基本ゲーム 210
補完財 64
保護貿易 31
保証水準 87
ホテリングの立地モデル 67
ホームズ最後の事件 34
ホームズとモリアティ 34
本質的ゲーム 179
ボンダレーバー–シャープレイの定理 192

ま 行

マクシ・ミン原則 87

湖の汚染 197
ミニマックス定理 88
三山くずし 10
ミンコフスキー - ファルカスの補題 77

むかでゲーム 98, 114
無限繰り返しゲーム 121

メッセージ 153

モルゲンシュテルン, O. → フォン・ノイマン

や 行

誘拐ゲーム 97
優加法性 179, 188
有限グラフ 101
有限繰り返しゲーム 115

弱く支配する 37
弱虫ゲーム 32

ら行

利己的行為　30
利潤関数　54
リスク　12 → 危険
リスク・プレミアム　22
利他的行為　30
利得　3, 177
利得関数　27
利得行列　73
利得等価定理　45
流行の循環　127
履歴　101, 102, 132

ルービンシュタインの交渉解　169

レオンティエフの労資交渉モデル　173
劣加法性　184
連続性　16

わ

割引因子　116, 118
ワルラス, L. → ワルラス均衡
ワルラス均衡　198, 200, 203, 206, 227, 231
ワルラス法則　203

著者紹介

川 又 邦 雄
<small>かわ　また　くに　お</small>

- 1939年　東京都に生まれる
- 1968年　慶應義塾大学大学院経済学研究科博士課程修了
- 1968年　フルブライト奨学金によりミネソタ大学留学
- 1972年　ミネソタ大学経済学 Ph.D
- 1972年　慶應義塾大学経済学部助教授
　　　　　ミクロ経済学, ゲーム理論専攻
- 1979年　慶應義塾大学経済学部教授
- 1982-83年　プリンストン大学客員研究員
- 2005年　慶應義塾大学退職, 同名誉教授

主要著訳書

Price Distortion and Potential Welfare
　(*Econometrica*, Vol. 42, No. 3, May, 1974, pp. 435-460, Also in *Foundations in Microeconomic Theory*, A Volume in Honor of *Hugo Sonnenschein* (Eds. M. Jackson and A. McLennan, 2008))

Optimal Entry and the Marginal Contribution of a Player
　(*Current Trends in Economics*, Springer, 1999, pp. 233-254)

Direct and Indirect Connections, the Shapley Value, and Network Formation
　(*Advances in Mathematical Economics*, Vol. 18, Springer, 2006, pp. 315-348 (with Yasunari Tamada))

市場機構と経済厚生 (創文社, 1991)

一般均衡分析 (K. アロー-F. ハーン著,
　　　　　福岡正夫と共訳, 岩波書店, 1976)

オークション=理論とデザイン
　　　(P. ミルグロム著, 奥野正寛と監訳,
　　　　　東洋経済新報社, 2007)

Ⓒ　川　又　邦　雄　　2012

2012年 6月 8日　初　版　発　行

経済学教室 4
ゲーム理論の基礎

著　者　川　又　邦　雄
発行者　山　本　　格

発行所　株式会社　培　風　館
東京都千代田区九段南4-3-12・郵便番号102-8260
電　話(03)3262-5256(代表)・振　替　00140-7-44725

中央印刷・三水舎製本

PRINTED IN JAPAN

ISBN978-4-563-06254-5　C3333